忠诚担当　求实创新

追求卓越　奉献光明

# 百年 电力的精神传承

中国电力企业联合会 编著

中国电力出版社
CHINA ELECTRIC POWER PRESS

## 内 容 提 要

本书通过理论阐述与典型人物、事件案例相结合的形式，深入挖掘电力工作者把爱国之情、报国之志融人工作实践，奋发有为、攻坚克难的精神品质；力争讲好电力工作者秉承"人民电业为人民"的行业宗旨，不忘初心、牢记使命的感人故事；努力营造电力工作者坚持实事求是、改革创新，不断超越、追求极致的浓厚干事氛围，凝聚电力行业奋进新时代新征程的强大精神动力。

全书共三章，第一章是电力精神的核心要义，阐述了电力精神的价值意义、内在逻辑和丰富内涵。第二章是电力精神的孕育发展，讲述了自中国有电以来，电力精神在不同历史时期的发展沿革与特征。第三章是电力精神的弘扬传承，描绘了党的十八大以来，电力行业涌现出的接续传承电力精神的生动故事和鲜活案例。

**图书在版编目（CIP）数据**

百年电力的精神传承 / 中国电力企业联合会编著. —
北京：中国电力出版社，2024.8（2024.9 重印）

ISBN 978-7-5198-5146-0

Ⅰ．①百… Ⅱ．①中… Ⅲ．①电力工业－工业史－中
国 Ⅳ．① F426.61

中国国家版本馆 CIP 数据核字（2024）第 055950 号

出版发行：中国电力出版社
地　　　址：北京市东城区北京站西街 19 号（邮政编码 100005）
网　　　址：http://www.cepp.sgcc.com.cn
责任编辑：马淑范（010-63412397）　杨　扬　王杏芸　王晓蕾
责任校对：黄　蓓　王海南
装帧设计：赵丽媛
责任印制：杨晓东

印　　刷：三河市航远印刷有限公司
版　　次：2024 年 8 月第一版
印　　次：2024 年 9 月北京第二次印刷
开　　本：710 毫米×1000 毫米　16 开本
印　　张：24.5
字　　数：281 千字
定　　价：128.00 元

# 序言

习近平总书记指出："人无精神则不立，国无精神则不强。"精神是一个民族赖以长久生存的灵魂，也是一项事业不断创造辉煌的动力源泉。

光明之路波澜壮阔，电力精神代代相传。自 1882 年中国第一盏电灯在黄浦江畔亮起，140 多年来，特别是中华人民共和国成立以来，在党的坚强领导下，一代代电力人筚路蓝缕、自强不息、接续奋斗，推动我国电力工业实现从小到大、从弱到强、从追赶到引领的巨大飞跃，取得了举世瞩目的发展成就。纵观我国电力工业创业史、奋斗史，电力人不仅创造了巨大的物质财富，更锤炼铸就了忠诚担当、求实创新、追求卓越、奉献光明的电力精神。电力精神，浓缩百年历程、反映时代要求、具有行业特征、催人拼搏进取，是党的光荣传统和优良作风在电力战线上的具体体现，是民族精神、时代精神与电力发展实践相结合的产物；电力精神，是电力行业理想信念、初心使命、目标追求的集中体现，是电力人政治品格、意志品质、精神风貌的生动写照，是电力担当、电力价值、电力形象的充分彰显。电力精神，是全体电力人用以启迪智慧、凝聚力量、砥砺品格的丰富源泉，是鼓舞和激励我们风雨无阻、勇毅前进的强大精神动力，具有超越时空的感召力和历久弥新的生命力，过去是、现在是、将来仍然是电力行业的宝贵精神财富。

一代人有一代人的使命，一个行业有一个行业特有的精神品质。一直以来，电力精神深深感染着我们、鼓舞着我们、滋养着我们、激励着我们。作为一名电力人，在 40 余年的行业经历中，我有幸亲历了电力事业实现跨越式发展的非凡历程，见证了改革开放以来电力工业取得的辉煌成就，切身感受了电力精神带来的磅礴力量，始终为电力行业拥有这一精神而感到无比骄傲和自豪。"忠诚担当"的政治品格，让电力人始终把爱国之情、报国之志融入发展实践，坚持旗帜领航，胸怀"国之大者"，忠于党、忠于国家、忠于人民，勇担责任使命，努力成就无愧于党和人民、无愧于历史和时代的事业；"求实创新"的行为准则，让电力人始终坚持解放思想、实事求是、与时俱进、求真务实，一切从实际出发，坚持自力更生、自主创新，坚定走中国特色电力发展道路，不断推进行业质量变革、效率变革、动力变革；"追求卓越"的信念愿景，让电力人始终与时代同行、与国家共进，以高站位、高标准、高要求干事创业，努力超越、精益求精，矢志不渝向更高质量发展、向更高目标迈进；"奉献光明"的使命价值，让电力人始终践行人民电业为人民的宗旨，以满足人民群众美好生活用电需要为己任，在平凡岗位上恪尽职守，在急难险重任务中冲锋在前，用心用情守护万家灯火，不断提升人民群众的获得感、幸福感、安全感。

精神的力量是无穷的，精神上强，才是更持久、更深沉、更有力量的。今天，在强国建设、民族复兴新征程上，电力行业使命在肩、责任重大，更加需要大力传承和弘扬电力精神，更好地从电力精神中汲取勇气、智慧和力量。为此，中国电力企业联合会于2022年底启动弘扬电力精神的图书编纂工作。在广大电力企事业单位及电力职工的积极参与和共同努力下，征集文字资料50余万字、图片素材1000余幅，提炼成稿近30万字，形成了《百年电力的精神传承》一书，用一个个鲜活的人物、生动的案例，探寻了电力精神的源头、发展与赓续，讴歌了曲折漫长而又气势恢宏的我国电力工业发展史，揭示了百年电力不断攻坚克难、由胜利走向胜利的"精神密码"。

　　伟大的事业孕育崇高的精神，崇高的精神推进伟大的事业。衷心希望本书的出版，能够进一步激励和鼓舞全体电力人坚持以习近平新时代中国特色社会主义思想为指导，深刻领悟"两个确立"的决定性意义，增强"四个意识"、坚定"四个自信"、做到"两个维护"，切实把电力精神这一宝贵精神财富转化为团结奋斗的强大动力，薪火相传、生生不息，更好地肩负起新时代赋予的责任使命，努力为党和人民争取更大光荣，向着实现第二个百年奋斗目标，向着实现中华民族伟大复兴的中国梦，继续奋勇前进！

辛保安

2024 年 7 月

# 目录

序言

## 第一章　电力精神的核心要义

| | | |
|---|---|---|
| 第一节 | **电力精神概述** | 002 |
| | 一、精神的作用意义 | 003 |
| | 二、电力精神的表述释义 | 004 |
| | 三、电力精神的价值作用 | 006 |
| 第二节 | **电力精神的形成发展** | 009 |
| | 一、电力精神的实践基础 | 010 |
| | 二、电力精神的理论支撑 | 013 |
| | 三、电力精神的典型表现 | 016 |
| 第三节 | **电力精神的丰富内涵** | 021 |
| | 一、忠诚担当是电力行业的政治品格 | 022 |
| | 二、求实创新是电力行业的行为准则 | 023 |
| | 三、追求卓越是电力行业的信念愿景 | 024 |
| | 四、奉献光明是电力行业的使命价值 | 025 |

# 第二章　电力精神的孕育发展

**第一节　长夜火种　艰难前行**　　　　　　　　　　　028

一、杨树浦发电厂的前世今生　　　　　　　　　029

二、实业救国的民族企业家　　　　　　　　　033

三、照亮京城的石景山发电厂　　　　　　　　038

四、石龙坝水电站的红色印记　　　　　　　　042

五、百年焦电的峥嵘岁月　　　　　　　　　　046

六、边区创举沕沕水水电站　　　　　　　　　051

七、向阳而生的电力英烈　　　　　　　　　　056

八、丰满电厂的屈辱与荣光　　　　　　　　　062

九、南京发电厂的百年逐梦　　　　　　　　　067

**第二节　艰苦奋斗　扬帆起航**　　　　　　　　　　　072

一、新安江水电站的薪火传承　　　　　　　　073

二、电力建设"远征军"的光荣岁月　　　　　078

三、万里长江第一坝　　　　　　　　　　　　083

四、国之荣光秦山核电站　　　　　　　　　　089

五、三线建设中的列车电站　　　　　　　　　095

六、让自力更生精神永放光芒　　　　　　　　100

七、炮火中架起的"义东线"　　　　　　　　105

八、唐山抗震救灾保供电纪实　　　　　　　　110

九、铁塔银线上绽放"巾帼之花"　　　　　　114

第三节　改革创新　蓬勃发展　　119

一、龙口发电厂诞生记　　120

二、鲁布革冲击下的电力变革　　125

三、跨越百年的"三峡梦"　　130

四、中国自己的"超超临界"　　134

五、开创电力特高压新纪元　　139

六、热血融冰送光明　　144

七、托克托电厂的荣光岁月　　149

八、熠熠生辉的"东海明珠"　　154

九、供电服务的改革与蜕变　　159

# 第三章　电力精神的弘扬传承

第一节　用忠诚担当发展新时代的国家电力事业　　166

一、奥运背后的电力"风""光"　　167

二、守望黑鹰山的光明卫士　　173

三、点亮天边那盏灯　　179

四、地震瞬间的生死抉择　　185

五、生命，定格在抢修现场　　190

六、情系国家的"超燃"人生　　194

七、万里驰援，点亮圣多美　　200

八、不忘初心的百岁党员　　206

九、边境线上的"国旗巡线班"　　211

**第二节　用求实创新激发新时代的电力发展动力**　　217

一、勇攀特高压直流输电新高峰　　218

二、蓄能山水之间　　225

三、举足"氢"重，融合远航　　231

四、铸就不凡全球首堆　　238

五、黄河远上的"光"　　243

六、煤电的逐"绿"之路　　250

七、扎根基层的蓝领"发明家"　　256

八、电力创客"年代秀"　　261

九、打磨制造工业"皇冠上的明珠"　　267

**第三节　用追求卓越塑造新时代的电力民族品牌**　　275

一、点亮世界屋脊的"电力天路"　　276

二、白鹤滩上的水电"珠峰"　　283

三、华龙一号书写"硬核"答卷　　290

四、海上风起绿电来　　295

五、闪亮的"钉钉子"精神　　300

六、电力"愚公"的工匠本色　　306

七、小线圈背后的大智慧　　311

八、匠心铸就的技能高手　　317

九、从锅炉房走出的全国"状元"　　322

**第四节　　用奉献光明践行新时代的人民电业宗旨**　　328

一、百姓身边的"长明灯"　　329

二、小爱无痕　大爱无疆　　335

三、让张思德精神薪火相传　　340

四、雪域高原的"捕风者"　　345

五、华灯永远璀璨　　351

六、三代传承的水电情缘　　355

七、用奉献诠释志愿之美　　360

八、扎根深山的"铁腿"电工　　364

九、情暖边疆的"石榴籽"　　369

后记　　375

# 第一章

## 电力精神的核心要义

» **伟**大事业孕育伟大精神，伟大精神引领伟大事业。习近平总书记指出："人无精神则不立，国无精神则不强。唯有在精神上站得住、站得稳，一个民族才能在历史洪流中屹立不倒、挺立潮头。"140 多年来，中国电力事业的发展与国家命运、民族前途息息相关，在历史经验中孕育了宝贵的精神财富，成为激励广大电力人砥砺前行的不竭动力。准确理解把握电力精神的价值意义、内在逻辑和丰富内涵，对于推动新时代电力行业的健康发展、文化繁荣、形象树立等都具有重要意义，是历史之需、是实践之需、更是时代之需。

# 一、精神的作用意义

精神是一个民族维系生存与进步的内在力量，承载着人类社群的价值取向与道德规范，彰显着个体人格的意志品格与行为方式。党的十八大以来，以习近平同志为核心的党中央高度重视精神文明建设工作，提出了一系列的新思想、新观点、新要求，有力推动了社会主义物质文明和精神文明的协调发展。习近平总书记指出，共产主义远大理想和中国特色社会主义共同理想，是中华民族矢志奋斗、百折不挠的"压舱石"；中国特色社会主义道路自信、理论自信、制度自信、文化自信，是中华儿女不忘初心、继续前进的"定盘星"；以爱国主义为核心的民族精神和以改革创新为核心的时代精神，是凝心聚力的"强国魂"。这一系列重要论述为更好地满足人民不断增长的精神需求、丰富人民的精神境界、增强人民的精神力量等提供了根本遵循。

需要特别提到的是，2021年7月，习近平总书记在庆祝中国共产党成立100周年大会上的重要讲话中首次提出并阐述了伟大建党精神："一百年前，中国共产党的先驱们创建了中国共产党，形成了坚持真理、坚守理想，践行初心、担当使命，不怕牺牲、英勇斗争，对党忠诚、不负人民的伟大建党精神，这是中国共产党的精神之源。"2021年9月，党中央批准了第一批纳入中国共产党人精神谱系的伟大精神，并在中华人民共和国成立72周年之际予以发布，彰显了中华民族和中国人民长期以来形成的伟大创造精神、伟大奋斗精神、伟大团结精神、伟大梦想精神，展现了一代又一代中国共产党人"为有牺牲多壮志，敢教日月换新天"的精神品质。

回顾建党以来的一百多年，尽管时代主题和历史任务发生了变迁，但这一系列伟大精神能够经受住时间考验，不断得到传承和弘扬，且内涵不断丰富，极大地鼓舞和激励了广大党员干部群众弘扬革命传统、赓续红色血脉，为实现中华民族伟大复兴凝聚了奋勇前进的强大精神力量。其中，"两弹一星"精神、大庆精神、载人航天精神等作为核工业、石油、航天等行业锻造出的行业精神，引领带动着各行业工作者不断攀登新的高峰、创造新的辉煌。可以说，精神是形成坚强凝聚力的强大纽带，是推动发展进步的不竭动力，是战胜各种风险挑战、从磨难中奋起的意志保障。

## 二、电力精神的表述释义

电力行业是国民经济的基础产业，新中国成立以来，在中国共产党的坚强领导下，电力行业在探索中开拓、在传承中创新、在奋斗中前行，不仅创造了巨大的物质财富，更孕育和创造了宝贵的精神财富，为促进经济社会发展、满足人民美好生活需要作出了突出贡献。2021年5月以来，中国电力企业联合会（简称中电联）从调查研究入手，自下而上组织开展了弘扬传承电力精神的研究工作，在广大电力企事业单位及电力职工的积极参与和共同努力下，经资料收集分析、行业内外调研、问卷调查、网络投票、专家访谈、会议研讨等环节，形成了电力精神表述及内涵释义。

**电力精神表述**：忠诚担当、求实创新、追求卓越、奉献光明。

**电力精神释义**：

**忠诚担当是电力行业的政治品格。** 电力事业是党和人民的事业。电力行业始终把爱国之情、报国之志融入发展实践，忠诚报国、担当尽责，不断发展壮大电力事业。忠诚，就是坚持旗帜领航，胸怀"国之大者"，拥戴领袖、维护核心，忠于党、忠于国家、忠于人民、忠于电力事业。担当，就是勇担责任使命，坚持电力先行，统筹好发展和安全、保供和转型，奋发有为、攻坚克难，努力成就无愧于党和人民、无愧于历史和时代的事业。

**求实创新是电力行业的行为准则。** 电力行业是关系国计民生的基础性行业，必须走求实创新发展之路。求实，就是坚持实事求是、一切从实际出发，尊重电力发展规律、市场经济规律，坚定道路自信、理论自信、制度自信、文化自信，笃定前行、拼搏实干，走中国特色电力发展道路。创新，就是解放思想，更新观念，打破常规，大力实施电力理论创新、科技创新、管理创新、文化创新等各方面创新，不断完善创新体系，提高创新能力，推进行业质量变革、效率变革、动力变革。

**追求卓越是电力行业的信念愿景。** 电力工业始终与时代同行、与国家共进，由小到大、由弱到强，从落后到先进、从跟随到引领，不断超越自我，实现了跨越式发展。追求卓越，就是以高站位、高标准、高要求推动各项工作，精益求精、持续提高，不断超越、追求极致，永不自满、永不懈怠、永不停顿，矢志不渝地向更高质量发展、向更高目标迈进，努力创造国际领先的一流业绩。

**奉献光明是电力行业的使命价值。** 电力事业是光明的事业，人民电业为人民是行业的宗旨。奉献光明，就是电力行业始终践行以人民为中心的发展思想，不忘初心、牢记使命，想人民之所想、急人民之所急，以满足人民群众美好生活用电需要为己任，不断提升人民群众的获得感、幸福感、安全感；大力弘扬劳模精神、劳动精神、工匠精神，在平凡岗位上恪尽职守，在急难险重任务中冲锋在前，不辱使命、不负重托。

## 三、电力精神的价值作用

党的二十大擘画了以中国式现代化全面推进中华民族伟大复兴的宏伟蓝图，深刻学习领会习近平总书记关于弘扬党的伟大精神的重要论述，大力弘扬和宣传电力精神的丰富内涵，对于促进电力行业凝心聚力、激励广大干部职工担当作为等都具有重要意义。

### （一）电力精神是电力人不忘初心的生动写照

思想是行动的先导，精神是思想的升华。电力精神是宣传思想工作"举旗帜、聚民心、育新人、兴文化、展形象"的具体实践，是一代代电力人为国为民、忠诚担当、无私奉献的光辉形象。电力精神展示了电力人践行社会主义核心价值观、做好电力先行官、架起党群连心桥的实际行动，促进了电力人在理想信念、价值理念、道德观念上紧紧团结在一起，不忘初心，为服务党和国家工作大局作出积极贡献。

## （二）电力精神是电力人牢记使命的执着信念

一代又一代电力人自力更生、艰苦创业、努力拼搏，用钢铁般的意志创造了电力发展史上的一项项辉煌业绩。电力精神揭示了电力行业优良传统的丰富内涵和鲜明特色，是电力人牢记使命、干事创业的执着信念。迈入电力工业发展新时代，顺应能源革命和数字革命融合发展趋势，电力企业需要进一步开放共享、开拓创新，电力精神将激励全体电力人继往开来、逐梦前行，推动电力事业不断向前发展。

## （三）电力精神是电力人团结奋进的动力源泉

电力系统由发、输、配、售、用五部分组成，其产、供、储、销过程在一瞬间动态平衡，这决定了电力系统执行的刚性和电力人的团结协作意识。最是团结见力量，千千万万电力人心往一处想、劲往一处使，建设了一个又一个"惠民工程""德政工程""超级工程"。最是奋进动人心，每一个电力人在各自平凡岗位上攻坚克难，追求卓越，电力发展取得了辉煌的成绩，实现了从努力追赶到超越引领的伟大跨越。

## （四）电力精神是电力人美好形象的生动呈现

电力人始终铭记"人民电业为人民"的优良传统，在急难险重任务中当先锋、在履行社会责任中作表率、在服务保障民生中讲奉献。电力精神是老一辈电力人服从大局、艰苦奋斗、爱岗敬业等优良传统的接续传承，也是新时代电力人守正创新、担当作为的集中体现，彰显奋斗之美、奉献之美、品德之美，是电力人美好形象的生动呈现。

**（五）电力精神是催促新时代电力人奋进的嘹亮号角**

在"两个一百年"奋斗目标的历史交汇期，电力人要以习近平新时代中国特色社会主义思想为指导，坚决贯彻党中央国务院决策部署，在全面推进中国特色社会主义现代化强国建设的征程中奋勇向前。在电力精神的激励和引领下，广大电力企业职工责任重大、使命光荣，争做新时代的奋斗者，向着建设具有全球竞争力的世界一流企业阔步前进。

当今世界百年未有之大变局加速演进，我国也处在实现中华民族伟大复兴的关键时期。在这场广泛而深刻的系统变革中，电力行业既是主战场也是主力军。面对艰巨繁重的发展改革任务、面对保障能源安全与应对气候变化的双重使命、面对新的风险挑战和任务要求，电力行业都需要强大的精神力量凝聚起全行业干事创业的精气神。我们要深刻认识到，中国共产党人的精神谱系正是电力精神的精神原点、历史起点与价值支点，大力弘扬和宣传电力精神，就是要传承共产党人的精神谱系，不断提升电力人的精神境界和思想意识，这既是践行初心使命的需要，也是顺应时代变革的需要，更是发扬优良传统的需要。

第二节
# 电力精神的形成发展

任何一种文化、精神的形成都不是空中楼阁，无不与其社会背景、发展脉络、历史文化等息息相关。电力精神的形成发展源于百年电力发展的深厚沃土，根植于党领导电力工业的发展历程、根植于不断发展的马克思主义中国化创新成果、根植于百花齐放的电力行业与企业文化，是一代代电力工作者拼搏奋斗、接续传承的宝贵财富。

# 一、电力精神的实践基础

电力精神的实践基础是党领导电力工业的发展历程。电力行业在不同历史时期积淀的精神标识，既具有其阶段性特征，更具有一脉相承的内在统一性。这一精神是电力使命、电力担当、电力价值、电力形象的充分展示，是电力人意志品质和精神风貌的生动写照，也是鼓舞电力人从胜利走向胜利的强大精神动力。

## （一）电力精神发端于星火燎原的革命年代

在党的领导下，电力工业在觉醒中成长、在战火中起步，用滚滚电流照亮民族复兴、国家独立的拼搏征程。1942 年，在延安创建的 3 千瓦发电机组，保证了中央军委和电台等用电急需；1947 年，在晋察冀边区建成的沕沕水水电站，为毛主席在西柏坡指挥辽沈、淮海、平津三大战役提供照明用电，见证了红色电业坚毅前行的非凡征程。电力工人在党的启蒙关心下，积极投身革命洪流，从大革命时期在安源工运、五卅运动等革命运动中的冲锋在前，到抗日战争时期喊出"多发一度电，多造一颗子弹，多消灭一个敌人"的豪迈誓言；从渡江战役期间冒着炮火驾驶"京轮号"小火轮，到中华人民共和国成立前夕开展英勇的"护厂斗争"，电力工人用生命之火捍卫光明，涌现出笑对生死的王孝和、誓把牢底坐穿的何敬平等英烈人物，诞生于电力行业的著名歌曲《咱们工人有力量》唱响了全国。这一时期，红心向党、英勇斗争成为电力人的显著精神标识。

### （二）电力精神成长于热火朝天的建设时期

中华人民共和国成立后，电力工业在艰苦创业中奋力追赶。从1959年国产第一台5万千瓦高压凝汽式火电机组投产，到1965年自主设计、自制设备、自行施工第一座大型水电站，再到1972年自主建设第一条超高压线路，我国电力工业创造了多项"第一"。到1978年，全国电力装机总容量比1949年增长了31倍，书写了中国发展史上的"电力奇迹"，为恢复和发展国民经济、服务保障国家重大战略提供了有力支撑。广大电力人听党号令，发扬革命加拼命的精神，在"抗美援朝"战场上，电力工人迎着飞机轰炸在中朝边境抢建"义东线"；在"两弹一星"研发中，数千电力建设者用汗水乃至生命在可可托海矿区地下136米处"掏"出一座水电站；在"三线建设"最前沿，来自全国四面八方的电力建设大军战天斗地，创造了17年建成装机容量1872万千瓦、相当于同期新增装机容量45%的"人间奇迹"。这一时期，勇于担当、奋不顾身、艰苦奋斗成为电力人的显著精神标识。

### （三）电力精神形成于波澜壮阔的改革时期

面对改革开放之初电力紧缺局面，党领导电力工业在春雷滚滚中成长壮大，装机容量几年内大规模增加，缓解了国内缺电的局面。之后，我国电力工业发展一路高歌奋进，攻克了大规模、远距离输电的世界级难题，成为世界上唯一将特高压输电工程投入商业运营的国家，锻造了坚定不移、敢为人先、坚韧不拔、海纳百川的"特高压精神"；到2012年，我国电网形成"西电东送、北电南供、水火互济、风光互补"的新格局，建成三峡水电站、葛洲坝水电站、秦山核电等一批"国之重器"，装机容量连续超越法国、英国、美国等发达国家，推动电力工业实现"从有到大"的跨越。广大电力人听党指挥，勇当先锋，打赢了1998年抗洪保电、2008年南方抗击冰雪灾害保电、2008年四川汶川抗震救灾保电等大战大考。这一时期，勇于改革、甘于奉献成为电力人的显著精神标识。

### （四）电力精神彰显于自信自强的新时代

党的十八大以来，在习近平总书记"四个革命、一个合作"能源安全新战略指引下，电力行业勇当能源清洁低碳转型的先行者、引领者，推动电力工业实现"从大到强"的跨越。我国发电总装机容量、水电装机容量、风电装机容量、光伏装机容量均居世界第一，实现先进核电、超超临界火电、大型水电、特高压输电等诸多领域的"中国引领"，为我国经济社会发展提供了安全可靠、优质高效的电力保障。广大电力人克服重重困难，逢山开路、遇水搭桥、饮风吞沙、以苦为乐，奋战在电力建设一线，奔波在电力服务前沿，彰显了勇担重任的为民情怀、勇于吃苦的英雄气概。这一时期，勇攀高峰、自信自强成为电力人的显著精神标识。

## 二、电力精神的理论支撑

一百多年来，中国共产党始终坚持马克思主义基本原理，不断推进马克思主义的中国化与时代化，形成了包括毛泽东思想、邓小平理论、"三个代表"重要思想、科学发展观、习近平新时代中国特色社会主义思想等在内的中国特色社会主义理论体系，为党团结带领人民创造中国特色社会主义的伟大成就提供了科学指导。纵观上下，党和国家历代领导人对能源电力事业高度重视、掌舵领航，正是这些重要思想成为电力事业在百年间得以飞速发展的源头活水，也成为电力精神萌芽发展的理论支撑。

### （一）以毛泽东思想为指导，确立国民经济"先行官"地位，明确了电力发展指导方针和基本思路

毛泽东思想是指导中国革命、中国建设的伟大思想武器。新中国的电力工业在落后、弱小和破碎中起步，电力人用毛泽东思想武装头脑，学会用唯物辩证法分析、研究、解决建设工作中的一系列问题，在改造客观世界的同时，增强改造主观世界的能力。1958年9月，毛泽东在最高国务会议上提出了电力是国民经济"先行官"，极大地促进了电力工业的发展。1985年，在中共中央提出的关于制定国民经济和社会发展第七个五年计划的建议中，进一步明确了"能源工业的发展要以电力为中心"的方针。这一系列卓有远见的论断与指导思想，为我国的经济发展选准了突破口，使电力工业真正成为国民经济的先行产业。

毛泽东主席十分关心电力生产和电力职工，多次在百忙之中亲笔回信，给电力职工带来巨大的鼓舞和激励。1950 年 8 月 8 日和 9 月 5 日，石家庄电业局和天津第三发电厂的全体职工，请燃料工业部部长陈郁同志转交了向毛主席汇报工作的信件。1950 年 9 月 11 日，毛主席回信中"团结一致、努力工作，为完成国家任务和改善自己的生活而奋斗"的谆谆教诲，也成为电力职工的优良传统，代代相传。

### （二）以邓小平理论为指导，深化改革、转型发展，推动电力工业实现快速发展

党的十一届三中全会确立了以经济建设为中心的基本路线，电力作为国民经济的基础产业，受到了党和国家领导人的高度重视。在邓小平同志的倡导下，1979 年 1 月 5 日，《人民日报》发表评论员文章，首次明确提出："开发水力，不单纯是个电力问题，也是国民经济对能源的合理利用问题，要像开发煤炭和石油一样来建设水电站。"1979 年 5 月，电力部部长刘澜波同志发表文章，要求电力工业必须变落后为先行，积极推动水电和火电工业协调发展，为中国电力工业的现代化奠定了坚实基础。1983 年 9 月，国务院副总理李鹏同志强调电力工业的适度超前和科学健康发展是国民经济发展的重要保障。在这一时期，中国电力工业生产力水平进入跃升时期，体制机制改革不断推进，电力工业实现了前所未有的规模增长，全国性的缺电问题也得到了有效缓解，为服务社会、服务百姓作出了巨大贡献。

与此同时，邓小平同志强调指出"物质文明和精神文明两手抓，两手都要硬"，成为中国社会主义现代化建设的一个根本方针。电力发展在诸多方面先试先行，不仅为能源安全提供了坚强保障，也孕育

了独特的行业文化与特色，形成了实事求是、勇于尝试、大胆创新为代表的精神财富。

### （三）以习近平新时代中国特色社会主义思想为指导，引领能源电力发展进入新阶段

以习近平同志为核心的党中央高度重视能源电力工作，从国家发展和安全的战略高度，作出了系列重要论述，科学回答了能源转型变革和高质量发展的重大问题，开辟了中国特色能源发展新道路。

2014年6月，习近平总书记在中央财经领导小组第六次会议上创造性地提出"四个革命、一个合作"能源安全新战略，提供了推动能源改革发展向纵深推进的科学方法论，引领我国迈向电力高质量发展的新阶段；2020年，以习近平同志为核心的党中央经过深思熟虑，作出"力争2030年前实现碳达峰，2060年前实现碳中和"的重大战略决策，要求坚定不移走生态优先、绿色低碳的高质量发展道路；2022年1月，习近平总书记在向全国各族人民致以美好的新春祝福时强调，强化民生用能供给保障责任，确保人民群众安全温暖过冬，彰显了人民至上的立场和情怀，用"坚持以人民为中心"的基本原则刻画了我国能源发展的本质特征；2023年7月，习近平总书记在江苏考察时指出，能源保障和安全事关国计民生，是须臾不可忽视的"国之大者"，深刻阐释了保障能源安全稳定供应对经济社会平稳健康发展的重要意义，指明了我国能源发展的首要问题；近年来，习近平总书记多次指出要构建清洁低碳安全高效的能源体系，并在党的二十大报告中进一步提出加快规划建设新型能源体系，解答了我国能源高质量发展的时代命题，确立了新时代我国能源高质量发展的根本途径。

这些重要论述，是习近平新时代中国特色社会主义思想的重要组成部分，为推动新时代电力发展提供了战略指引、根本遵循和行动指南，也为电力精神的传承发展烙上了绿色、奉献、为民、卓越等鲜明底色。

## 三、电力精神的典型表现

无论是在电力工业发展的哪个时期，文化建设都是引领带动行业持续健康发展的不竭动力，其中，企业文化与企业精神发挥了重要作用。行业精神是企业文化的集中体现，而企业文化在发展过程中应运而生，又在时代、行业与企业的改革转型中不断更迭、积淀，赋予了行业精神时代特征、成为行业精神的具象表现。

### （一）行业文化的繁荣发展

为积极构建良好和谐的行业环境，促进电力工业可持续发展，2010 年，中电联发布了《关于加强电力行业文化建设的指导意见》，明确加强电力行业文化建设的重大意义、指导思想、总体目标和基本原则，提出了电力行业文化建设的主要内容和实施途径。这是电力行业首次从行业文化建设角度明确针对性的指导意见。

2011 年，中电联发布《全国电力行业核心价值公约》，从 6 个方面回答了电力行业的当代价值追求，即电力行业的使命是"奉献绿色电能，创造美好生活"，愿景是"成为广受社会信赖和尊敬的行业"，核心价值观是"诚信、负责、合作、创新"，宗旨是"忠于国家，服务大众，奉献社会"，精神是"勇于先行，追求卓越"，发展理念是"安全、协同、清洁、经济"。2019年，为更好地顺应时代发展要求，中电联修订发布《全国电力行业核心价值公约（2019年修订版）》，再次强调了"人民电业为人民"的行业宗旨与形象。

2023年自中电联发布电力精神以来，紧密围绕大力弘扬和宣传电力精神，充分发挥平台优势和桥梁作用，充分依托重要会议和重大活动，充分做到融入主业、辐射行业，最大程度发动广大企业、职工热烈响应、热情参与、积极互动，在行业内掀起了广泛热潮、营造了浓厚氛围。举办电力精神主题微视频大赛，评选百部佳作，生动展现了人民电业为人民的行业宗旨；举办"最美电力人"推荐发布活动、电力精神主题演讲、主题微话剧比赛等，以生动感人、催人奋进的鲜活事迹，展示企业风采、展现职工风貌。组建电力精神宣讲团，开展全国巡回宣讲；制作电力精神宣传读本、视频、海报、折页、展板等系列产品，举办主题摄影展、书画展等，以更加直观、灵活的方式促进了电力精神的常态化传播。

此外，中电联连续13年策划举办了"中国电力主题日"活动，广泛宣传我国电力工业取得的辉煌成就，展示了电力行业、企业、职工的良好形象；连年开展企业文化典型成果和典型实践单位推荐工作，持续加强新时代行业企业文化建设的理论和实践研究；举办电力行业文化交流大会，总结文化建设先进经验，推广文化建设优秀成果；扎实推动行业自律体系建设，研究制定了行业自律公约、职业道德准则，提升行业自律能力水平。整体上看，在广大电力企事业单位的支持帮助下，初步构建起了以文化制度规约为框架，以弘扬和宣传电力精神为核心，以交流推广企业文化为重点，以广泛参与职工文化为支撑的电力行业文化建设体系。

### （二）企业文化的繁荣发展

多年来，电力企业高度重视企业文化建设工作，在培育企业精神、提炼经营理念、塑造品牌形象等方面进行了大量的探索与实践，逐步形成了价值统一、百花齐放、繁荣兴盛的企业文化建设良好局面。特别是在党的十八大以来，电力企业准确把握习近平新时代中国特色社会主义思想精髓，把握历史时代特点、电力发展趋势以及企业发展规律，与时俱进开启了企业文化建设的新征程。

国家电网有限公司在发展中形成了"努力超越　追求卓越"的企业精神，强调始终保持强烈的事业心、责任感，敢为人先、勇当排头，不断超越过去、超越他人、超越自我，坚持不懈地向更高质量发展、向更高目标迈进。中国南方电网有限责任公司凝练了"勇于变革　乐于奉献"的企业精神，塑造了"万家灯火　南网情深"品牌形象，倡导始终保持奋斗的状态，始终保有志不改、道不变的坚定，打硬仗、闯难关的坚韧，敢担当、善作为的干劲，在急难险重任务中冲锋在前、勇挑重担。中国华能集团有限公司确立建设"三色"公司的企业使命，凝练了以敬业精神、开拓精神、创新精神为核心的企业精神。中国大唐集团有限公司打造卓越文化体系，凝练了"同心聚力、追求卓越"的企业精神，强调坚持与党同心、对党忠诚，与党和国家站在一起、想在一起、干在一起，聚集心力、凝聚人气的强大干劲。中国华电集团有限公司以求实、创新、和谐、奋进为核心价值，着力把服务于经济社会持续健康发展、满足人民日益增长的美好生活需要作为工作的出发点和落脚点。**国家能源投资集团有限责任公司**将实干与奉献作为践行习近平总书记"社会主义是干出来的"伟大号召的集中体现，将创新与争先作为推动企业发展的动力和导向，总结了实干、奉献、创新、争先的企业精神。**国家电力投资集团有限公司**以创造绿色价值为使命，大力弘扬"绿色、创新、融合，真信、真干、真成"的价值理念，努力建设具有全球竞争力的世界一流清洁能源企业。**中国长江三峡集团有限公司**传承与发扬以"为我中华、志建三峡"为核心的三峡精神，即治水兴邦、造福人民的担当精神，民主决策、科学管理的求实精神，精益求精、勇攀高峰的创新精神，舍家为国、无私奉献的奋斗精神，团结协作、众绘宏图的圆梦精神。**中国电力建设集团有限公司**秉承"自强不息、勇于超越"的企业精神，以强烈的事业心和责任感，发扬"五个特别"的优良传统，以刚毅坚韧的性格，勇往直前的气魄，敢为人先、超越自我，不断向更高标准、更高目标迈进。**中国能源建设集团有限公司**将"央企姓党、央企为国，发展企业、创造价值"作为企业宗旨，系统打造"争先、实干、创新、协同、合规、廉洁"六大文化，不断增强干部职工的思想认同、情感认同、价值认同，以文化赋能企业高质量发展。

不难看出，电力企业文化在展现特色中具有凝聚共性，诸如"创新""奉献""诚信""进取""争先""报国"是提及频率较高的关键词，在一定程度上体现了电力企业的共同价值追求，即以"创新"为发展动力，以"奉献"践行"人民电业为人民"的行业宗旨，坚守"诚信"的底线，不断"进取"，勇于"争先"，达到"报国"的使命和目标。这与"忠诚担当、求实创新、追求卓越、奉献光明"的电力精神具有高度契合性。企业文化和企业精神传递了企业的价值目标和发展方向，能够凝聚起广大职工的磅礴力量、激励团结协作、约束不良作风，引领企业奋力向高质量发展迈进。电力精神是更高层次的价值观念与行为准则，使职工从全行业的角度审视自身定位和价值，产生更强烈的责任感，在更大的范围内起到激励、凝聚、约束行业发展的作用。

# 第三节
# 电力精神的丰富内涵

电力精神体现着深厚的历史底蕴，彰显着独特的时代特征，内涵丰富、意义重大，体现在以下四个方面。

## 一、忠诚担当是电力行业的政治品格

**在坚持党的领导、发挥"六个力量"中担当先行。** 始终把坚持党的领导、加强党的建设作为"根"与"魂"，把旗帜鲜明讲政治作为各项工作的出发点和落脚点，树牢"四个意识"、坚定"四个自信"、做到"两个维护"，始终在思想上政治上行动上同以习近平同志为核心的党中央保持高度一致，着力发挥党的创造力、凝聚力与战斗力，立根铸魂，强基固本，以一流的党建引领保障一流的企业建设，真正把党建优势转化为创新优势、竞争优势和发展优势。

**在服务党和国家大局中担当先行。** 作为保障国家能源安全的"国家队"、经济社会发展的"先行官"、党和人民信赖的"大国重器"，坚决贯彻党中央国务院决策部署，扎实推进"四个革命、一个合作"能源战略、"双碳"目标、"一带一路"建设等重大战略，在助力脱贫攻坚、大气污染防治、全面深化改革、加快科技创新、优化营商环境等重大部署中冲锋在前、担当作为、争作表率。

**在促进经济社会发展中担当先行。** 千方百计保障电力供应，实现了从"用上电"到"用好电"的根本转变。截至 2023 年底，全社会用电量达 9.22 万亿千瓦·时，人均发电装机容量历史性突破 2 千瓦／人，"西电东送"规模超过 3 亿千瓦，全国跨省输送电量 1.85 万亿千瓦·时，广大电力企业职工坚决扛稳电力保供政治责任，打赢迎峰度夏度冬攻坚战，实现了电力供需总体平衡，以优质的电力供应不断满足经济社会发展需要和人民群众对美好生活的向往。

## 二、求实创新是电力行业的行为准则

**做争创世界一流领先的奋斗者。**电力工业由高速发展向高质量发展转型，大力发扬自主创新精神，把握大势、抢占先机、直面问题，实现"中国制造"和"中国引领"。百万千瓦空冷发电机组、大型循环流化床发电技术世界领先，特高压输电技术独步全球、光伏发电技术快速迭代刷新世界纪录，核电产业体系日臻完善，水电规划、设计、施工、设备制造全面领先，建成世界最大的清洁能源走廊，瞄准世界科技前沿，取得了令人举世瞩目的骄人成绩。

**做深化改革、锐意创新的开拓者。**电力企业始终是改革的坚定拥护者、有力推动者、积极践行者。从集资办电到政企分开，从厂网分开到市场交易，电力体制改革的不断深化为行业发展提供了源源不竭的动力。广大电力企业以供给侧结构性改革为主线，深入落实电力改革和国企改革部署，大力推进企业内部改革，不断增强发展动力、增添发展活力，加快建设具有全球竞争力的世界一流企业。

**做引领全球能源革命的实践者。**构建清洁低碳、安全高效的能源体系，推动能源生产和消费从以化石能源为主导向以清洁能源为主导转变，推动单一电能供应向多能耦合互补供应模式转变，推动服务模式从供电服务向能源综合服务转变，引领全球能源发展方向，实现了电力技术、装备、管理、品牌、文化全方位走出去，以企业形象彰显国家形象，成为中国电力推动国际能源变革的闪亮名片。

## 三、追求卓越是电力行业的信念愿景

**始终将安全视为生命**。电力安全关系到经济社会发展全局，关系到亿万人民的切身利益。"安全第一、预防为主、综合治理"的总体方针是电力生产建设的永恒主题。电力人始终将安全视为生命，以对隐患和风险"零容忍"的态度，全力保障了电力设备设施的安全稳定运行，建成了规模最大、技术最先进、运行控制最复杂的超级电网，也是全球唯一没有发生大面积停电事故的特大型电网。

**始终将实干作为本色**。大道至简，实干为要。电力工业的辉煌成就是电力人用勤劳、智慧、勇气干出来的。电力人以缺氧不缺斗志、艰苦不怕吃苦、海拔高追求更高的意志品质，与祖国的山川河流为伴，穿梭于高峰孤岛、戈壁荒漠，辛勤投身于国家电力建设。在千千万万电力人的共同努力下，建成了诸如三峡工程、秦山核电、特高压电网等一大批"大国重器"，不断创造中国速度、中国质量，培育了发展优势，挖掘了巨大潜能，谱写了辉煌篇章，赢得了广泛赞誉。

始终将匠心融入血脉。大力弘扬劳模精神、劳动精神和工匠精神，兢兢业业、一丝不苟，把"没有最好，只有更好"当作自己的不懈追求，涌现出了一大批知识型、技能型、创新型高素质产业工人，大力倡导让劳模身边再出劳模，工匠身边再出工匠，形成"人人崇尚先进、人人学习先进、人人赶超先进"的浓厚氛围，他们执着坚守、匠心筑梦、追求极致，为工匠精神作出了生动诠释。

## 四、奉献光明是电力行业的使命价值

忠实践行"人民电业为人民"宗旨。人民电业为人民是新中国成立 70 年来电力工业始终如一的追求，深深植根于电力人的内心，融入电力人的血脉，成为电力人共同的价值追求。从建立民族电力工业体系，到着力解决突出的电力供需矛盾，再到为客户提供优质高效便捷的供电服务，一代又一代电力人始终艰辛努力、不懈付出，把"人民电业为人民"的行业宗旨贯穿工作始终，打造了"你用电、我用心""万家灯火、南网情深"等品牌形象，不断提高了全社会普遍服务水平，提升了人民群众的获得感和幸福感。

架起党联系人民群众的"连心桥"。从天山南北到黄河之滨、从宝塔山下到湘赣老区，从珠江河畔到彩云之南，电力企业持续深化共产党员服务队建设，把履行社会责任作为工作的"分内事"，以"有呼必应、有难必帮""善小而为之"为己任，全力做好政治服务、抢修服务、营销服务、志愿服务、增值服务，打造为民服务的先锋旗帜，真正把党的关怀和温暖送到边远地区、困难家庭、农牧民群众的心坎上。

**服务和满足人民对美好生活的向往。** 始终将优质服务作为永恒主题，甘于奉献、忘我工作，让占世界上五分之一的人口充分享受到电力这一现代文明成果，结束了新疆、西藏、青海、四川甘孜州北部地区孤网运行的历史，大力实施城乡电网建设升级改造，实现村村动力通电，供电能力得到大幅提升，城市用户供电可靠率超过 99.9%，农村用户供电可靠率超过 99.8%。围绕着人民的所需、所急、所盼，不断提升人民群众满意度、获得感。

电力精神是电力人薪火相传的宝贵财富，是接续奋斗的荣誉勋章，更是电力人不忘初心、牢记使命的不竭动力。奋进新时代、逐梦新征程，"忠诚担当、求实创新、追求卓越、奉献光明"的电力精神也必将指引着广大电力人沿着中国特色社会主义道路奋勇前行，为全面建成社会主义现代化国家，夺取新时代中国特色社会主义伟大胜利、实现中华民族伟大复兴中国梦作出新的更大贡献。

# 第二章
# 电力精神的孕育发展

» **140** 多年来，中国电力工业从无到有、从弱到强、从追赶到引领，一路披荆斩棘、高歌奋进、硕果累累、成就辉煌。从星火燎原的革命年代，到热火朝天的建设时期，再到波澜壮阔的改革时期，电力工业的发展历程成为一部奋发图强的创业史、奋斗史和发展史。一代代电力人以信念为支撑、以责任为归依，筚路蓝缕、接续传承，创造了一段段发展传奇，攀登了一个个科技高峰，铸就了一座座历史丰碑。他们走遍千山万水、耗尽毕生心血、服务各行各业、温暖千家万户，用不灭的璀璨灯火诠释了对党、对国家、对人民的无限忠诚，不仅创造了巨大的物质财富，还孕育了宝贵的精神财富，成为鼓舞和激励电力人勇毅前行并走向胜利的强大精神动力。

1882 年 7 月 26 日，上海外滩亮起 15 盏电灯，标志着中国电力工业的正式起步。从 1882 年到 1949 年，中国电力工业经历了外强入侵、战争破坏，在半殖民地半封建社会下，步履蹒跚、徘徊发展。这一时期，国内电源建设开始起步，建成了如杨树浦发电厂、石龙坝水电站、南京发电厂等延续百年的早期电厂，涌现一批实业报国的民族企业家，电力工人们英勇奋斗，留下了诸多工人运动、护厂斗争的英雄故事。但是由于国家的落后和战乱，我国的电力工业在中华人民共和国成立前的近 70 年间，一直处于艰难曲折、缓慢发展状态。历史证明，电力工业与国家命运息息相关，没有国家独立、没有民族解放，就没有国家的工业建设和经济发展，就没有电力工业的振兴。

## 一、杨树浦发电厂的前世今生

　　正值夏夜，上海市南京路上人声鼎沸，蜚声海内外的百年"中华商业第一街"在夜幕中熠熠生辉。广场前矗立着一盏造型复古的路灯，吸引众多行人、游客驻足观看，正是"中国第一盏电灯"的复刻模型，灯杆上新刻着"人民城市人民建、人民城市为人民、人民电业为人民"的字样。

　　时光流转，穿越百年。

　　1882 年 5 月，英国商人成立了上海电气公司，创办电厂，在南京东路江西中路转角处的围墙内竖立起第一根电杆，沿着外滩码头架设了 6.4 千米长的供电线路，串接起 15 盏亮度约为 2000 支烛光的弧光灯。1882 年 7 月 26 日晚 7 时许，夜幕下，15 盏弧光灯点亮了上海外滩夜空，引来围观人群，热闹非凡，至此中国的第一盏电灯在上海点亮，也让上海成为世界上第三个有电的城市。

从那时起，中国电力工业开始萌芽，但一段时间里，上海虽经多次兴办电气，仍不敷应用。1893 年，上海公共租界工部局成立电气处，大力推动公共电力事业，于上海虹口建造了装机容量 298.5 千瓦的新中央电站，使得夜间照明供电改为昼夜供电，售电量与日俱增。至 1908 年，电站装机容量达到 4400 千瓦，实现了向城市电车供电等功能。

1910 年，中国第一家以电为动力的面粉厂投产。各实业厂商陆续采用电力为生产动力，造成电力供应非常短缺。为更好满足用电需要，工部局在杨树浦沈家滩江边兴建新电厂，采用燃油蒸汽发电技术，建设了 2 台 2000 千瓦汽轮发电机组，于 1913 年 4 月 12 日投产发电。因新电厂建于杨树浦地区，被称作杨树浦发电厂。

杨树浦发电厂的投产运营，极大地促进了各类资本的工商实业投资，渐渐地在杨树浦地区形成了上海规模最大的工业聚集区。至 1915 年，杨树浦发电厂发电量的 60% 用于供应企业生产用电。在建厂后的十几年中，上海经历了高速发展时期，发电厂数度扩建，发电量和售电量大幅增加。至 1923 年，杨树浦发电厂已成为全国最大的火力发电厂。到 1929 年底，电厂装机容量增至 16.1 万千瓦，规模超过当时著名的英国曼彻斯特发电站，几乎垄断了上海电力供应市场。

此外，杨树浦发电厂建设的高温高压燃煤锅炉，也是当时最先进

早期杨树浦发电厂全景

的大型锅炉，配套建成的 105 米高的钢板结构烟囱，成为上海滩半个多世纪的历史记忆。中国第四代著名导演史蜀君将之温情地比作"上海滩村口的老槐树"，这座大烟囱也是几代上海游子心中抹不去的青春记忆，仿佛守护着世代生活的家园，慰藉着游子归家的情怀。

　　同时，这座从历史沉浮中走来的老电厂，不仅为新中国保留下发展经济、振兴工业的光明火种，也在苦难和血火抗争中锤炼出了一支由中国共产党领导的、有着先进阶级觉悟的电力产业工人队伍，在长期的革命斗争生死考验中孕育出"威武不屈、舍我其谁"的无畏精神。早在 1925 年，中共党员徐诚炽组织发动工部局电气处华籍工人，积极配合"五卅"运动，先后有 1700 多名电力工人参加了持续 3 个月的大罢工；1926 年，成立了上海电力行业的第一个基层党组织——电气处独立党支部。1927 年，中共中央组织发动了上海工人总罢工和第三次工人武装起义，在最危急的时刻，电气处党支部组织 100 多名电力工人组成工人纠察队，以"勇敢无畏、舍我其谁"的英雄气概，汇入滚滚的革命洪流，冲破反动政府的白色恐怖统治。

1950 年 2 月 6 日，国民党对上海发动了规模空前的大轰炸，杨树浦发电厂遭到的破坏最为严重，厂区共遭到 15 枚炸弹命中，输煤设备全部炸毁，其他发电设备也遭受到严重毁坏。电厂工人再次以大无畏的革命气概走上"战场"，奋战 42 小时，恢复了机组发电，及时为上海工业生产恢复输送电力。在杨树浦发电厂区，至今竖立着一座中国工人阶级的杰出代表王孝和烈士塑像。他临行前给世人留下的"照亮信仰的微笑"，闪耀着电力工人优秀党员"威武不屈"的革命气节和誓将革命进行到底的英雄气概。

中华人民共和国成立后，杨树浦发电厂装机容量增至 19.85 万千瓦，占当时全国总装机容量的 10.5%，年发电量达 10.42 亿千瓦·时，约为上海地区总发电量的 81%，堪称点亮上海的"电力心脏"。上海市委、市政府十分重视电力工业在经济社会恢复建设和发展中的重要作用，先后对杨树浦发电厂进行发电设备及附属设施的技术改造。到 1958 年前后，建成了我国自行安装的第一台国产 6000 千瓦机组，结束了"洋机"统治 47 年的历史。20 世纪 80 年代，杨树浦发电厂已成为华东电力系统的主力电厂之一，由单一发电走向热电联供、送变电兼备的多功能发展轨道，为上海的经济发展作出了突出贡献。

纵观杨树浦发电厂的百年历史，其不仅为上海的发展提供了源源不断的电力供应，也为中国电力工业的建设发展源源不断地培养输送了一大批技术骨干、管理人才和能工巧匠。他们发扬主人翁精神，继承优良传统，在平凡的岗位上，创造出不平凡的业绩，涌现出张世宝等一批劳动模范和先进人物，是名副其实的"中国电力工业的摇篮"。

2010年前后，为落实国家"上大压小"、节能减排的政策，杨树浦发电厂陆续关停发电机组，全面停止发电。杨树浦发电厂就像照亮"中国近现代工业文明长廊"的灯塔一样，历经百年荣光，最终圆满完成了肩负的历史使命。

如今，这座百年电厂承担着"向史而新、面向未来"的新使命，被列为上海历史文化风貌保护区，并被开发建设成为电力工业遗存公园。通过工业遗产的艺术性表达，唤起人们对近代工业发展的历史记忆，成为集工业文化、红色文化、海派文化于一体的地标新名片。昔日的"工业锈带"如今变成"生活秀带""发展秀带"，杨树浦发电厂正以另一种方式，在滨江岸线焕发新生、见证辉煌，持续为上海城市转型发展作出新的贡献。

## 二、实业救国的民族企业家

民国初期，"民主""科学""救亡"意识觉醒，中国社会经历了第一次思想启蒙运动，社会各界"救亡图存""振兴中华"的呼声振聋发聩，已经形成民族共识。工商实业界的代表人物纷纷举起实业报国、工业救国的旗帜，展开了中国近现代工业波澜壮阔、曲折发展的历史画卷。民族电器工业的成长壮大为这幅画卷增添了电力色彩，涌现出一批开创中国电器产业的民族企业家，他们的奋斗故事充分体现出了中国电力人爱国、报国和攻坚克难的精神。

## 钱镛森：民族电机制造第一人

钱镛森（1887—1967），江苏无锡人。幼年读私塾，后到上海德商瑞记洋行学艺。1914 年，他靠简陋工具，在闸北黄家宅自己家中创办了镛记电器铺，从事小型电机、电器的修理业务，仿制简单的电气开关插座产品，这是民族资本投资的第一家电器制造企业。钱镛森虽不谙理论设计，但能靠秤称铜线和矽钢片的重量来调整产品设计，工艺水平很高，他用这一方法仿制了西门子 10 千瓦封闭式纱厂用电动机，使用效果很好，这是据现有文字记载中国自行制造的第一部直流电机。在这之后，钱镛森赚钱后买了设备，雇用了工人，正式辞去洋行职务，开始专职经营钱镛记电器铺。

1925 年至 1930 年，钱镛森成功仿制了德国西门子电动机，生产 10 马力（约 7.35 千瓦）电动机，售予申新棉纺厂等企业，同时研制碰焊机、点焊机、滚焊机和电焊变压器等产品，在上海国产电焊机市场占有一席之地。

中华人民共和国成立后，钱镛森先向外埠收购旧的直流电机，修理后出售，电器铺得到较大的发展后，改名为钱镛记电业机械厂。钱镛森拥护党的方针政策，积极参加社会主义建设事业，大力研发直流电机生产。1959 年 1 月，钱镛记电业机械厂与孙立记电器厂、华昌电机厂、南洋兄弟烟草公司合并成立上海南洋电机厂。随着我国社会主义建设事业的发展，上海南洋电机厂已经发展壮大成为专业生产直流电机、功率扩大机、交直流电梯电机和微电机的综合性专业制造厂家。

钱镛森是国内早期出类拔萃的能工巧匠，他制造电机的经历充分体现了中华民族传统的工匠精神，勤奋刻苦、执着努力，反映了早期中国电力人优秀的精神品质。

## 杨济川：民族电器品牌的传奇

杨济川（1881—1952），江苏丹徒人。幼读私塾，16 岁到上海在洋布店当学徒。他业余自学英文和化学，对电学尤感兴趣，利用业余时间试制各种小电器。杨济川在裕康洋行做会计期间，结识了洋行职员叶友才和袁宗耀。当时洋货充斥市场，三人心中颇有不甘，决心钻研科技，走实业救国道路。1916 年，三人集资创办华生电器制造厂（简称华生电器），取"华生"为"中华民族更生"之意。1917 年，杨济川设计制造了中国第一台三相交流变压器；至 1925 年，华生电器已形成变压器、各型号配电盘、电流限制表、直流发电机、电镀发电机、配电设备等产品系列，在上海总商会举办的商品展览会获优等奖和金质奖，产品质量可与"洋货"媲美，但价格仅及其半，工厂不断发展壮大。

1924 年，华生电器开始仿制电扇，当年批量生产达 1000 余台，畅销国内市场，远销印度、南洋等国家和地区。华生牌电扇是民族电器品牌的"第一道光"，打破了美商奇异牌电扇对中国市场的垄断，成就了民族电器的一段传奇。1929 年，华生牌电扇年产量达万台，产品驰誉全国，进一步挤压了奇异牌电扇在中国的市场份额。奇异经销商始以 50 万元美金欲收购"华生"品牌，被拒绝，继而以削价竞销试图挤垮"华生"，终未得逞。1931 年，邹韬奋先生以"落霞"笔名，撰写了题为《创制中国电风扇的杨济川君》的长篇文章，报道并赞赏杨济川自励奋发的事迹，弘扬其实业救国的精神，称赞杨济川为"中国创制电风扇的第一人"。

　　上海解放后，杨济川响应政府恢复生产、发展经济的号召，积极配合党的方针政策，工厂迅速恢复生产交流发电机、电动机和变压器等设备，为新中国初期上海经济的恢复和发展作出了应有的贡献。1952 年，杨济川病逝于镇江。杨济川以爱国精神和刻苦钻研创造了中国电力工业技术发展史上的多个第一，这是中国电力工匠精神创造的奇迹。

上海华生电器制造厂全景

## 周锦水：笃志躬行　电机市场开拓者

　　周锦水（1890—1972），浙江定海人。幼失双亲，家境贫寒。13岁来上海学徒打铁，17岁到汉口洋行做工。1914年在汉口开办锦记电料行；因生意惨淡，继续在各洋行做进口电机租售生意，逐渐产生自行仿制电动机的念头。1926年，自费赴日本学习电机制造技术。回国后在汉口试制小型电动机首获成功。当时，上海华生电器制造厂经理的好友叶友才得知消息，力邀周锦水合伙办厂。1930年，2人合伙出资在南翔开办华成电器制造厂。两年后，华成电器定型生产小型交流感应电动机。面对外国技术先进的高档电机竞争，周锦水深知价格战对华成电器是死路，于是他在合伙建厂前花了一年时间，对全国十多个地区供电线路的电压情况作了实地测查，按照各地不同的电压波动幅度，分档设计了对应型号的电动机，大大提高了电动机的适应性和安全性，延长了使用寿命。

　　而外商对中国各地电力供应的实际情况并不清楚，其电机在各地电压等级不一的环境中使用，经常造成电机烧毁事故。因此，华成电动机一炮走红，打开了销路。"华成马达"名声大振，打破了外国电机对中国市场和技术的垄断。华成电器采用"先行试用，包修包换，满意后付款"的经营策略，生产经营规模稳步提高。1935年日产电机27台，在市场上扛住了西方厂商低价竞销的联合绞杀，巩固了在国内的市场份额。

　　1937年抗战爆发前夕，华成电器内迁汉口，坚持生产；一年后迁至衡阳，自行筹资建厂，迅速复工，有力支撑了紧贴前线的后方战时工业生产。民主人士实业家胡叔常说："我看到华成厂已完全复工生产，自制新式机床设备，生产规模宏大、欣欣向荣，建立了很整齐的职工新村和职工子弟小学，还有其他福利设施。这对战时环境里的内迁工厂来说，真是难能可贵的。"1944 年，湖南战事吃紧，华成电器被迫迁往重庆，资产设备损失殆尽。周锦水贷款重建工厂，坚持支援抗战，被聘为国民政府战时生产局电器顾问。受聘期间，他不取分文，并积极协助国民政府向国外订购抗战必需之电信交通器材。周锦水坚持抗战的爱国精神，有力地鼓舞了社会各界抗战到底的斗志。

钱镛森、杨济川、周锦水，以及无数前仆后继的民族企业家们，他们在风雨飘摇的动荡时期，克服重重困难，打破了外国人对中国电动机市场的垄断，是民族电器工业史上享有盛誉、作出重大贡献的开拓者，展现了早期电力人忠诚报国、担当尽责的爱国精神。

## 三、照亮京城的石景山发电厂

每个时代都有其记忆，每个企业都有其成长。从晚清点亮京城的第一盏电灯，到新中国成立时期的艰苦奋斗、忠党报国，再到为了首都的蓝天碧水投身转型发展，石景山发电厂在不同历史时期发挥了重要作用，书写了一部充满沧桑和辉煌的北京电力工业发展史诗……

清朝末年，政治腐败，百业凋敝。北京虽为一国之都，但与大多数中国城市一样尚不知电为何物，以油灯星火伴随着漫漫长夜。1888 年，北洋大臣李鸿章购买了一台由德国制造功率仅 14.70 千瓦（20 马力）的蒸汽直流发电机，作为贡品献给慈禧太后，专用寝宫仪銮殿照明之用。伴随着机房嗡嗡作响的发电声，灯光首次从皇宫禁苑之内亮起，刺破了茫茫夜空的一隅。那时虽然电灯比烛火更安全、明亮，但由于财力、物力难以承受，电灯照明也仅设在故宫西苑、颐和园等地，供清廷官办使用。

1902年，清朝官吏史履晋、蒋式瑆、冯恕等人以"挽中国之利权，杜外人之觊觎"为宗旨，多次向清廷呈文奏请，募得官商股本白银8万两，创办了中国最早的民族电业之一——京师华商电灯公司，并在前门西城根建设了北京第一座小型发电厂，装机容量仅为300千瓦，后随用电范围逐步扩大至工业、商业和市民用电。该发电厂在1910年扩建，装机容量增至1035千瓦，是当时国内民族资本开办的最大电厂。

作为一家由国人集资的企业，其发行股票的内页章程中规定"不收官银一股，不借外债一文"，明确指出"股东如将股票转售与人……惟仍须售与华人"❶，具有鲜明的爱国精神和民权意识。那时起，中国的灯要由中国人自己点亮，成为有识之士为之奋斗的目标。

1919年五四运动之后，京师华商电灯公司在北京西郊石景山购地60余亩建设新厂，定名石景山发电分厂。1922年，石景山发电分厂正式向京城送电，途经磨石口村（现称模式口），该村由此成为北京历史上第一个通电村。此后，西城根电厂设备陆续拆除迁往石景山分厂，虽然西城根电厂仍以主厂的名义存在，但主要的发电任务多由石景山分厂承担。后来，分厂又历经几次扩建。截至1938年10月，石景山发电分厂共装锅炉14台，发电机5台，总装机容量为3.233

---

❶ 王竹：《蓦然回首灯火阑珊处》，中国林业出版社，2008年，第3页。

万千瓦，成为华北地区最重要的发电厂。❶

1940 年，日本侵略者强行收购了京商华商电灯公司的全部资产，成立了伪华北电业公司，石景山发电分厂更名北京发电所。1942 年，西城根电厂停止发电，设备全部拆除迁至石景山。至此，北京发电所便成为北京市唯一的供电单位，而后由日本主导陆续扩建安装了一台 25000 千瓦机组和与之配套的两台中压中温煤粉炉，但直到 1945 年日寇战败投降，一机两炉工程也未完工投产发电。

1946 年，国民党政府在北京成立了冀北电力公司，北京发电所又易名北平发电所。曾中断的 6 号机、16 号机和 17 号机工程于次年全部竣工，开始与津唐电网 77 千伏输电线路连接。此时全厂在装机组 4 台，装机容量 55000 千瓦，但是由于设备陈旧，又长期疏于维护保养，事故频发，经常停电断电，被广大市民称为"黑暗公司"。

伴随平津战役的隆隆炮声，石景山地区解放后，北平发电所从此获得了新生。中华人民共和国成立后，北平发电所启用石景山发电厂厂名。在中国共产党的领导和人民政府的关怀下，电厂全体干部职工以主人翁的责任感和建设新中国的冲天干劲积极工作，为经济恢复时期的北京工农业生产以及人们生活提供了必要的电力。

1958 年，在北京缺电的严峻局势下，石景山发电厂勇于艰苦创业，开拓进取，采用"老厂包新厂，小鸡下大蛋"的方式承担了高井电站工程的筹建工作。在当时国内经济困难，苏联专家撤走等重重压力下，第一台机组建成发电。全部工程历经 5 期 15 年，第五期工程中还创造了 9 个月 20 天建成一台 10 万千瓦机组的国内先进纪录，

---

❶ 中国电力企业联合会、中国电机工程学会：《中国电力工业史》，中国电力出版社，第 58 页。

现今石景山发电厂旧址

被誉为 20 世纪 60 年代北京工业战线建设的"橱窗",享誉全国。❶

　　石景山发电厂为我国早期社会主义发展作出了重大贡献,发生了石景山八勇士打响北京电力设施解放的第一枪的故事、第一次政治供电——双清别墅供电保障的故事,还曾为开国大典上升起第一面五星红旗供电,石景山发电厂也获得过全国红旗厂、全国电力系统先进企业等称号,这些荣誉都见证了石景山发电厂的辉煌历史,也化作了不断前进发展的巨大动力。

　　2015 年 3 月,石景山发电厂响起了震撼人心的汽笛声。为了北京的蓝天,为了美好的家园,这座历经清末民初、日伪统治和国民党当政几个时期,具有 96 年历史的发电厂终于完成了背负的使命。通过石景山发电厂曲折发展的历史,我们看到了它在艰难中成长的不屈,也看到了它对我国电力事业发展作出的重大贡献。❷

---

❶ 中共北京石景山发电总厂党史征编办公室:《中国共产党石景山发电总厂历史大事》,1999。

❷ 朱振邦:《北京工业电力志》,中国科学技术出版社,1995。

## 四、石龙坝水电站的红色印记

"当中国成为世界第一水电大国的时候，人们不会忘记，中国的水电建设是从这里起步的！"这是 1996 年 12 月 12 日，原电力工业部副部长汪恕诚视察石龙坝水电站时的题词。

在云南省域内，澜沧江云南段流域与金沙江流域的发电量占云南地区发电总量的 69%，其中，螳螂川作为滇池的唯一出口，水力资源非常丰富，建设水电站具有极大的地理优势。1912 年石龙坝水电站在此正式建成发电，是我国的第一座水电站，开创了中国水电事业之先河，历经了多个历史时代，运行百余年的高龄机组仍然能够发电，照亮千家万户，被誉为活着的"水电博物馆"，是一部珍贵的"教科书"。

早在 20 世纪初，法国以滇越铁路通车用电为由，于 1908 年与清政府交涉，胁迫准其在螳螂川上游兴建水电。此举激起了云南各界爱国人士的反对，他们怀着"实业救国"的梦想，倡议由云南省官商合办开发石龙坝水能资源，做出中国人民

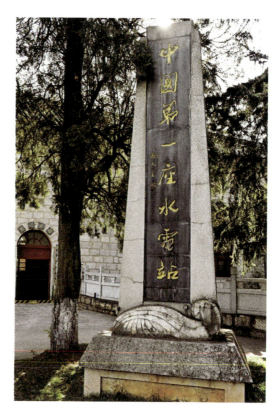

石龙坝水电站一车间外"中国第一座水电站"石碑

自主修建水电站的决定。

但早期云南作为一个边疆欠发达地区，无法独自承担建设水电站的巨大耗资。一批近代民族企业家们，为保卫国家利益和民族资源，开始招募商股、集资筹建，期间不少爱国主义人士纷纷慷慨解囊，集资成立了耀龙电灯股份有限公司，并在公司章程里明确"只集华股，不招洋商"，以此抵制外国资本入侵，拉开了石龙坝水电站的建设大幕。

参加石龙坝水电站建设的人员共 1000 余名，除德国工程师和管理人员外，大多数工人来自云南、四川、河南等地。在石龙坝水电站的建设施工日志中有着这样一些记录，"工人踊跃从命，崩山炸石，不顾危险，分段赶作，猛力进行""所有各办事人及各项工人，每夜均系四点钟开饭，天明出工，日落方息""不避雪雨风霜，亦不计年节"。建设者们拼命干了一年多，一道长 55 米、高 2 米、有 17 孔闸门的拦河石坝耸立起来了，一条长 1478 米、过流量 8 米$^3$/秒的砌石引水渠过水了，一座面积 345 米$^2$ 的石墙瓦顶水轮机房问世了。

电站土建工程快完工了，德国西门子公司的发电机组也已运到昆明得胜桥旁的火车站。但那时的昆明没有公路，更没有汽车，运送重达几十吨的水轮机、发电机和变压柜成了大问题。电力建设者们把设备从火车上卸下，能拆就拆，化大为小，以便运输。小型机件就人背马驮，从陆路直达石龙坝；大型机件则用滚木"滚运"到大观楼，再装上大船，驶入滇池航线。这支史无前例的船队在老昆明人惊诧的眼光中缓缓行进，一路逢桥拆桥，船过复建，终于进入滇池。此举在盘龙江、滇池水运史上留下了浓墨重彩的一笔。

直至 1912 年 4 月，石龙坝水电站终于建成。工程实际工期 17

个月，耗资 50 万银元，装机容量 480 千瓦，可供照明电灯 6000 余盏，为古城昆明民众送来了第一缕水电之光。1912 年 5 月 28 日夜晚，在翠湖海心亭和城中三牌坊、金马坊、碧鸡坊等处高悬的数十只 500 瓦的白炽灯一起亮了，把夜幕照得和白天一样。男女老少争相观灯，热闹非凡。不知是谁兴奋得大喊起来："自来月，亮啦!"一时间"自来月"叫遍全城，成为电灯在昆明最早的称呼，昆明人也成为最早用"国产水电"点亮电灯的中国人。

此后，石龙坝水电站从初始依靠两台 240 千瓦的西门子发电机完成作业，到 1923 年至 1931 年逐步新增了三次机组，至抗战前已成为当时中国最大的水力发电站。技术的革新推动着昆明从煤油灯时代走进了电灯时代，带动了中国第一挺机枪、第一根电缆甚至是第一架望远镜的生产，培养了云南第一批电力产业工人。

抗日战争时期，石龙坝水电站由民用供电转为军工生产和昆明防空报警电源供电，成为昆明地区唯一的发电站，肩负起当时的防空警报、美国飞虎队的机场信号灯、军工产业等的供电任务，为抗战前线不断贡献出力所能及的力量。期间，石龙坝水电站曾四次遭日本飞机轰炸，现办公区附近的"飞来池"正是 1940 年日本飞机投下的 1 枚燃烧弹和 8 枚重型炸弹爆炸造成的弹坑遗址。弹坑直径 20 米左右，深约 5 米，直到昆明解放后，弹坑才被挖平变成如今的藕塘，1993 年此地被修缮成公园，并以"电站虽小历史悠久开中国水电之始，水塘不大成因奇特记东瀛入侵之证"为上下联，"飞来池"为横批，纪念抗战烟云中的石龙坝水电站。

石龙坝水电站是云南早期中共组织活动的遗址。1926 年 11 月 7 日，云南省第一个地下党组织——中共云南特别支部成立。1927 年

4月，中共云南特委在石龙坝秘密成立了地下党支部，成为云南省工矿企业中建立的第一个地下党支部，是当时云南省电力系统的第一个地下党支部，也是唯一传承至今的党支部，在电力产业工人中播下了革命的种子，点燃了革命的薪火，将红色基因融入了石龙坝这方热土。

中华人民共和国成立后，党和国家高度重视石龙坝水电站的保护工作。1957年，朱德副主席到石龙坝检查工作时曾指示："要好好保护电站，它是中国水电发展的老祖宗。"在党中央的支持下，石龙坝水电站历经六次新建、扩建，总装机7360千瓦，每年保持着2000多万千瓦·时的电能生产。同时造就了一支强壮的水电建设与管理队伍，不断培养出优秀的水电领域人才，成为中国水电自建自管自用的光辉典范。

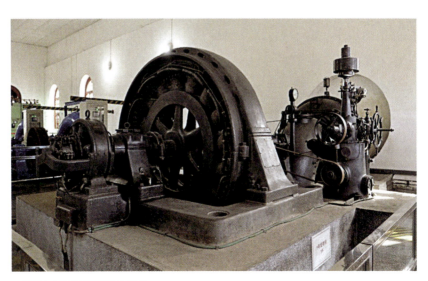

石龙坝水电站内的百岁发电机组

如今，我们沿着石龙坝水电站的闪光足迹，找寻百年来感天动地的光影与记忆，无论是百岁发电机组，还是防空洞、炸弹坑，都反映着石龙坝水电站在中国近代史上的历史价值与重要意义。几代石龙坝水电人以满腔的爱国主义热情，克服艰难万苦，锐意进取，求实创新，继承和发扬了中华民族的优良传统和伟大精神，用智慧谱写了一曲自主办电、奉献光明的豪迈颂歌，吹响了华夏工业文明的扬帆号角。

## 五、百年焦电的峥嵘岁月

100 多年前，中国共产党的诞生，深刻改变了中华民族和中国人民的前途和命运。一曲激昂的国际歌，从南湖的红船上传到了位于中原腹地的焦作，如一声惊雷，唤醒了一批在苦难中挣扎的电力工人，也在不知不觉中孕育着一种伟大的精神。

焦作，古称山阳，坐落在黄河北岸、太行南麓，因煤炭储量丰富，且所产煤炭为优质无烟煤，历史上享誉海内外，被人们称为"煤城"。第二次鸦片战争后，西方列强加大对我国丰富资源的掠夺。1902 年，英国福公司在焦作强购民地、打钻建矿。1905 年，福公司修建简易厂房，安装 3 台 125 千瓦立式蒸汽发电机，成立了福公司焦作煤矿附设电厂，这就是焦作电厂的前身。从此，历经百年变迁，投身革命洪流，见证我国火力发电国产化、清洁化、高端化进程的红色电厂——焦作电厂登上了历史舞台。

哪里有压迫，哪里就有反抗。伴随福公司的残酷剥削和压榨，煤矿和电厂工人不断组织反对削减工价、延长工时、虐待工友等斗争，逐渐明白"团结起来有力量"的道理。1925年，"五卅"惨案发生后，党中央派遣共产党员罗思危等到焦作领导工人运动。1925年7月9日凌晨3时，福公司各矿、电厂的汽笛愤怒长鸣。锅炉熄火、电灯失明、绞车停转、水源不通、断炊断供，焦作矿区陷入一片黑暗之中。当日9时，电厂和煤矿工人、学生、商人和市民三万多人，冲上街头，游行示威，高呼"打倒帝国主义""废除一切不平等条约""为上海死难同胞复仇"口号，募捐、演讲、散发传单、刷写标语……声援"五卅"运动。经过八个月艰苦卓绝的斗争，焦作煤矿反帝爱国大罢工取得完全胜利，为我国工运史书写了光辉灿烂的一页。

毛泽东在《中国社会各阶级的分析》一文中这样写道："工业无产阶级人数虽不多，却是中国新的生产力的代表者……如开滦和焦作煤矿罢工，他们所以能如此，第一个原因是集中。……第二个原因是经济地位低下。他们失了生产手段，剩下两手，绝了发财的望，又受着帝国主义、军阀、资产阶级的极残酷的待遇，所以他们特别能战斗"。从此，"特别能战斗"精神成为焦作电厂和煤矿产业工人共同的价值追求。

卢沟桥事变后，著名实业家、时任焦作煤矿整理专员、总经理孙越崎组织煤矿1000余名职员、工人，冒着日军的炮火和轰炸，发扬大无畏精神，历经公路、铁路、水路1000余千米的数月辗转，将3台125千瓦发电机、1台350千瓦发电机、1台750千瓦发电机和煤矿机器，总重4000余吨的设备器材向后方转移。依托这些设备，在湖南建立了湘潭煤矿，在四川合资改造创立了天府、嘉阳、威远等煤

1938 年"设备南迁"运输大队

矿和电厂。所产煤炭满足了四川全省一半以上工业和民用需求，为坚持抗战到底作出了重要贡献。孙越崎在回忆中说："我一生有两件事至今认为是对的。第一件是抗战初期把煤矿的器材和人员转移到后方。第二件是解放前夕，动员国民政府资委会人员保护厂矿，投向人民。"

1946 年 6 月，蒋介石撕毁停战协议，挑起全面内战。为避免焦作电厂和煤矿生产设备落到国民党手中，按照晋冀鲁豫军区政治委员邓小平指示，焦作党组织成立拆迁工作指挥部，动员和带领电厂、煤矿的党员、工人，在"特别能战斗"精神指引下，克服重重困难，将 1 台 350 千瓦发电机、1 台 750 千瓦发电机励磁机、1 台 1500 千瓦发电机和 7 台锅炉、数十台各式车床、上千件水泵和风机等，总重数十吨的工矿设备，历时半年，安全转移到晋东南地区。依托上述设备，在山西建立了西白兔发电厂（俗称"刘伯承电厂"）、平城镇义汉兵工厂和五阳煤矿。其中，义汉兵工厂曾为淮海战役输送炮弹 200 余万枚，为解放战争取得决定性胜利发挥了重要作用。参加过"备战上山"的焦作电厂原党委副书记刘文科回忆说："运输车辆前后各有一根四五米长的粗檩条做'老杆'，再绑上'老杠'，由六七个人架着掌握方向；'老杆'前后拴着多条大绳套，大绳套又带着不少小绳套，每个绳套由一人拉着，就像船夫拉纤一样，喊着号子，一步步前进。""天上有飞机轰炸，后面有国民党军的追赶，太行山又是千沟万壑，我们照样开山修路，搬石填沟，困难难以想象，我们还是完成了党交给的任务。"

中华人民共和国成立之初，一切都是新的，翻身做主人的电力工人充满了建设家园的斗志。1955年1月1日，焦作电厂正式成立，由焦作矿务局管理改为燃料工业部中南电业管理局领导。1956年至1965年间，焦作电厂克服自然灾害、设备短缺等不利因素，以战天斗地的气概，先后安装完成4台6000千瓦、2台1.2万千瓦共4.8万千瓦机组，极大缓解了地区用电紧张局面。其中，编号为803的6000千瓦机组，从开挖基础到完工投产用时不到三个月；从汽机台板就位到整套机组启动试运，仅用50小时38分钟，创造了国内同类机组最快安装纪录。现年99岁高龄的姚文成在电厂工作了一辈子，通过党的培养，一步步成长为一名优秀的总工程师。在接受采访时他感慨地说："我之所以能有今天，得益于党的领导。解放前技术拔尖得不到重用，因为社会地位是无法逾越的鸿沟。中华人民共和国成立后，在党的领导下，工人当家作主，我的愿望才得到实现。""我先后参与焦作电厂10次扩建，容量达130万千瓦，解决了很多生产难题，为企业发展奉献了一生。"《李鹏回忆录》中这样评价："总工程师姚文成是一位老工人，自学成才，实际工作能力颇强。"

党的十一届三中全会后，我国电力工业飞速发展，焦作电厂"特别能战斗"精神得到充分彰显。1979年至1992年，焦作电厂建成投产6台20万千瓦国产机组，装机容量猛增至124.8万千瓦，晋升为国家特大型企业。初期，针对设计、安装先天不足，焦作电厂职工积

1956—1998 年期间的焦作电厂外景

极响应党委号召，迎难而上，发挥聪明才智，全面开展设备挖潜，打了一场设备翻身仗。1998 年至 2002 年，完成 6 台机组通流部分改造，全厂总容量增加至 132 万千瓦。20 万千瓦机组建设投运期间，多项创举在我国火力发电史上曾耀眼夺目：670 吨锅炉实现无烟煤断油燃烧，为我国大型锅炉燃烧无烟煤发电闯出一条新路；在全国电力系统率先完成 20 万千瓦机组电除尘改袋式除尘器，被列为国家"863"课题示范工程；最高年发电量多次突破 80 亿千瓦时，贡献率稳居全省电力企业第一名，有着"煤城一枝花""中原明珠"等美誉，为中原经济快速发展作出了突出贡献。

焦作电厂在电力体制改革中虽历经多次划转，但"特别能战斗"的革命本色从未改变，并在我国能源变革中，不断找准自身发展定位。2008 年，焦作电厂启动上大压小、异地迁建项目。2015 年，

2台66万千瓦超超临界机组在焦作修武县拔地而起。如今，在国家能源集团"136"总体发展战略的统领下，焦作电厂通过赓续红色血脉、传承红色基因、强化系列管理，新厂持续盈利，老厂有序开发，"百年老店"正在赋予"特别能战斗"精神新的时代特色，以奋发有为的姿态谱写中国式现代化建设伟业的新篇章。

## 六、边区创举沕沕水水电站

　　河北省平山县西南边缘的险隘河上游，有一个三面环山、一面临水的山村——沕沕水村，因村西高山上有一股泉水，常年不断，水声沕沕，由此得名。1948年初，正是此地诞生了中国共产党和人民军队自己动手勘察设计兴建的第一座水力发电站——沕沕水水电站。这座水电厂的建成，解决了党中央、毛主席在西柏坡的生活、办公用电，为毛主席指挥三大战役、解放全中国作出了巨大贡献。神奇的电流从这里源源不断地输送到西柏坡和周边的兵工厂，点亮了"新中国从这里走来"的第一盏明灯，为解放战争胜利和新中国成立作出了不可磨灭的贡献，被誉为"边区创举""红色发电厂"。

　　抗日战争胜利后，人民解放军在华北战场上和国民党军队展开了针锋

沕沕水水电站旧址

相对的斗争，由战略防御转入战略进攻的关键时期。为了适应我军的大好形势，晋察冀边区政府在河北省平山县决定加强军火生产，支援前线作战。但苦于缺乏电力，三四个人一天只能做十来发炮弹，效率极低，远远不能满足前线的需要。1947 年 5 月，刘少奇、朱德率领中央工委到达西柏坡后，十分关注军工生产和经济建设，经中央工委批准，边区政府决定在沕沕水瀑布修建一座水力发电站。

晋察冀边区工业交通学院（简称工交学院）承担了这个艰巨的任务。1947 年 6 月，晋察冀边区第一发电工程处成立，由工交学院院长黎亮为工程处主任、总设计师。当时一无物资、二无材料、三无有经验的技术人员，可以说一切都是从零开始。面对这个前所未有的挑战，所有人秉承着"有条件要上，没有条件创造条件也要上"的原则，向上级组织保证坚决完成任务。

这其中，水轮机的设计制造是整个水力发电工程成败的关键环节，但水轮机的结构谁都没有见过。苍天不负有心人，工作人员在旧书摊上无意发现一本关于水电的日文版书籍，略懂些日语的技术员龚蕴章连蒙带猜地将相关内容翻译出来，先用木棍摆出模型，然后照猫画虎，设计图纸。紧接着，制作成品的难题又摆到他们面前。当时整个平山县没有一家机械厂，只得来到井陉煤矿，由正太机器厂等三家企业加工零部件，没有能力制作的部件，要冒着危险到敌占区石家庄购买。大家在一穷二白的基础上，奋战了 120 多个日日夜夜，终于完成了水轮机制造任务，并且一次试车成功，堪称奇迹。

此外，材料不足也是阻碍工程进展的一道难关。技术人员常常为了一个小零件，跋涉几十里山路。为了找到一个发电机上的碳刷，电气科的章冲化装成商人，冒着生命危险，潜入敌人占领下的石家庄，最后在一个旧货摊上买到。1947 年 5 月初，我军缴获了一台德国西门子产的 194 千瓦的柴油发电机和部分零部件，在将发电机从井陉煤矿运到沕沕水时，上有敌机，下有深谷，在 60 里的羊肠山路曲折前进。为避开敌机轰炸，30 多名运输者白天修路搭桥，夜间秘密行进，整整用了七个昼夜，途中还牺牲了三名同志。眼看只有几里路就到沕沕水了，汽车却抛了锚。附近村民得知后，纷纷牵出自家的牛和驴，通过畜拉人推，终于将发电机运到施工现场。而诸如输电导线则是通过收购粗细不一、材质不同的旧导线，细股并粗股、粗股拆细股解决的。

就是在这样的条件下，1947 年底，土木建筑、机组安装、管道铺设、电网架设等全部竣工，共动用土石方 8000 米 $^3$，浆砌了一条 1 千米长的引水渠，架设高压线路 46 千米、电话线 128 千米，装置配电设施 8 处 ❶。

1948 年 1 月 25 日，晋察冀边区政府举行沕沕水水电站的落成典礼。朱德总司令在仪式上对沕沕水水电站的建成给予了高度评价。他指出："现在修建这个发电站能够帮助生产军火，将来还能够帮助农村建设，并且是属于社会主义建设范围的一部分……"授奖仪式上，朱总司令亲手颁发奖状，赠送了亲笔题写的"边区创举"纪念匾和"红色发电厂"的牌匾，并为发电站剪彩，亲自开启了水轮机的闸门。顿时，水流湍急，发电机组有节奏地旋转起来，用彩色灯泡组成的"支援前线"4 个大字闪闪发光。在轰鸣的马达声中，工人们昼夜

---

❶ 魏德明：《建国前夕的"边区创举"——西柏坡沕沕水水电站》，《中国电力企业管理》，1994（Z1）：50-51。

奋战，他们生产的武器弹药不仅供应了临汾、济南、太原战役，而且给辽沈、淮海战役送去了大量弹药，有力地支援了伟大的解放战争，加速了新中国的诞生。

1948年3月，中共中央完成了转战陕北任务后，决定东渡黄河向西柏坡转移，为了解决中共中央到达西柏坡的用电问题，沕沕水发电厂接到了向西柏坡架设专线的任务。厂长商钧经过再三考虑，选派6名架线工人，成立了专线架设小组。历经半个多月的艰苦奋战，架设线路27千米，为中共中央机关大院送上了电，圆满完成了这一光荣任务。据当时的架线工人回忆："我们大约六七个人，从距离西柏坡最近的三家店开始铺设，经过洪子店把电送到西柏坡。三家店到洪子店是我们铺设的电线，而洪子店到西柏坡是解放军铺设的电线，双方同时进行，到1948年夏天，西柏坡就通上了电。"

有了电，中共中央机关的办公条件得到改善，满足了办公照明、为部队发报和新华社广播电台用电，1949年3月召开的中共七届二中全会的会场用电就是由这座水电站发供的。毛泽东等老一辈革命家在彻夜不熄的明灯下，组织指挥了决定中国命运的三大战役，描绘了新中国的宏伟蓝图。

中华人民共和国成立后，沕沕水水电站继续正常发电，为社会主义建设服务。1975年当地政府对电站进行了扩建，改装了一台新的发电机，并入石家庄电网。如今，为了更好地发挥这座红色水电站的教育功能，在旧址上还专门修建了沕沕水发电站纪念馆，当年建设发电站时使用过的部分工具、电缆都陈列在其中，而当时的建设过程也被制作成系列油画，结合当时的珍贵图片，展示给前来参观学习的群

沷沷水水电站纪念馆

众，使之成为爱国主义教育基地和红色旅游目的地。

　　被誉为"边区创举"的沷沷水水电站，是新中国水电事业的发祥地，是我党我军革命历程中史无前例的创举。在其建设过程中，涌现出了无数优秀电力人，为了支持党和新中国的解放事业，他们夙兴夜寐，废寝忘食，凭着厚重的脊梁、坚实的脚印，将电化作前线有威力的武器，为解放战争的胜利作出重要贡献。他们敢为人先，开拓进取，在极端困难的条件下自力更生、艰苦奋斗，完成了水电站的建设，为党和国家培养了一批电力和水电建设管理人才，为后人开辟了新中国电力事业的先河。他们的样貌虽已远去，但他们的精神已成为宝贵的历史遗产和精神财富。

# 七、向阳而生的电力英烈

中国电力工人是 19 世纪 80 年代，在外国资本创建的电厂中首先产生的，之后随着外国资本、中国官僚资本和民族资本兴办电力而人数逐渐增加。饱受剥削和奴役的中国电力工人，具有较强的民族意识和反抗精神，锻造了电力工人较强的组织纪律性，这些特点决定了中国电力工人是现代新兴生产力的代表，是近代中国最进步的无产阶级的组成部分。王孝和、赵一曼、胡世和，他们用自己短暂的一生诉说了对这个国家深沉的爱意。

## 王孝和：电力工人的杰出代表

王孝和原籍浙江鄞县，1924 年生于上海，后考入上海励志英文专科学校，开始接触进步书刊，受到党组织培养。1941 年加入中国共产党。在党旗前，他庄严宣誓："父母生下我，我只是一个普通的生命。今天党接受了我的请求，我成为党员，我真正的生命才正式开始。我一定用我的生命保卫党，保卫工人阶级的崇高事业，永不动摇，一直革命到底。"同年底，王孝和投考邮局和上海电力公司，党组织考虑电力公司是动力部门，需要加强力量，指示他进入杨树浦电厂工作。抗日战争胜利后，王孝和被选为控制室的工会总组长。1946 年 1 月，在杨树浦电厂"九天八夜"大罢

王孝和

工中，他率领运行部门的工人提倡议、献捐款、腾住房，积极组织参加大罢工，赢得了工人们的信任和拥护，在同国民党上海反动当局的斗争中发挥了重要作用。

1948 年初，国民党当局在工人运动、学潮等冲击下，为巩固其统治，血腥镇压人民革命运动。因叛徒出卖，1948 年 4 月 21 日清晨，王孝和在上班途中被国民党当局秘密逮捕，在监狱中得知自己被判处死刑之后，王孝和没有屈膝投降，反而视死如归，面露微笑，这笑容里有对特刑庭诬陷他犯罪，以及对敌人灭亡前垂死挣扎的蔑视，更有对革命必将胜利的强烈信念。面对死刑，王孝和坚定地说："死无所惧，只要我活一天，就要同敌人斗争。我的武器是公开揭露敌人的残酷和对人民的仇视。"他以满腔的激情写了三封信，一封给狱中难友，一封给年迈的双亲，一封给即将分娩的妻子。

给难友的信中，王孝和写道："有正义的人士们，祝你们身体健康，为正义而继续奋斗下去！前途是光明的！那光明正向人们招手呢！只待大家努力奋斗。"在给双亲的信中，王孝和写道："父母养我育我，含辛茹苦。儿不能再为双亲尽孝养老，请多谅解。然而，儿为正义而死，死而无憾……"在给妻子的信中，王孝和写道："不要伤心！应好好地保重身体！好好地抚导两个孩子！告诉他们：他们的父亲是被谁杀害的！嘱他们刻在心头，切不可忘……但愿你分娩顺利！未来的孩子就唤他叫佩民！"

刑场上，王孝和被绑在一张木椅上，敌人举起枪，子弹击中王孝和的胸膛，丧心病狂的刽子手踢翻椅子，用脚对王孝和腹部猛踩，殷红的鲜血流淌在地上……这位年仅 24 岁的共产党员以他的实际行动践行了入党誓词。1949 年 11 月 5 日，上海各界万余人在逸园举行追悼王孝和烈士大会，灵柩安葬于虹桥公墓，后迁往上海烈士陵园。王孝和的血衣、家书、遗书等先后在上海工人运动史料陈列室、市工人文化宫展出，其事迹通过书籍、报刊、电影、曲艺等多种形式广为传播，成为鼓舞人们前进的巨大精神力量。

## 赵一曼：领导电力工人大罢工

赵一曼

在抗日战争的残酷艰苦岁月里，有一位传奇女子的名字被永远镌刻在中国革命的史册上，她就是赵一曼，被哈尔滨人民尊称为"白山黑水"民族魂。但很少有人知道，在赵一曼的革命生涯中，曾在哈尔滨发电厂领导过电力工人大罢工，极大鼓舞了东北人民的抗日热忱。

1932年9月，受党组织派遣，赵一曼来到哈尔滨总工会工作。当时哈尔滨是闻名遐迩的国际都会，有轨电车联通各大主城区，是城市主要的交通工具。一些日伪军警横行霸道，不仅乘电车不买车票，还殴打、辱骂、剥削电车工人，种种野蛮行径令人发指。1933年4月2日，一个伪满宪兵登上了电车。乘务员张鸿渔提醒他买票，他非但不买票，还在众目睽睽之下，一把将张鸿渔拽下车，强行拉到宪兵队，把张鸿渔打成重伤、不省人事。对此，日伪电业局非但不慰问伤者，还公然叫嚣要开除张鸿渔。闻讯赶来的工友们，见到张鸿渔被打的惨状，群情激愤，却无计可施。

这时，中共满洲省委闻讯，果断决定采取回击行动，并指示当时的省总工会书记黄维新和赵一曼，深入工人中间，策划组织一场大规模的工人运动。当天夜晚，赵一曼风尘仆仆地赶到电车厂，找到电业局地下党组织主要成员，以探望朋友之名，在电工学校的一间暗黑的宿舍里，召开党团员大会，宣布举行大罢工，以此唤醒工友民众，为受难工人伸张正义，维护工人的利益。

赵一曼等人连夜组织刻印了《电车工人告哈尔滨市民书》，赶制了一批宣传漫画和标语，马不停蹄地派人分头张贴出去。一夜之间，各类宣传、动员漫画和标语就贴遍了正阳街、火车站、电车总厂和电车沿线的路标上。

4月3日，大部分哈尔滨市电车工人集中在电车厂车库内，全市电车停驶，整个市区交通瘫痪，陷入一片混乱。在赵一曼的统一部署下，罢工委员会派出多名纠察队员，在一些主要街口，劝阻那些不明情况欲前去上班的工友。发电厂的一些工人闻讯，也"借故"马上停止了上工，声援电车厂工人的罢工。他们坚定地表示："不答应条件，不复工！"面对工人丝毫不减的斗争势头，日本宪兵队感到了莫大的压力和恐慌：罢工不仅造成城市运转失灵，全城瘫痪，还会激发起更多中国民众的反日热忱，加入反日的行列，危及日本在华的核心利益。迫于压力，他们除了向工人道歉，也答应了工人提出的全部复工条件。

作为中国近代史上一次早期的大规模罢工运动，这次针对日伪当局的哈尔滨电业工人大罢工持续了三天，取得全面胜利，极大地鼓舞了沦陷区内外中国人民的抗战士气。"誓志为人不为家，涉江渡海走天涯。男儿岂是全都好，女子缘何分外差。未惜头颅新故国，甘将热血沃中华。白山黑水除敌寇，笑看旌旗红似花。"这是赵一曼生前所写的《滨江述怀》尽显炽热的爱国情怀和大无畏的英雄气概，是信仰坚定、舍小我为大家的"一曼精神"的最好写照。

### 胡世合事件：党领导的重庆"反独裁、争民主"的群众运动

1945年，随着抗日战争的胜利，国民党开始把枪口对准中国共产党及其领导下的人民军队，疯狂向共产党"收复失地"。国内战争进一步加剧，重庆电力供应呈现紧张态势，总发电能力与实际需求之间存在巨大缺口，但国民党军、警、宪、特机关却窃电猖獗。2月20日，电力工人胡世合对国民党特务非法窃电行为进行查处时，被国民党特务田凯施以暴行并枪杀，制造了"胡世合事件"。

当时，在电力工人们剪线拆表的过程中，突然出现一个身穿米色服装的人，即田凯，对工人们又推又打，随即开枪打中胡世合腹部后乘机逃逸。这时，突然跑出约40名警察将现场团团围住，不追凶手，反而将电力公司工人作为"聚众闹事"的嫌犯全部抓捕。

胡世合脸色惨白，腰身弯着站立不稳，被两个警察架着两臂，连拖带拉一路流着鲜血拖进了100米远的保安路警察总局，刚刚被拖到总局大楼前的坪坝，他就停止了呼吸。工人们见状围拢过来，爆发出一阵愤怒的吼声，淹没了警察局长唐毅装腔作势、冠冕堂皇的"训话"。唐毅提高嗓门讲的最后一句话是："聚众闹事扰乱治安于法不容！暂时放回听候处理。把死了的人抬走！"工人们又是一阵山呼海啸般的怒吼。

事件发生当天，电力公司300多名工人自发前往事发地，强烈

要求警察当局严惩凶手，一时群情激奋，声援者多达数万❶中共中央南方局迅速因势利导，青年组刘光、朱语今、张佛翔积极行动，经济组和妇女组密切配合，通过电力公司地下党员和进步工人迅速组织了"胡世合事件申冤后援会"。《新华日报》遵照南方局指示，一面联系众多新闻媒体公开报道事件真相，反映工人要求；一面巧妙地以社论或评论，宣传党的指示，指导运动的健康发展。此外，南方局和川东党组织还通过各自联系的"据点"，将惨案真相和斗争策略迅速地传播到全市工厂、机关和学校，发动各界民众支援电力工人斗争；同时，还积极开展对民主党派和上层人士的统战工作，争取他们以公开发表谈话、参加吊唁活动等方式，反对特务暴行，支持民主运动。

胡世合事件虽仅持续了10余天，但却产生了深远的影响。它沉重地打击了国民党顽固派消极抗日、积极反共和实行特务统治的嚣张气焰，鼓舞和振奋了大后方工人阶级和各界人民向国民党顽固派的残暴统治进行斗争的勇气与精神，培养和锻炼了党的干部和工人骨干，使他们在斗争中增长了才干，为工人运动、人民民主运动的不断高涨积累了经验，开拓了新的道路。

王孝和、赵一曼，以及由胡世合事件引发的重庆工人群众民主运动中，那些用生命捍卫信仰的革命先烈们，用自己短暂的一生践行着一个中国人、一个共产党人、一个电力人的光荣使命。于黑暗中向阳而生，以自己的方式表达了对这个国家深沉的热爱，就像夜空中明亮的星辰，照亮着那些心有信仰的人们，传颂着电力人崇高的爱国信仰，用忠诚、奋斗、奉献的精神，激励着现代电力人——人民电业为人民！

---

❶ 陈宛茵：《"胡世合事件"与〈囚歌〉的传播》,《重庆晚报》, 第八版《红旗飘飘》栏。

## 八、丰满电厂的屈辱与荣光

中国水电，功在当代，利在千秋。

回首百年，中国水电每一步发展无不渗透了中国人为改变国家命运所作的艰苦努力。1910年，随着西方的科学技术传入中国，一些先进的知识分子开始思考建造中国自己的水电站，靠募集民间资本，于1910年8月在云南昆明兴建起我国第一座水电站——石龙坝水电站。此后的二十几年里，由于国内局势的动荡，国内水电发展缓慢，建成了一些规模很小的电站，例如四川泸县的洞窝水电站、西藏的夺底水电站、福建的龙溪水电站等。抗日战争时期，当时国内资源主要用于抵抗侵略，只在西南地区建设了一些小型电站，而在日占区，日本建设了几个较大的水电站，典型代表是修建在中国东北松花江上的丰满电站。中华人民共和国成立前，我国的水电装机容量曾一度达到过90万千瓦，但由于战争的破坏，到中华人民共和国成立时，我国的水电装机容量只有36.33万千瓦。

丰满发电厂曾是中国最大的水电站，源源不断地供给着东北地区的经济建设，为新中国水电事业作出了不可磨灭的贡献，赢得了"水电之母""水电摇篮"的美誉。从屈辱到荣光，丰满水电站矗立在松花江上，见证着国家走向富强，其微缩景观被印在中国人民银行发行的第二版人民币5纸币背面，成为那个时代的辉煌记忆。❶

丰满水电站既是水力发电厂，也是重要的水利枢纽设施，由混凝

---

❶ 马致中：《中国第一座大型水电站——丰满水电站》，《中国电力企业管理》，2000（4）：2. DOI:CNKI:SUN:ZGDQ.0.2000-04-005。

土重力坝、泄水洞、厂房等组成，建于两山峡谷之间，该地多疾风，旧有"小风门"之称，日伪修建电站时谐风门之音，取吉祥之意，易名为丰满。1931年日本侵略者发动"九一八"事变，妄图以东北为基地侵略中国，把秀丽的白山黑水变为他们赖以生存和进行侵略战争的主要物资供应地。为了攫取东北资源，曾经扮演着日军发动对中国殖民统治的"黑色心脏"作用的关东军司令部，先后两次指示其傀儡——伪满洲国政府，进行丰满水电站调查计划。

1936年，开始进行丰满水电站坝址选择和地质勘探。1937年9月，当时被称为"丰满水利电器发电所"的工程在日本人的侵华炮声中破土动工了。水电站的修建持续了8年之久，日本侵略者用强抓、骗招、征集等手段，掠夺劳动力数万人。绝大部分的中国劳工在日本监工、特务、警察的残酷虐待下，过着牛马不如的非人生活，每天进行繁重艰苦的劳动长达十几个小时。他们吃的是橡子面，住的是夏季潮湿闷热、冬季彻骨冰寒的半地下式工棚，近万劳工被折磨致死。距离电站不远的吉林市劳工纪念馆里，仍然可以看到昔日"万人坑"里的一具具白骨。

"哪里有压迫，哪里就有反抗"。1938年4月，"江堤工场大暴动事件"发生，900多名劳工不堪凌辱，和日本监工发生冲突，三分之二监工被打。此次事件后，劳工的反抗运动此起彼伏，从未停止。❶

1941年，太平洋战争爆发，日伪急于尽快发电，顾不上施工质量，不断地加快浇筑进度，由于施工混乱，大坝工程缺陷严重。丰满水电站于1942年9月完成第一期工程，于1943年实现首台机组发

---

❶ 张宪文:《日本侵华图志》第二十卷《虐杀战俘与奴役劳工》，山东画报出版社，2015。

1941 年大坝建设时期全景

电，当时号称亚洲第一大水电工程。但其他工程，直到第二次世界大战结束日本投降时仍未完成，拦河坝的混凝土只浇筑了全部混凝土总量的 89%，坝体没有达到设计高度。国民党统治时期，丰满电站没有进行任何修补和建设，大坝存在的缺陷进一步发展。1947 年冬，"四保临江"战役胜利，东北地区的解放战争形势发生历史性转折，1948 年 3 月 9 日吉林市解放，坐落于吉林省吉林市境内松花江上的丰满水电站回到人民手中，从此翻开了建设发展的新篇章。在党的领导下，丰满电厂全厂职工积极响应"恢复生产、支援战争、支援建设"的号召，发扬工人阶级艰苦奋斗、自力更生精神，学习文化、技术，研究掌握设备，消除设备缺陷。经过一年多的努力，基本上做到了不留用日本技术人员，甩掉了"洋拐棍"，依靠自己的力量组织生产。

中华人民共和国成立初期，丰满水电站的装机容量和发电量在东北电力系统中均占 50% 以上，肩负着地区国民经济恢复和全国解放战争、抗美援朝战争军工产品生产的主要供电任务。

党和国家领导人非常重视丰满水电站未完工程建设，于 1951 年开始了大规模的续建、改建和扩建工程。1953 年，苏联政府电站部派出的专家小组到达丰满，丰满电厂掀起学习新技术的热潮，广大干部职工开动脑筋，大胆创新，执行过程中，通过对工作票和操作票逐步完善，形成两票制度，并进而延伸出交接班制度、巡回检查制度、设备定期试验轮换制度，最终形成了一套较为系统的科学运行制度体系，其中部分做法至今仍在电力行业发挥着重要作用。

1960 年 5 月，最后一台机组开始投产运行，电站总装机容量达到 55.2 万千瓦。20 世纪 80 年代末，丰满电厂陆续开始二期、三期扩建工程。至此，丰满发电厂总装机容量达到了 100 万千瓦[1]。经过近 20 年的艰苦奋斗，运行了半个多世纪的水电老厂焕发了青春，并打造出了一支素质高、敢打硬仗的干部员工队伍。但由于工程建设于特殊的历史时期，丰满水电站大坝设计与施工有着严重的先天缺陷，虽经多年改造加固，仍存在大坝混凝土强度低、整体性差，防渗漏、冻胀、溶蚀、洪水能力不足等隐患。2007 年，丰满老坝由原国家电力监管委员会鉴定为"病坝"，注册等级为丙级。

2009 年 7 月国家电网公司组织召开丰满水电站大坝全面治理工程方案论证会，决定在原坝址下游 120 米处重建一座大坝。2012 年 10 月丰满水电站全面治理（重建）工程获国家发展改革委核准，同

---

[1] 庞秀杰：《往事如烟话丰满》，《国家电网》，2014（11）：116-120。

如今的丰满水电站大坝和库区航拍

月举行了大坝新建工程开工仪式。历时七年，2019 年 8 月丰满新坝混凝土全面浇筑完成，9 月重建工程首台机组发电。受当时利奇马和罗莎两次台风影响，降雨量累计超 150 毫米，22 年一遇，这为水库蓄满创造了有利条件，从而成功实现了百亿库容，当年回蓄当年蓄满的奇迹。新坝蓄水至今，最大泄洪能力达到每秒 22767 立方米，比原大坝每秒 11684 立方米提高了一倍多。❶

　　滚滚而下的松花江水在崇山峻岭中逶迤前行，仿佛在讲述着一段段辛酸悲惨的中国劳工的故事，也如实记录着中国水电事业发展的艰难历程。旧的丰满水电站是历史，写着曾经的血汗屈辱和几代丰电人自力更生、艰苦奋斗的历程。而重建后的丰满水电站则寄托了每一个

---

❶ 卢鹏羽；孟继慧；黄晶：《水电之母　涅槃重生——丰满水电站全面治理（重建）工程建设纪实》，《施工企业管理》，2020-7-1，110-112。

工程建设者的梦想，承载着强烈的民族情结，续写着中国水电人新时代的奋斗篇章。

历史的接力棒传递给了新的"水电巨人"，崭新的丰满电厂现已成为绿色能源基地、教育培训基地、旅游观光基地和经济可持续发展基地，继续推动我国水电事业发展，见证中国水电的富强。丰电人也将在承接历史荣耀的同时，努力开创新的骄人业绩，续写全新的"水电传奇"。

## 九、南京发电厂的百年逐梦

大唐南京发电厂的前身始建于1910年，从清末的金陵电灯官厂，到民国的省立南京电灯厂和首都电厂，以及新中国的南京下关发电厂，再到如今迁址新建的大唐南京发电厂，名称的多次更迭始终改变不了其与时俱进的品格，在浩荡的历史长河中，百年南电应运而变，始终以挺拔的身姿依然矗立在扬子江畔，是中国电力工业发展史上的"活化石"，也是"京电号"精神的发源地，经历了饱受战火摧残、筚路蓝缕的革命战争年代，更见证了新中国电力人为社会主义建设攻坚克难、求实创新的奋斗征程。

1909年6月，江南财政局提调许星璧向总管江苏、安徽和江西三省军民政务的两江总督张人骏提议，调拨库银20万两在南京西华门外的旗下街建造一家电灯厂，以供衙门的晚间照明，该厂被定名为"金陵电灯官厂"。官厂设立后，许星璧为厂总办，并向上海西门子洋行订购了 3 台 100 千瓦的发电机。300 千瓦机组发的电可供 1.8 万多盏电灯的照明，而当时通用的电灯泡为 16 支烛光（16 瓦），余电太多。为此，经张人骏同意，将官用电灯厂改为公用电灯厂，余电公开出售。

金陵电灯官厂在《南洋官报》刊登装灯广告：凡官绅学士商各界，如需装电灯者，请即到电灯厂挂号，以便挨次装灯；每盏独光电灯安装费为大洋 5 元；每盏电灯每月电费为大洋一元二角；供电时间，无论冬夏迟早，每晚 8 个小时。南京城里，渐次亮起了一盏盏电灯，显然在当时属于一种比较奢侈、时尚的生活方式和赏心乐事。这一盏盏电灯发出的光芒，不仅仅是可见的热辐射，更是文明之光、希望之眼。

辛亥革命后，金陵电灯官厂由江苏省实业厅接管，更名为江苏省立南京电灯厂。国民政府定都南京后，再次易名首都电厂，并扩建了 3 万千瓦规模的下关发电所，承担了当时整个南京城的供电任务。民国时期的首都电厂，曾享有"全国模范电厂"的美誉，和杭州闸口电厂、上海杨树浦电厂称为江南三大发电厂。

南京保卫战失败后，国民党苦心经营长达 10 年的首都南京不幸陷落。1937 年底，日军占领南京后，电厂工人不畏日军屠刀坚持发电到最后一刻，并掩护避难群众一路逃至煤炭港江边，惨遭集体屠杀，其中 45 名工人英勇牺牲。在日寇占领和把持电厂期间，电厂职工饱受苦难，但从未放弃过斗争，与日军进行了长达 8 年的斗智斗勇。工人们避开毒蛇一样的敌人，故意制造各类事故，趁日军不在悄悄拉掉送电线路、将锅炉熄火、停机等。这个时期也是工人们政治思想开始觉悟的时期，中共地下党组织在 1943 年便进入了首都电厂。

截至 1949 年 4 月，首都电厂地下组织发展了 11 名党员，这 11 名党员在后面的渡江战役和解放南京的过程中起到重要作用。

南京解放前夕，国民党军政机关开始大溃退。首都电厂资金被冻结，电煤供应中断。为了保护电厂，中共南京首都电厂地下党与国民党特务开展了激烈的争夺战。1949 年 3 月，国民党反动派为阻止人民解放军渡江，下达了封江令，对长江两岸的船只进行烧、炸、沉、毁。但由于关系到城区用电，下关发电所的运煤船"京电号"则被保留下来，由国民党反动派集中到护城河内，严加看管。为了维持发电，工人自发每家每户捐出两个银元，向三汊河私人购买煤炭，度过了断煤停电的难关。电厂工人的高度觉悟和忠肝义胆由此可见一斑。

4 月 23 日凌晨，在下关发电所中共地下党组织的带领下，"京电号"的船员们趁着黑夜将用于发电的整船煤倒入江中，随后以发电无煤、需要运煤为由，驾驶"京电号"往返于南京下关和浦口之间

南京下关发电所"京电号"小火轮

接送人民解放军过江。在渡江战役的关键阶段，这艘长约 23 米、宽约 4 米的小小"京电号"，不停穿行于密集的炮火中，累计运送我人民解放军 1400 多人，其中，"京电号"运送的 35 军 103 师的 120 名指战员，成为渡江战役和解放南京过程中第一批成功登岸的部队。包括邓小平、陈毅等总前委领导，也是乘坐这艘小火轮，指挥千

军万马，胜利渡过长江。

在南京首都电厂全体职工的努力下，直到 4 月 23 日南京解放，没有停止发电一分一秒，为南京解放作出了巨大贡献。解放后的南京城，到处是莺歌燕语，共庆新生。翻身做了主人的下关电厂职工，也满怀激情，无须动员，积极恢复生产，支援前线。人民的城市逐渐抚平了累累伤痕，到处是一派新气象。可是国民党反动派不甘心失败，他们妄图凭借"空中优势"，以狂轰滥炸的野蛮行径，向人民实行罪恶的报复。

从 1949 年 4 月 28 日到 1950 年 2 月 28 日，国民党反动派多次出动飞机侵入南京上空，以电厂、车站、码头为目标，疯狂进行轰炸扫射，使人民生命财产遭受了重大损失，电厂职工不幸伤亡十余人，机器设备受到严重破坏，历史记下了敌人的滔天罪行。敌人的残暴行径丝毫吓不倒英勇的电厂职工，反而激起了他们无比的仇恨和誓死保卫工厂的决心。在党和政府的领导下开展轰轰烈烈的反轰炸斗争中，电厂职工表现了高度的阶级觉悟和政治责任感，可歌可泣的英雄事迹数不胜数，在下关电厂工运史上谱写了光辉的篇章。

"现在不比以前了，我们是电厂的主人，随它怎么轰炸，只要人在设备在，绝不停止一分一秒钟发电！"1949 年 5 月 17 日，《新华日报》一篇名为

南京电厂地下党员同解放军军代表合影

《捍卫南京的光明》的报道，讴歌了电厂工人在反轰炸斗争中的英勇事迹。回眸百余年，沧海变桑田。南京发电厂点亮了古城金陵第一盏电灯，也见证了饱受战火摧残、千疮百孔的革命战争年代，小小红船承载千钧，开启民族复兴的伟大航程，凝聚着电力产业工人不畏艰险、忠党爱国、担当奉献的精神，这些红色故事被一代代电力人铭记和传诵，生生不息的文化血脉，薪火相传，赓续绵延。

1949 年 10 月 1 日，中华人民共和国成立，中国电力工业翻开了新的历史篇章。经过三年国民经济恢复期的修复和重建，电力工业在"一五"计划时期迎来建设高潮，广大电力工作者迎难而上，攻坚克难，开拓创新，"自己设计、自制设备、自行施工"成为这一时期电力发展的代名词，建成了新安江水电站、哈尔滨热电厂等，启动了秦山核电建设工程，电源建设快速发展、电网建设初具规模、工农业生产和人民生活用电逐年上升，确立了国民经济"先行官"地位，逐步建立了适应社会主义计划经济的电力工业管理体制。这段时期的艰苦创业和积累，为改革开放后中国电力工业的跨越式奠定坚实的基础。

## 一、新安江水电站的薪火传承

　　中华人民共和国成立初期，百废待兴，华东地区电力匮乏。为迅速解决长江三角洲地区，特别是上海市的电力供需紧张局面，经国务院批准，新安江水电站建设被列入第一个五年计划和 1956 年重点建设计划。建设者们凭着"要高山低头，叫河水让路"的决心和"自力更生、艰苦奋斗"的精神，顽强拼搏、自强不息，创造了一项又一项的建设奇迹，建成了中华人民共和国成立后第一座"自己设计、自制设备、自行施工"的大型水电站，为国家水电建设发展积累了宝贵经验。

新安江水库开闸泄洪

　　1956年5月4日，新安江水电工程局正式成立。为进一步论证新安江水电站建设的可行性和方案的合理性，1954年11月，成立燃料工业部上海水力发电勘测设计院，负责新安江开发工程的勘测和设计。当年11月，时任浙江省委办公厅机要处秘书的项传发接到一纸调令，内容是："有项大工程要建设，需要人，好好干。"得知项目是开发新安江后，项传发激动得辗转难眠。作为土生土长的淳安人，项传发自小对洪灾记忆深刻："建水电站以前，我们这里常常有山洪，下游的淳安和建德两县几乎年年受洪水危害。"后来，他成长为新安江水电站副厂长。

　　当时不论在国家的哪一个角落，只要一接到调动命令，几乎所有人都是卷起铺盖就走。工程师、技术员、土建工程队、开挖工人、浇筑工人、汽车司机……随着各路人才从各地涌入紫金滩，建设大军很快扩展到了一万多人。当时的建设条件十分落后,在建设初期,没有风钻,工人们就挥动十几斤重的榔头,将钢钎扎进岩石,打出一个个炮眼;没有挖土机、汽车,工人们就用簸箕装渣,肩挑背扛;没有公路,工人们发明了滚轮的方法运送设备;缺少大马力吊机,工人们就加粗钢丝绳再来吊。

中国工程院院士潘家铮曾写道:"在工地几乎所有行业的人员,都在为这场战斗尽心尽力:在烈日下送饭送菜上前线的炊事员;夜阑更深、埋头苦干的财会、文书;在现场爬上爬下检查质量的'活阎王';日夜抢救伤病员的来自上海、杭州的医师和护士;还有那朝气蓬勃、'目无欧美'、八九点钟太阳一般的青年技术员。"❶

为了响应开工誓师大会上那句"苦战三年,为争取 1960 年发电而奋斗"的号召,新安江水电工程局三分之一的机关干部奔赴生产第一线。工地上掀起"班班不欠账、日日争超额"的劳动竞赛热潮。在新安江水电站展览馆中,有一张名为《施工夜景》的老照片。照片上峡谷中的点点灯火犹如一个个火热的太阳将夜晚照为白昼。

1959 年 4 月 9 日,周恩来总理来工地视察。程天纵还记得那天的每一个细节。二十来岁的程天纵是新安江水电站工地上的一名技工,当年他背上铺盖卷,同工友们一道,从河北官厅水库出发,几经辗转来到建德。作为讲解员,程天纵向周恩来总理介绍了工人们自制的土电焊机和土制的锯、铰、磨三用工具台:"总理,我们搞出来的土设备,样子不好看。"周恩来总理说:"样子不好看不要紧,解决问题就是好办法。"

---

❶《三峡大坝试验田的华丽转身》,新华社新媒体,2019 年 8 月 16 日。

站在木板平台上，周恩来总理举目眺望，整个建设工地呈现一派热气腾腾的景象：在一排排密密麻麻的竹脚手架上，工人们穿梭如流，忙个不停；长龙阵般的皮带机欢畅地倾吐着砂石料；运送混凝土的机关车欢腾地来回奔跑；门式起重机挥舞巨臂，将一罐罐混凝土吊进坝体，喂入厂房浇筑仓；平仓推土机的哒哒声、振捣器的嗡嗡声、风水电三个系统的机器轰鸣声，汇成优美和谐的交响曲……周恩来总理一边观看紧张的施工场面，一边仔细地听取工地领导的情况汇报。周恩来总理每到一处，都亲切地同职工握手，向老工人问好，鼓励青年工人好好学习，努力工作。在 7 个多小时的视察中，周恩来总理边看边听介绍，高兴地赞扬电站建设者们坚持自力更生建设电站的精神和干劲，并挥毫写下了让新安江人铭记至今的题词："为我国第一座自己设计和自制设备的大型水力发电站的胜利建设而欢呼！"

周恩来总理的题词进一步激发了大家加快建设水电站的热情。凭着一股子"让高山低头，叫河水让路"的决心，工

周恩来总理题词

程局全体干部群众同吃、同住、同劳动、同学习，掀起了一次又一次施工高潮。1960 年 4 月 22 日，新安江水电站第一台 7.25 万千瓦水轮发电机组正式投产发电，比原计划提前 20 个月，此时距离电站主体开工仅过去三年时间。同年 9 月 26 日，浙江第一条 22 万千伏输电线新安江—杭州—上海输电线路架通，为杭州乃至上海送去了稳定的电能。

今天，游客走出建德高铁站的站台，抬头看到的是"17℃新安江"的城市标语。这句话，说的是从新安江水电站 70 米深处喷涌而出的江水，常年保持 14～17℃，在当地形成了冬暖夏凉的小气候。新安江水电站坝顶高程 115 米，最大坝高 105 米，是国内首座百米以上的高坝，坝后就是"天下第一秀水"千岛湖。而在当初，为了建设这样一座大坝，建设者们发扬了自力更生的精神，敢于创新，善于创新，大胆采用混凝土宽缝重力坝、厂房顶溢流式设计，建成了当时世界同类型式的最大水电站，其坝高、库容和机组容量都是当时中国之最。

江河在歌唱，能量在聚集。大大小小的水轮机在飞速转动，水能转化为电能。激情的浪花犹如无数只手掌，推动着国民经济快速发展。它排水发电，曾顶起华东电力供应的半壁江山；它截水为库，为下游拦蓄洪水、涵养水源；它化水为宝，为沿岸带去无尽的发展生机。新安江水电站以发电为主，兼有防洪、灌溉、航运、渔业、林果业、气候调节、风景旅游、抗咸顶潮等综合社会效益。

丰碑矗立水电史，雄姿勃发新安江。郭沫若创作了《题为新安江水电站》："西子三千个，群山已失高。峰峦成岛屿，平地卷波涛。电量夺天日，泽威绝旱涝。更生凭自力，排灌利农郊。"新安江水电站作为浙江省爱国主义教育基地，今天的新安江水电站每年吸引大量青少年踊跃参观。以它为题材的艺术创作从未停歇。这些作品通过反映水电站建设的恢宏历史，展现老一辈建设者自力更生、艰苦奋斗精神和历经艰辛建成水电站的智慧与勇气。

## 二、电力建设"远征军"的光荣岁月

1950 年，中国开始实施对外援助，中国政府在力所能及的范围内，通过无偿援助等方式向非洲、亚洲、东欧、拉美和南太平洋地区的 160 多个国家提供了援助。1964 年，水电十一局的前身——黄河三门峡工程局接到一项特殊的任务：组织一支精干的水电队伍，到非洲几内亚去援建金康水电站，这是中华人民共和国成立后第一个大型援外项目。金康水电站完工不久，几内亚再次委托中国帮助修建丁基索水电站。中国的水电建设者们第一次走出国门来到非洲，在极端困难的条件下援建了几内亚金康水电站、丁基索水电站，展示了中国电力人的担当、气魄、智慧和才干。

几内亚素有西非"水塔"之称。1961 年，中国和几内亚签订了《中几经济技术合作协定书》。1964 年，几内亚政府委托中国政府帮助建造金康水电站。该工程由北京勘测设计院勘测设计，黄河三门峡工程局负责施工。

黄河三门峡工程局组建了由技术人员、管理人员、后勤保障人员等 240 余人的一支队伍，技术处崔克良、杨春桂分别担任专家组组

几内亚金康水电站

长、副组长。

在出国前，崔克良先到北京，当时水电部部长钱正英和国家经委主任方毅亲自对他交代工作任务："去那里困难会很多，不但要建造水电站，还要同几内亚国家有关部门领导和人民搞好关系，树立中国人在国际上的良好形象。这既是经济工作也是政治任务，希望你们要有足够的思想准备，克服预想不到的困难，把工作做好，同时国内会全力支持你们。"这些语重心长的嘱咐，既是对这支走出国门的水电队伍的鼓励，也让大家树立起坚定的信心和勇气。

金康水电站站址位于几内亚皮塔区（省级），距首都科纳克里380千米。头顶是一片蓝天，脚下是一片荒原，只有一条小河和金康瀑布，援建队伍就在这里安营扎寨。在国家的大力支持下，在当地人的协助下，按中国"干打垒"的方式修建了营地、宿舍、办公室、厨房、食堂及活动场所，他们很快把20多栋土坯平房建了起来。"干打垒"就是用木板支成盒子，中间填土，再用木夯夯实成为土墙。同时他们还修建了卷板厂、钢筋加工厂、木材加工厂、机械修配厂、汽车修配厂、汽车停车场等，要完成水电站建设，这些都是建设水电站必不可少的。住在由土坯墙、石棉瓦顶、木门窗建成的简易房子里，大家却把室内打理得非常整洁舒适。代表中国来到异国他乡修建水电站，大家都表示要干好各项工作，为国争光。

然而，援建人员遇到了重重困难：语言不通、生活不习惯、天气热、蚊蝇多、传染病多、疟疾肆虐……但他们心中有着崇高的使命感和责任感。崔克良说："几内亚过去是法国殖民地，法语是官方语言，而当地群众却惯讲当地土语。我们刚到那里时，沟通是很大的难题。后来我们开始学习法语和当地土语，几内亚工人也开始学习中国话，双方用语言加手势比画，沟通就顺畅多了。"

粮食可以从当地市场上采买，但当地几乎没有肉蛋蔬菜可买，只能靠国内运来的咸菜、酱菜维持，由于运输时间长有时还供应不上。根据土质气候条件，援建人员自己动手种菜、养殖。很快，白菜、萝卜、西红柿、土豆等蔬菜试种成功了。当地人看到援建人员吃新鲜蔬菜也来学习参观，特别是当西瓜试种成功后，当地的官员也纷纷来参观品尝："你们中国专家真行，什么都会干，你们这些奇迹一定会在我们这里生根开花的！"

在中国驻几内亚大使馆帮助下，援建人员按照施工要求制订详尽施工方案，并在当地招聘 1000 多人参加建设。在援建金康水电站的日子里，大家没有节假日，他们把在国内修建"万里黄河第一坝"——三门峡大坝的干劲带到了几内亚。

在建设中的一次历险经历让崔克良终生难忘。有一次，大水冲垮了围堰，他站在一个土包上指挥大家撤退，待机械、设备、人员撤完时，却没有发现脚下的地已被水掏空了。当时，一位工人师傅拉住了他的瞬间他脚下的土方塌方了。崔克良说："打那以后，我特别强调安全。一旦出了伤亡事故，我这个负责人无法向祖国和亲人交代。"

金康水电站1964年7月2日正式开工，11月15日完成截流，1966年6月9日全部完工，安装了4台800千瓦机组，为皮塔、拉具、达拉巴、马木四个城市送去了光明，被誉为中国制造的"夜明珠"。

为了做好援建工程，国内在后勤保障方面给予了充分支持。水电总局援外处、黄河三门峡工程局援外处对项目所需的物资、材料、器械设备和生活必需品都是有求必应，从上海、天津、广州通过航空或者海运不远万里运送到几内亚。先后运送了100多辆解放牌汽车，100多部施工机械和十几万吨的钢材、木材、水泥。

几内亚国家电力局局长也常到工地来，还和大家交上了朋友。崔克良到科纳克里开会也总是会到他府上拜访。几内亚总统和其他国家领导人曾两次到工地来，一次是1964年7月2日，金康水电站正式开工，几内亚杜尔总统参加了典礼仪式；一次是1966年6月7日，水电站工程验收移交。原计划两年完工的水电站，最后提前一个月完工。在中几两国水电站交接验收大会上，几内亚杜尔总统、我国外交部原副部长刘晓出席会议。杜尔总统非常激动，称赞中国专家的贡献，并颁发勋章，

几内亚丁基索水电站

连声高喊"中国人好!"并举手高喊"毛主席万岁!"在场的数千人共同高喊:"中几友谊万古长青! 中几人民友谊万岁!"

1966年9月中国专家开始回国,崔克良途经法国巴黎时,驻法大使黄镇说:"你们在几内亚建电站影响很大,为祖国争了光!"

由于在金康水电站的出色表现,中国电建所属水电十一局又光荣受命帮助修建丁基索水电站。水电七局、水电四局、水电一局、交通部、四川勘测设计院等都派出人员参建。

丁基索水电站是一座引水式电站,利用丁基索河上游一个约50米高的天然瀑布落差来发电。在瀑布上游修建一座约5米高、200米长的混凝土滚水坝,发出的电可以满足省会达巴拉和附近其他两个小城市的用电。

在几内亚期间,援建人员非常注意与当地群众的关系,尊重他们的生活习惯,几内亚国内各方势力对中国人都非常友好。项目在当地招用了很多工人,高峰期有七八百人,大家为了建设水电站这个共同的目的走到了一起。

当地没有天然砂石骨料,要开采石料破碎、筛分。带去的破碎设备比较小,大家就一起抢大锤,敲石头,把大块石头一锤一锤敲碎。当地天气特别热,衣服每天都要被汗水浸透好几遍,每天都得洗,这样衣服坏得特别快,大家只好给破了的地方打上补丁。男同志补丁打得不好看,时间一长,大家全都穿着补丁摞补丁的衣服,被戏称为"叫花服"。

1969年到1971年,崔克良再次前往几内亚,担任丁基索水电站考察设计专家组组长。后来,崔克良写了一首打油诗概括自己为水电事业奋斗的人生:"万里黄河第一坝,党叫干啥干好啥。两次飞往几内亚，专家组长非专家。团结群众一起干，搞好工作靠大家。立足黄河三门峡，建设改建全参加。国内国外搞水电，毕生精力献中华。"

丁基索水电站建成后，经受住了几次洪水的考验，年发电量412万千瓦·时，受到几内亚政府和人民的称赞。1974年6月底工程结束，施工人员相继回国。

半个多世纪过去了，几内亚金康水电站、丁基索水电站依然屹立在非洲大地上，自投产发电到现在，仍与中国进行技术合作。在几内亚新、旧两版5000法郎的背面，均印有金康水电站的效果图，展现了中国电力人在海外的传播力和影响力，展示了良好的中国国家形象。

中国电力人第一次远征海外，发扬了自力更生、艰苦奋斗的精神，以坚韧不拔的毅力和敢闯敢拼的劲头，为国家争得了荣誉，也为半个世纪以来中国电力企业在海外创业提供了可供借鉴的宝贵经验和精神力量。

# 三、万里长江第一坝

葛洲坝称为"万里长江第一坝"，是我国在长江干流上自主设计、施工、制造安装、运行管理的第一座大型水利枢纽工程，被誉为中国20世纪水电丰碑。

作为三峡工程的试验坝，葛洲坝工程攻克了长江上建坝，泥沙、航运、截流、大型机电设备制造、水电工程生态保护等20世纪70年代中国水利水电建设上的一系列技术难题，开启了中国水电事业走

葛洲坝全景

向辉煌的大门，充分展现了在中国共产党领导下，我国社会主义建设的伟大成就，彰显了中国人民的智慧和力量，体现了社会主义制度集中力量办大事的优越性。

## 高峡平湖保安澜

驯服长江洪水，是中华民族千百年来的一个梦想。为了尽快缓解当时华中地区工业用电紧缺的局面，1970年12月中旬，周恩来总理主持中共中央政治局会议，讨论了葛洲坝工程的有关问题。随后，毛泽东主席作出批示："赞成兴建此坝。现在文件设想是一回事。兴建过程中将要遇到一些现在想不到的困难问题，那又是一回事。那时，要准备修改设计。"同年12月30日，8万军民举行葛洲坝工程开工大典，在万炮齐鸣声中，工程正式破土动工。从这时开始，中华民族依靠自己的智慧和胆识，朝着"截断巫山云雨，高峡出平湖"的宏伟蓝图迈出了第一步。

20世纪50年代中后期，国家开始对长江流域及三峡一带开展工程勘测工作。由于长江三峡段两岸高山对峙，崖壁陡峭，特殊的地形优势加上长江丰富的水资源，这一带被看作是修建大型水利枢纽工程最理想的地点。葛洲坝工程修建位置就定在了湖北省宜昌市境内的长江三峡末端河段上，距离长江三峡出口南津关下游2.3千米。

在当时的形势下，葛洲坝工程建设采取的是边勘测、边设计、边施工的方式，因而经历了一个曲折的过程。由于种种原因，1972年年底，工程停工。在葛洲坝工程修改设计工作基本完成后，1974年年底，主体工程重新开工。整个工程分为两期，第一期工程于1981年完工，成功地实现了大江截流、通航和二江电站第一台机组发电；第二期工程于1982年开始，1988年年底全部工程建设完工。

葛洲坝工程是三峡工程的反调节航运梯级，属于三峡工程的一个组成部分。长江出三峡峡谷后，水流由东骤然转南，坝址处江面宽展至2200米。河面上有葛洲坝、西坝两岛，把长江分为大江、二江和三江。葛洲坝工程横跨大江、葛洲坝、二江、西坝和三江，由船闸、电站厂房、泄水闸、冲沙闸及挡水建筑物组成。一、二号两座船闸可通过万吨级船队。三号船闸可通过3000吨以下的客货轮。两座电站的厂房，分设在二江和大江，电站总装机容量为271.5万千瓦。大坝轴线全长2606.5米，最大坝高53.8米，水库库容约15.8亿米[3]。

葛洲坝工程的兴建，为宜昌市的第一次腾飞提供了强大引擎，有力促进了宜昌经济社会发展。1970年建坝前，宜昌人口不足20万人，城市面积不过20千米[2]；葛洲坝建成后，宜昌人口跃升为180

万人、面积近 200 千米$^2$，实现从峡江小城向中等城市的飞跃，铸就了宜昌"世界旅游名城""世界水电之都"的城市名片。

## 建设者的青春之歌

中国能建葛洲坝集团因兴建葛洲坝工程而诞生，在生产生活条件极为艰苦的环境下，历经 18 年，葛洲坝人用艰苦奋战实现葛洲坝工程全部机组投产。对于建设者来说，葛洲坝工程不仅仅是一个水电工程，更重要的是，它融进了他们的青春与汗水，铸成了他们的光荣与骄傲！

如今 70 多岁的葛洲坝集团高级工程师张新生，是葛洲坝工程的参建者之一。当时他只有 20 多岁，是一名瓦工，葛洲坝人"逢山开路、遇水搭桥"的精神在他的身上有着生动写照：当时搭建开工誓师大会主席台的材料不够，他就和工友去山里砍竹子；没有围挡，他们就一张张地筹来芦席；没有讲台，他们就用石头在江滩上打个围，再填上沙土。自此，葛洲坝建设者们"腰斩长江、首战必捷"的誓师呐喊，在滚滚江水之上掀起了一个时代的波澜。

葛洲坝人张金泉全程参与了葛洲坝工程建设，他对 1981 年葛洲坝大江截流的记忆尤为深刻。

1981 年 1 月 3 日 7 时 30 分，当大江上游左右岸戗堤进占只剩 203 米的垅口时，200 多辆巨型卡车、推土机、装载车、吊车、围堰上游的抛石船同时发动，马达声、汽笛声、人们的欢呼声震撼西陵峡口，巨型卡车载着石料和混凝土预制四面体，沿着两岸围堰戗体排出几千米，一幅与大自然搏斗的壮丽图景展现在人们眼前。

葛洲坝主体工程施工

　　垅口合龙前，葛洲坝一期工程完工，即二、三江建筑物已基本建成，围堰开始拆除，江水分流，但由于大江是主河道，水势湍急，工程技术人员在实验室做过多次试验，理论上应该在最多一天内完成合龙。由于人类历史上从没有在长江上抛石截流，没有经验，到垅口合龙仅剩几十米时，垅口就像一个开启的闸门，江水倾泻而下，上下游水流落差3.05米，每秒流速高达7米以上，无论抛多少石料，包括25吨重的混凝土预制四面体，都被冲得无影无踪。

　　垅口不仅难以合龙，而且还有被水流冲破的迹象。现场总指挥、工程技术人员与技术工人群策群力，凭借着多年的工作经验，根据"地锚原理"和"葡萄串原理"，提出将25吨重的四面体串起来推向垅口的方案，得到现场指挥部的认可。两岸把总重量达200吨的混凝土四面体形成两串"葡萄串"，被4台大马力的推土机同时推向垅口，垅口溅起几十米高的浪花，"葡萄串"在垅口站住了！大家惊喜地发现，四面体上方的尖角露出水面，江水经过迅速分离，激起一道道银色水花。随着一串串"葡萄串"推向垅口，各种大中小石随即抛向垅口，垅口在一米一米地进占，又经过几个小时的鏖战，垅口终于合龙了！

在大坝建设过程中，没有高效智能的先进设备，葛洲坝建设者们就人拉肩扛，臂膀成了他们最有力的"武器"。"一根扁担两只筐，挑土、挑砖、挑石渣""小扁担，三尺三，千担万担不歇肩，为了建成大围堰，一担挑走两座山"……齐声的号子成了江面上最动人的旋律。

葛洲坝工程的建设，凝聚了所有建设者的心血，他们用实干和汗水诠释了忠诚与担当，用实际行动谱写了葛洲坝的壮美篇章。

## 葛洲坝精神历久弥新

2021年10月10日，经严谨的科学评估，葛洲坝工程启动两台17万千瓦的水轮发电机组的更新改造工程。

"对机组进行改造，其难度不亚于给人做一台脱胎换骨的大手术。"葛洲坝机电公司葛洲坝电站机组更新改造工程项目部党支部书记、项目经理李怀森介绍，因为工期紧、改造范围大、新老接口多，改造老机组甚至比装新机组更难。"我们承担的更新改造任务涉及1号、2号机组，是葛洲坝电站21台机组中最大、最老的两台。"

2022年7月7日，葛洲坝1号机组圆满完成更新改造任务。"水导摆度0.09毫米、上导摆度0.09毫米，水导瓦温温差5℃，推力瓦温温差2.5℃，上导瓦温温差1.5℃……"这是1号机组经更新改造后首次满负荷运行的实验数据。一系列优于施工标准值的数据，丈量出了业内最大尺寸轴流转桨式水轮发电机组智慧蝶变的新生维度。

在完成1号机组更新改造任务后，长江电力公司检修厂在感谢信中这样描述：葛洲坝项目部人员首次采用水刀破拆混凝土的新技术啃下转轮室拆除的硬骨头、解决了1号机组导叶端面间隙设计偏小的问题、定子机座4~5层环板支撑管变形的问题，充分发挥出艰苦奋斗、百折不挠、不怕苦、不怕累的精神，所有运行指标全部满足三峡标准"精品机组"要求。

除了其工程和科技价值外，葛洲坝工程还承载着丰富的历史文化内涵。葛洲坝建设者不仅铸就了一座安澜长江、护佑中华的"水上长城"，更铸就了光耀历史、生生不息的精神丰碑。

不忘初心、牢记使命。历久弥新的葛洲坝精神，将激励一代又一代建设者开拓创新，砥砺奋进，在实现中华民族伟大复兴的征程中，不断创造新的更大辉煌。


## 四、国之荣光秦山核电站


千秋伟业、始创艰难。20世纪60年代，我国原子弹、氢弹、核潜艇相继研制成功，接着如何和平利用原子能、建造核电站成为周恩来等老一辈领导人魂牵梦绕的事。以欧阳予、赵宏为代表的老一辈核工业建设者怀着满腔热忱的报国情怀投身到核电站的建设中，攻坚克难，勇攀高峰，创新奉献，建成了新中国第一座自行设计建造的核电站——秦山核电站。秦山核电站首次并网发电，改写了中国没有核电的历史。如今已安全运行30多年的秦山核电站成为我国核电机组数量最多、堆型最全面、核电运行管理人才最丰富的核电基地。

1970年2月初，周恩来总理作出明确指示：从长远来看，华东

秦山核电站全景

地区缺煤少油，要解决华东地区用电问题，需要搞核电。同年2月8日，上海市相关部门研究部署了核电站建设工作。然而，上海方面并没有能挑大梁的人才，于是周恩来总理同意了二机部部长刘伟和国防科委朱光亚副主任的提名，让欧阳予做总工程师。

1971年10月的一天，正在湖北钟祥县"五七"干校猪圈里和往常一样喂猪的欧阳予，突然接到二机部发来要他马上回北京的紧急电报。回京后，得知要被委以重任，欧阳予兴奋得双眼放光，一股渴望创业的热流在他胸中奔腾翻涌。紧张的工作马上展开，摆在欧阳予面前的第一个棘手难题，是核反应堆堆型的选择。他翻阅了大量资料，经过再三对比、论证，认为"应当选择压水堆"。

1974年3月，在周恩来总理生前带病主持的最后一次中央专委会关于核工业的会议上，欧阳予等就建设核电站的技术问题作了汇报，并演示了他们带来的核电站模型。会议批准了他们上报的建设方案和设计任务书，决定作为科技开发项目列入国家计划，以周恩来总理最先提出建设核电站的日子（1970年2月8日）命名，称作"728工程"。

然而，由于种种原因，这项工程的决策几经曲折。但欧阳予和参加设计工作的核电专家们都没有动摇，在"728工程"还没有作为建设项目立项的情况下，坚持不懈地进行科研设计工作。直到1981年11月，国务院终于审议通过欧阳予主持编写的《728核电站开展工程建设的可行性报告》，批准"728工程"作为工程建设项目立项。核电站的厂址选定浙江海盐的秦山。这里面临杭州湾，背靠秦山，风景似画、水源充沛、交通便利，又靠近华东电网枢纽，是建设核电站的理想之地。

1985年3月20日，核反应堆主厂房底板的第一罐混凝土，轰然一声倾注在地基的岩层上，我国大陆第一座核电站正式开工建设了。参加秦山核电工程建设的勘察设计单位有7家，施工单位11家，科研单位和大专院校100多家，承担设备制造的工厂670多家……为了强化工程技术指挥系统，有效地协调各方面的力量，1984年国家明确指定秦山核电工程技术方面的总负责人是总设计师欧阳予。迎着杭州湾的强劲海风，凝视着波涛翻滚的海面，欧阳予感受到了肩上担子重千钧。

秦山核电站由核能、热工、机械、控制、水力、电气等几百个系统组成。当时国际局势复杂，凡是涉及核电站相关的资料国外一律封锁。没有经验可以借鉴，核电站怎么建、方案行不行、施工进度怎么掌控，一切都是未知数。所有技术依据、科研数据和设备制造样件，几乎都要从零开始。

欧阳予严谨而大胆地提出设计与科研实验、开发相结合的设计指导思想——结合中国国情，去粗存精，取长补短，在研究、开发、设计上走自己的路，创新出自己的特色。

核电站的核心是反应堆，而反应堆的核心部件是核燃料组件。它的设计和制造工艺，各有核国家都严加保密。欧阳予带领大家一点点地搜集资料，一次次地甄别分析。他们发现当时西方国家所采用的燃料棒有缺陷，应该改进。随后，欧阳予与核材料专家张沛霖一道，指导燃料组件的攻关和试验检验，直到试制成功。后来的实践证明，我国首次设计研制的核电燃料组件性能良好，满足了秦山核电站的技术要求。1986 年，这一项目荣获核工业部科技进步奖一等奖。类似这样的难题，多如牛毛。一道道、一件件，从宏观上协调，由细微处入手，欧阳予处理解决的何止成百上千。

经过 81 个月的苦苦奋战，1991 年 12 月 15 日零时 15 分，欧阳予和同事们紧张地盯着操作员合上巨大的电闸。就在那一瞬间，核裂变能转化发出的强大电流，平稳地输入了华东电网，秦山核电站首次并网发电，实现了中国和平利用核能的重大突破，使中国成为世界上第七个能够自主设计建造核电站，第八个出口核电站的国家。

投入运行后，秦山核电公司采用商用堆的国际通用标准，每年都投入数千万元的资金进行几十项甚至上百项技术改造，提升核电站的功率和数字化运行。经过多年的安全运行，这座土生土长的原型堆日臻成熟，令世界刮目相看。

从 1971 年到 1991 年，欧阳予用整整 20 年的时间，实现了我国核工业由军用到民用的历史性跨越。在秦山，欧阳予白天在工地上奔波，晚上多数时间有会议，还要找不同岗位的技术人员谈工程细节，每天休息时间少得可怜，几次病倒。祖国不会忘记欧阳予的贡献，1991年他当选中国科学院学部委员（后改称院士）。

如果说秦山核电站的建造成功实现了中国大陆核电零的突破，那么在与秦山毗邻的杨柳山上2004年5月3日全面建成投产的秦山核电二期工程，则是我国核电由原型堆到商用堆的重大跨越。开工时，核电站施工图纸储备量还不到6%。而按国际惯例，最少也要有60%的图纸到位才具备开工条件。另外，国外不熟悉的新设备的引进给本来就滞后的施工图纸设计增加了新的难度。而这并没有打倒中国核电人。秦山核电二期工程的基调是"以我为主，中外合作"。面对困难，先后担任董事长的彭士禄、马福邦、张华祝和赵宏等人精心组织，啃掉了一个个"硬骨头"。核电秦山联营公司建立了"每日碰头会"和"周工程例会"制度，运行人员提前介入。为按照进度推进，

秦山核电二期4号反应堆穹顶一次性整体吊装成功

上千名工人在没封顶的温度高达 50 多摄氏度的安全壳内施工，救护车就停在现场。调试人员饿了啃块方便面，渴了喝口矿泉水，困了睡会儿硬板凳，没日没夜地工作。可以说，秦山核电二期工程的工期是吃苦耐劳的核电建设者团结协作"抢"出来的，是勇于负责的群体冒着风险"拼"出来的，是靠实事求是的科学态度和先进的管理"夺"回来的。终于，2002 年 4 月 15 日，秦山核电二期工程 1 号机组正式并网发电并投入商业运行，这为我国发展百万千瓦级核电项目奠定了良好基础，积累了丰富经验，使我国核电国产化上了一个大台阶。

1998 年 6 月开工的秦山核电三期工程则是采用加拿大坎杜 6 重水堆核电技术，总装机容量为 2×72.8 万千瓦，是国家"九五"重点工程。2003 年 7 月 24 日，该工程提前 112 天建成投产，创造了国际 33 座重水堆核电站建设周期最短纪录。加拿大 AECL 副总裁潘凯恩说，秦山核电三期工程是中加合作最好、工期最短、质量最高的坎杜（CANDU）项目，是以中国人为主体实现的协作，是中国人成功的故事。秦山核电三期工程是核电工程管理与国际接轨的成功实践，培养了一批懂国际惯例、能驾驭核电项目管理的专业人才。

如今的秦山没有了荒山和荒滩，一座成为国之荣光的核电站耸立于青翠葱茏、碧波万顷的山海之间。在这里，9 座核电机组每年发出500 多亿千瓦·时的清洁能源，相当于长江三峡水电站 1.5 倍的发电量，为华东地区经济社会发展作出了重要贡献。秦山核电站见证了中国核电的建设历程，记录了呕心沥血的核电科研工作者的开拓创新精神，记录了劈山围海的工程建设者的无私奉献精神，记录了两鬓如霜的核电领航人的忠诚报国精神。

## 五、三线建设中的列车电站

　　20 世纪 60 年代中期，我国经济状况开始全面好转，而国际环境日趋恶化，为防止外敌入侵和改变我国生产力布局，中共中央实施了以加强国防为中心的战略大后方建设。1964 年，党中央作出"搞好战略布局，加强三线建设"的战略决策和部署，我国在西南、西北内陆地区进行了规模宏大的备战性质的经济建设，史称三线建设。而三线建设提出要"大分散、小集中""靠山、分散、隐蔽"的建设方针，大多工厂位置偏僻而分散，电力保障成为突出问题。

　　列车电站作为电力系统中的一支机动电源，在贯彻"备战、备荒、为人民"战略方针，在三线建设及战备应急中，转战西北、西南，发挥机动灵活的优势，提供电力保障，发挥了重要作用。在三线建设中，总计有 23 台（次）列车电站，辗转在云贵川等偏远地区，为贵黔、成昆、贵湘铁路建设，以及六盘水市六枝特区开发等提供电力服务。广大列电职工听从国家召唤，在频繁调迁中，在各种艰苦环境下，勇挑重担，出色地完成了各项供电任务。

　　列车电站，顾名思义，就是把发电设备建在列车上的移动式发电站。由于发电机组建在车上，既不用架高压线，又不用盖厂房，列车电站需要时来、完成任务后去，发电迅速、机动灵活，被称为"电力战线轻骑兵"。列车电站的特点恰好符合三线建设对于电力的需求。三线建设历经三个五年计划。如今，工业城市攀枝花、酒泉、金昌、绵阳、六盘水等都是得益于三线建设的开展，成昆铁路、贵昆铁路等一系列铁路枢纽都是在这场轰轰烈烈的三线建设浪潮中建成的。以六

国产 6000 千瓦的列车电站

枝特区建设为例，我们可以知道列车电站在三线建设中作出的贡献。

六盘水市地处云贵高原向黔中高原过渡的斜坡地带。六盘水矿产资源丰富，素有江南"煤都"之称。作为三线建设的特区，六盘水要建设一个为四川攀枝花钢铁工业配套的煤炭工业基地。在"备战、备荒、为人民"方针指引下，"好人好马上三线"，全国各地干部、知识分子、解放军官兵和专业建设队伍，来到崇山峻岭的六盘水。

到 1965 年年底，这里有近 11 万建设者云集，50 多万吨物资、4000 余台机械设备运抵。六盘水地处偏僻山区，1964 年贵昆铁路刚刚修到六盘水市的六枝特区，当地仅有一座 2000 千瓦的小电厂，无法满足建设需要。为了保证贵昆铁路和各项建设的电力需要，从1964 年 12 月至 1977 年 10 月，先后有第 43、47、48、33、45 等

5台列车电站、总计8台（次），从全国各地调到六枝特区，为铁路、煤炭、钢铁等重点工程建设提供电力，发挥了不可或缺的电力支撑作用。

在经济建设、国防、抢险、重大活动保电等任务中，列车电站全国一盘棋，只要有需要，列电人就闻令而动，到祖国最需要的地方去。1964年12月，作为战备电站的第43列车电站，首先从广东英德调迁到六枝，为修建贵昆铁路的铁路二局一处供电。据当时的列电人回忆，他们住的是在山坡上用竹子两面抹泥盖成的简陋住房。房子里没有水和电，他们洗脸要到山下的河里去洗，回来时用脸盆端水做饭。山区气候变化无常，经常细雨蒙蒙，他们称这是"出门上下坡，走路像滑冰，穿鞋需绑绳，穿行云雾中"。环境异常艰苦，但是没有人抱怨，列电人克服山区气候给电站运行带来的困难，确保了设备安全运行。

六盘水市内山高谷深，相对海拔气候差异明显。1965年4月，第47列车电站被调至六枝特区，为六枝煤矿供电。电站到达后的40多天里，列电人都没有见过太阳，天气异常阴沉潮湿。生活用水是从山下的河里抽上来的，许多人水土不服，腹胀，闹肚子，吃不下饭。因生病的人太多，为了不耽误工程进度很多人就带病坚守岗位，电站就在这样的条件下完成了安装和设备安全运行。同年8月，第48列车电站也被调到六枝特区，和第47列车电站同在一个厂址发电。于是，1965年10月列电局下令两站合并组成一个领导班子，实行统一领导。两站合并后，基层干部和技术人员统一调配，他们利用小修完成两台炉打通等多项技术改造，提高了设备运行的安全性。

1965年7月，第33列车电站奉命调到六枝特区与第43列车电站一起为贵昆铁路建设供电。按照当时先生产、后生活的要求，列电人到达后先投入紧张的工作中，然后再一步步改善生产生活环境。他们住在竹子编织两面抹泥的茅草房里，连最基本的会议室都没有。但列电人积极向上，发扬艰苦奋斗的精神，自己动手搭建了会议室。当时正值雨季，天总是在下雨，他们就趁着雨小的时候搭建会议室，用了不到一个星期的时间建好。1966 年 5 月，贵昆铁路修到了六盘水市的水城县，第 33 列车电站又奉命调往水城县，为水城矿务局供电，支援煤炭生产建设。

当时六盘水的煤炭会战已经拉开序幕，来自全国各地的多支专业煤炭开采队伍汇集在水城。水城的生活条件非常艰苦。电站到达水城时宿舍刚刚盖好，竹子两面抹泥的墙还是软的，把蒜瓣儿插进墙里就能长出蒜苗，不久床底下就长出草来。因水城矿务局只有一台 750千瓦的柴油发电机组，列车电站供电后就成为主力电源。

列电人虽然是企业编制，但是有着军人的风范。他们顾全大局，听从召唤，常常是四海为家，也从不惧怕困难。

1965 年 12 月，第 45 列车电站从黑龙江省友好林业局调至六枝，为六枝特区指挥部供电。从高寒的东北林区来到阴冷潮湿的贵州山区，列电人克服了气候反差大、水土不服等不利因素，安全供电 8 个月后，于 1966 年 8 月调迁到水城，与第 33 列车电站并网，共同为水城矿务局供电。到达水城后，两站迅速合并，实行统一领导，对外称第 33 列车电站。在水城的五年里，尽管气候恶劣，工作环境和生活条件差，列电人仍坚持开展技术改造。他们利用检修机会，改造了水塔车循环水连接管道，解决了循环水泵突然跳闸而引发的水塔车向外溢水的问题，减少了安装工时。他们又将锅炉、电气、水处理、汽机之间的立式蒸汽连接膨胀管道，改为固定式连接膨胀管道。他们还将手动操控的人工龙门吊改为电动操控。这些技术改造和革新，既减轻了劳动强度，又提高了工作效率。

1966年1月，六枝至水城铁路修通后，第43列车电站随铁路建设大军西迁水城，为铁路二局十三处供电。水城本是一个小县城，随着铁路的修通，多支其他行业的建设队伍进入水城，生活物资十分匮乏，每周仅有一次铁路流动货车可采购生活用品。为了改善生活，列电人就自己动手，在住地山坡上开垦荒地，自己种菜、养鱼、养猪来改善生活，达到丰衣足食的目的。

1966年9月，第35列车电站也调迁到水城，为距离水城县城数千米的大山中的水城钢铁厂供电。第35列车电站在位于青藏高原的青海海晏县为核武器研制基地211厂完成了发电任务，返回保定基地大修结束后来到的水城。列电人从青藏高原高寒缺氧的环境到了云贵高原的阴冷潮湿的环境中，克服了常人难以想象的困难。当时，水城钢铁厂会战刚刚拉开序幕，生活条件异常艰苦。他们住在茅草房里，房子经常被大风掀翻。电站到达水城后迅速组织安装供电，改变会战严重缺电的局面。电站始终坚持安全生产常抓不懈，精心维护和保养设备，在山区气候条件下，保证设备安全运行，十年没有返基地大修，为水城钢铁厂建设提供了可靠的电力保障。

1969年11月，第54列车电站在西北基地完成安装后，奉命到水城钢铁厂承担水城钢铁厂保护电源安全的任务。他们到达时正是水钢会战进入决战的关键时期。因缺电严重，电网极不稳定，电站经常在负荷大幅度波动状态下运行。而用电单位又不能断电，一旦停电就会造成设备损坏和巨大经济损失。列电人克服常年多雨、煤含水量高等困难，保证了设备安全运行，满足了钢厂生产用电需求。

列车电站在三线建设时期，发挥其机动灵活、应急特需的特性，服务于包括国防建设在内的各行各业，为当时的经济建设作出了巨大贡献，起到常规电厂所不能起到的作用。列电人筚路蓝缕、四海为家，走南闯北"干大事"，勇于担当，勤勉实践，为三线建设立下了汗马功劳。"锦绣河山美如画，祖国建设跨骏马，我当个列电工人多荣耀，陪同电站走天涯。头顶天山鹅毛雪，脚踏戈壁大风沙，嘉陵江边迎朝阳，昆仑山下送晚霞。天不怕地不怕，风霜雷电任随它，我为祖国发供电，列车到哪里，哪里就是我的家！"这首改编自《石油工人之歌》的《列电工人之歌》，唱出了一代列电人奋斗的模样。

## 六、让自力更生精神永放光芒

青山热电厂是中华人民共和国成立之后"一五"时期156项重点工程之一，作为华中地区的主力电厂，与祖国电力发展事业同频共振，数十载如一日为国家钢铁事业及社会经济的发展提供了源源不断的动力和保障。如今走进青山热电厂，仍然能够看到中国工业发展在这里留下的痕迹，旧颜不改的"红房子"与亲切的"青普"口音仿佛都在诉说曾经创造过"十里钢城"的辉煌。南腔北调在这里融合，新的工业设备在这里生长，近70年的创业历史背后，是一代又一代人的坚韧与理想，他们所经历的挑战与艰难，铸就了今日的辉煌青山。

青山热电厂全貌

翻开尘封的历史档案，青山热电厂从建厂之初，就有着非同寻常的历史意义。

20世纪50年代，刚刚成立的中华人民共和国一穷二白、百废待兴。为改变"北重南轻"的重工业布局，党中央决定在南方兴建第一个大钢都。1953年，伴随着武汉钢铁公司的兴建，其配套电厂也开始筹建。1954年一个绿意盎然的春天，重工业部组织苏联专家组到湖北武汉、黄石等地多方实地勘探，最终决定将拟建的武汉热电厂和华钢附属热电厂合二为一，在武汉市青山区建设一座热电厂。一个月后，消息传来，长江奔涌，钢城鼎沸，国家计划委员会正式批准青山热电厂一期工程开始兴建，工程代号"195"。

自1955年年初起，一批批工程建设者，从全国各地奔赴武汉青山区苏家湾。从此，这块荆棘丛生、荒凉偏僻的地方就热闹起来了。

青山热电厂一期工程建设 4 台机组全套主辅设备由苏联国家设计院莫斯科分院设计，分别由苏联的红色锅炉厂、维米特诺言夫汽轮机厂和乌拉尔电力工厂制造。84 岁的蒋正初老人，是最早一批参与建设的工人师傅。

回忆起那段日子，他说，当时正值"中苏"友好阶段，同志们有的刚大学毕业就到北京学俄语，再赴苏联实习后回到青山热电厂；有的在武汉完成 3 个月培训后，立即投身事业。这批在革命中成长起来的青年骨干，在之后的湖北电力、华中电力乃至全国电力建设中，发挥着不可估量的作用。

1955 年 11 月，北风凛冽，红旗招展，人头攒动。在一片欢呼声中，青山热电厂一期工程破土动工。数千名来自五湖四海的建设者顶风冒雪，一天喝一两碗萝卜汤，吃几个窝窝头，昼夜奋战在一片荒原上。所有人心中只有一个目标：提前一天发电，就能提前为国家多创一份收益。用当时的建设亲历者、青山热电厂原总工程师孙百城的话就是：大家都有一种追求上进和忘我奉献的精神力量。

建设者住的是平房或芦席棚。房外下大雨，房内就下小雨。蒋正初回忆起，那会儿上下班，大家都得行走两三千米，晴天一身灰，雨天一身泥，但个个干劲儿十足。

"有了活儿，都抢着干。要是师傅一天不来，没有分到活儿，心里就难受。"原青山热电厂组织部部长高森儒是 1959 年进厂的，让他印象最深的就是大家的学习劲头。"一上马就建设 4 台机组，这让青电人特别自豪。白天拼命工作，晚上抓紧学习。下班后，一个班组的职工常常围坐在一起学习、讨论。"

在一期工程建设中，先后有 18 位苏联专家参与援建。没有计

国家工业遗产核心物项一号汽轮机转子

算机制图，苏联专家就亲手绘制了一张张设备图纸。专家们实事求是、精益求精的精神，也在青电人的心中埋下了种子，并在之后的历次建设中开枝散叶、生生不息。

1957年8月21日，随着1号机组正式并网发电，青山热电厂建成了中华人民共和国成立后山海关以内第一台单机容量2.5万千瓦的高温高压机组，标志着湖北火力发电建设进入高温高压和热电联产的发展阶段。1号机组的投产还为确保武钢工程高炉系统动工兴建进入高潮阶段提供了所需的宝贵电力。《人民日报》在一版显著位置载文报道，并盛赞为"我国电力工业发展的一件大事"。

经过持续、艰苦奋斗，1959年，一期工程4台机组全部投产。工人师傅们骄傲地说："青山热电厂的装机容量占整个湖北省的61.36%，年发电量占湖北电网的52.19%，如果说湖北省亮起10盏灯，那么至少有5盏是由我们点亮的。"

受益于青山热电厂一期工程投产的有力支撑，1958年武汉钢铁公司的高炉、焦炉顺利投产。之后，随着国民经济建设的发展，用电需求量越来越大，电力供需矛盾日益突出。为了保证武钢等一批重点工矿企业建设和生产的顺利开展，国家先后对青山热电厂进行了九期改扩建。而其中二期工程的建设尤为青电人引以为傲。

那是1960年7月，苏联宣布单方面召回所有专家。苏联专家突然撤离，青山热电厂的专家工作部，一时间不知所措。他们的日常工作，除了为苏联专家提供生活方便之外，主要负责专家建议的翻译发送和执行情况的反馈。专家走了，相关图纸、配套提供的大批运输车辆和施工机械也被带走了，一期生产和二期建设瞬间陷入窘境。

湖北电力工业初步发展，步履艰难，不得不蹒跚学步。从设计到施工，所有人铆足劲儿啃书本学本领，没日没夜实践、研究、学习。大家以"有条件要上，没有条件创造条件也要上"的大无畏精神，埋头苦干、突破难关，一张张设计图纸如雪片般堆积，一本本操作规程、安全手册应运而生。

国家建设需要电，人民生活需要电，哪怕历经千难万险，也要义无反顾前行。青山热电厂的旧机组必须更加坚强有力地运行，新机组的施工也片刻不能停摆。在最无助的日子里，优秀的专业人才从全国各地赶来支援青山热电厂的建设，来自全国的电力精英们聚到一起，齐心协力，保证了艰难时刻青山热电厂二、三、四、五期工程的顺利投产，确保了武钢的保安电源和供热电源，照亮了荆楚大地的千山万水。

虽步履维艰，却决不后退，青山热电厂不断前进并创造新的辉煌，势如破竹地高歌猛进、开疆拓土。红雨随心翻作浪，青山着意化为桥。67年的风雨洗礼，已成为国家工业遗产的青山热电厂初心不改、光耀八方。如今的青山热电厂，装机容量1030兆瓦，在运光伏装机容量18.816兆瓦，成为集发电、供热、商务运行检修及绿色光伏电站于一体的高效、节能、环保型绿色城市窗口电厂。它的发展与嬗变，既是中国电力工业励精图治、改革开放的一个缩影，也是中国共产党领导能源企业转型发展，共创美好未来的生动见证。

## 七、炮火中架起的"义东线"

　　1950年11月8日，中国人民志愿军刚刚入朝作战不久，美军出动多架战机对朝鲜新义州北部地区进行了扫射和狂轰滥炸，鸭绿江朝方沿岸一片火海。上午9时，中朝鸭绿江大桥被炸成两段，架设在桥梁外侧上的66千伏新六线与大桥一起拦腰被炸断，安东市（今辽宁省丹东市）一片漆黑。电力人为了保家卫国，舍生忘死、英勇无畏，在敌人的炮火中抢修新六线七天七夜，又在七天内架起了义东线。电力人奋战两个七天七夜，筑起一条打不烂炸不断的"电力生命线"，在枪林弹雨、炮火连天中创造了电力史上的奇迹。

　　当时的安东市是抗美援朝的前沿，也是志愿军指挥部所在地。66千伏新六线是朝鲜新义州送往安东六道沟变电所的中朝间重要的供电通道，全长4千米，是当时安东市的唯一电源线路。除在鸭绿江

1950年冬，中国人民志愿军跨过鸭绿江

大铁桥的两端各有一基承载导线过江的铁塔外，新六线过江输电导线全部用鸭绿江大铁桥梁一侧作为输电线路支架，所以当时线路和铁桥一同被炸断了。"电是抗美援朝胜利的重要保证，安东市一刻也不能没有电！"时任安东市市委书记的张烈要求安东电业局立即抢修，尽快恢复供电。

安东电业局局长李广林接到指示后，命令安东电业局配电科长贺更新火速组织抢修新六线。贺更新于当天下午带着翻译到现场进行了勘察。桥上的大火还在燃烧，炸断的电线凌乱不堪，电线杆上的横担梁七扭八歪，瓷瓶破碎。根据线路破坏情况，指挥部很快将维修所需物资、器材准备就绪，60多人的抢修队伍立即奔赴现场。

夜幕渐渐降临。寒风中，临危受命的抢修队队长贺更新带领队员冲向桥上还在冒烟的供电设施旁。抢修队员们开始紧张地梳理、更换七零八碎的供电设施，连接被炸断的导线。

他们耳边不时响起机枪扫射声，燃烧着的枕木发出的浓烟呛得队员们喘不过气来，桥下打着旋儿的滔滔江水急流汹涌。抢修队员们顾不得头晕目眩，屏气凝神地抓紧抢修。突然，轰的一声巨响，一枚敌机丢下的定时炸弹爆炸了，几十米高的水柱从桥下腾空而起，整个桥身都在颤抖，夹杂泥沙的江水飞溅到队员们身上。溅落在桥面的江水很快结成了冰，这增加了抢修作业的难度。

与队员们同在现场指挥的李广林一再叮嘱大家注意安全。队员们用扳子把冰敲碎，摸黑爬上爬下。晚上9点，他们提前完成了桥上线路的抢修任务，接下来的工作就是要接通三根电源线。

队员们摸黑来到了朝鲜新义州一侧的桥头2号铁塔附近时，已是凌晨4点了。这座铁塔有40米高，夜间作业，还不能照明，抢修的难度很大。抢修队挑选了三名技术过硬的队员登上了铁塔。队员们熟练准确地安装每一个部件，地面上的十几名队员用力拉起运送绳，粗长的导线带着一串串绝缘子，缓缓离开地面。不到半小时，左右两边的绝缘子串已经挂上了塔头。正当他们要把最后一条中线挂起的时候，警报响了，三名队员迅速爬下铁塔，和地面队员躲进了防空壕。

这时，天已渐渐放亮，而线路一定要在天亮前修好，否则就无法躲过敌机的空袭。不一会儿，警报解除了，中线很快又从地面被拉起。正当塔上的队员要把绝缘子抓住时，警报又响了，上升的输电导线绳索停了下来。有人高喊："别松手！就差3米了，完成任务再隐蔽！"话音刚落，四架敌机由远而近，投下了照明弹，江面霎时亮如白昼。抢修队员趁机将绝缘子串准确地挂在塔头的挂线板上。这时敌机也朝着铁塔俯冲下来，三名队员飞快地缠绕着连接塔头两侧的引线。"嗒嗒嗒"一连串子弹打在了铁塔身上。这时，地面的防空炮火开始反击，一架敌机坠入江中，其余敌机仓皇逃去。

9日早上5点，线路恢复送电，这时，抢险队员已不知不觉地奋战了近16个小时。可是，新的抢修任务接踵而至——接通不到4小时的线路又被敌机炸断了。

白天抢修非常危险，敌机不时在头顶轰炸扫射。抢修队员等轰炸一过就立即跃出防空壕抢修线路。在浓烟、烈火和爆炸声中，他们又一次抢修好了线路。随着敌机轰炸的频率不断增加，抢修新六线的频率也越来越高，线路接通了，很快就被炸断，再次接通，又被炸断……就这样，抢修作业一直持续了七天七夜，直到因轰炸次数太多无法再对新六线进行抢修，这条线路彻底瘫痪。

考虑到不能把铁路大动脉和电力生命线都集中在鸭绿江大桥上，

为了分散敌人的攻击目标，当时的辽东省委、安东市委和东北电业管理局果断决定，用最短时间架设从朝鲜新义州通往安东东坎子变电所的 66 千伏义东线，以保障安东市非常时期的用电。抢建时间不能超过 7 天。这条线路全长 17.3 千米，需避开鸭绿江大桥，绕道 30 千米外的宽甸县境内的马泗架设。那里江面宽阔，两岸山峦起伏，便于隐蔽。可线路要跨越一条江、三条河和几座大山，还有敌机不时轰炸，仅用七天七夜建成谈何容易。

安东市市委书记张烈对李广林和贺更新说："只要在最短的时间内完成任务，有什么要求尽管提。"他们回答："只要保证 200 辆大马车、50 辆汽车、400 名民工，7 日内可以完成。"张烈郑重地说："好，所有要求都答应，现在就签军令状。"就这样，李广林和贺更新代表安东电业局 262 名抢建队员在军令状上签了字。11 月 15 日凌晨，抢架义东线工程全线开工。沈阳、长春、鞍山、抚顺、营口等兄弟电业局抽调 30 多名技术骨干来到义东线抢建现场助力，朝鲜平安北道电业部门也派技术人员和向导前来支援。

贺更新带领技术人员根据地形选择合适的线路走向和最短的路径，采取边设计、边施工的方式，推进抢修作业。前面定桩，后面马

1950 年 11 月，安东电业局职工抢建 66 千伏义东线

上挖坑立杆、上杆架线，一条龙流水作业加快了抢建速度。

抢建队员们昼夜施工，吃住在现场，白天还要经常躲避敌机扫射和轰炸。为了避免暴露目标，晚上施工没有照明，只能靠感觉和月光作业。为了抢进度，安东电业局的机关人员也都来到了抢建现场，帮助施工。

11月17日，天气骤变，队员们冒着雨雪，脚踏泥泞夹杂冰碴的山路，立杆、架线、运材料，往返在崎岖的山路上，不知摔了多少跤，但队员们摔伤了爬起来，一瘸一拐地照样干。过江架线时，队员们登上18米高的过江杆塔，冒着头顶上敌机的扫射，一干就是四五个小时。每天的现场施工都要持续十七八个小时，一连好几个昼夜不休息，连累带困，有的人站着就睡着了。他们就这样承受着难以想象的困难，与敌人进行生死较量。直到抢建的义东线竣工通电，全体抢建队员没有一个掉队。

冬季施工、18千米、7天时间、敌机骚扰、人力物力短缺、地理环境复杂，一切困难没有把安东电力人吓倒。1950年11月22日，义东线架设完毕并正式送电，比军令状的要求提前20个小时完成了抢建任务。这一壮举，创造了电力建设史上的奇迹，也夺取了抗美援朝前沿安东市保电工作的决定性胜利。

70多年来，抢架义东线中电力人所展现的精神力量一直激励着一代一代的电力人，形成了"不怕牺牲、攻坚克难、忠于职守、甘于奉献"的义东精神。在战争年代，电力人保家卫国，不怕牺牲，作电力生命线的捍卫者；在和平时代，电力人攻坚克难、忠于职守、甘于奉献，努力在企业改革发展和服务地方经济社会发展等方面创造更大的成绩。

# 八、唐山抗震救灾保供电纪实

1976 年 7 月 28 日，河北省唐山市发生里氏 7.8 级地震，瞬间给京津唐电网尤其是唐山地区的电力系统带来毁灭性破坏。电力系统的抗震救灾抢修复电是关系到整个抗震救灾的重要一环。在中共中央、水利电力部的指挥下，京津唐地区的抗震救灾和抢修工作在较快的时间内取得了显著的成效，在一定程度上有效支援了地震后的总体救援工作。电力职工按照上级部署进入受灾地区抢修电力设施，在较短时间内取得了显著成效，有效支援了地震后的总体救援工作。以保定供电局（现保定供电公司）先后四次组织人员赴唐山开展电力抢修工作为例，我们能够感受到电力职工勇担责任使命，不畏艰险，舍生忘我的精神。

当时的唐山地区属于经济发达的工业城市，人口稠密。地震发生后，唐山地区发电机组全部停机，80% 以上的变电站和输电线路、97% 以上的配电线路被损毁。❶唐山发电厂和正在建设中的陡河发电厂是京津唐电网的主力电厂，受损极其严重。其中，陡河发电厂位于 9 度烈度地区，地震中 10 万米$^2$ 的生产生活设施几乎全部倒塌，夷为废墟。全厂遇难职工 222 人，重伤 43 人。伤亡最重的是参与建设的施工单位，共有 1481 名职工和家属遇难，重伤 900 余人。

1976 年 7 月 29 日凌晨 1 时 30 分，保定供电局接到北京电力抢修指挥部关于迅速派人支援唐山的命令后，连夜组织 38 人抢修

---

❶ 向重生致敬！唐山，不能忘却，2016.07，国家电网报。

河北保定电力抢修队进入地震灾区

队，日夜兼程，以最快的速度急赴唐山灾区。到达唐山后，抢修队队员看到满目疮痍的景象：房屋如同散塌的积木，处处是残垣断壁，倾斜的断墙、甩落的窗户和门板、塌架的焦渣屋顶随处可见。电力职工没有在绝望和恐惧面前退缩，化悲愤为力量，在一片废墟上投入到抢险救灾的战斗中。

余震不断发生，高温酷暑，空气污染严重，食品、饮用水以及必要的防护用品短缺，这些都没有吓退电力职工。他们在极度疲劳下开展救灾工作，时常会意外受伤。抢修队连续奋战，仅用5天半时间就完成了7条主要街道供电设备恢复的任务。而后，保定供电局向唐山抢修指挥部提出修复3条主要街道照明设备并为受灾群众搭建2栋简易房的申请。他们还将恢复供电的全部线路和配电变压器绘制成完整的地理接线图，移交给唐山电力抢修指挥部以便于后续工作开展。

8月6日，第一批支援唐山灾区的电力职工返回保定。

保定供电局职工刘铭元参加过第二批支援唐山的抢修队。1976年8月26日，参加过第一次抗震救灾抢修的部分电力职工主动请缨，二赴唐山。这支由原保定供电局46名电力职工组成的抢修队整装出发。他们这次抢修的任务主要是恢复由唐山市延伸到郊区和唐山地区各县的输配电线路和变电站。

"地震后的电线杆倾斜，街道被废墟覆盖，汽车根本没法到达现场，我和同事们就人抬肩扛，靠这一把子力气将物资、器材运送至现场。"刘铭元说。在抢修一处 10 千伏线路时，为按计划完成工程任务，减少受灾地区停电时间，在没有带电作业专用工具的情况下，他们采取安全措施顺利完成了距离高压带电设备只有 30 公分距离的作业任务。

抢修作业现场

就在第二批支援唐山的抢修队还未回到保定的时候，8 月 29 日，保定供电局又组建了 54 人的抢修队，星夜奔赴唐山。他们的抢修任务是恢复坐落在唐山市东北郊的缸窑和毕家湾 2 座 35 千伏变电站。

缸窑变电站是室内变电站，主变压器和其他电气设备都安装在室内。地震后房屋倒塌，设备损坏严重。经现场检查，除主变压器和个别设备经抢修后勉强能恢复使用外，其余大部分无法修复。需要落地重建的土建部分，在没有土建专业队伍的情况下，难度远远大于新建一座变电站。当时恢复变电站的最大工作量是清理倒塌的房屋。按照唐山抗震救灾指挥部的规定，房屋倒塌后的碎砖烂瓦等必须运往 5 千米以外的指定地点。这是一件棘手难办的工作。顾不上远途奔袭的劳累，电力职工立即工作。工具不够，他们就用手扒开砖头、瓦块、钢筋、水泥板，不知什么时候双手已经鲜血淋漓。经过全力清理，他们共运出碎砖烂瓦30余车。抢修队自行承担了设计、土建和电气设备的安装任务。为了保证工程进度，他们昼夜连续作业，吃住在现场。缺少材料和设备，他们就研究制造出代用材料和代用设备。经过抢修队15天的连续抢修，缸窑35千伏变电站在一片废墟中拔地而起，成功恢复供电。之后，电力职工加紧对毕家湾35千伏变电站进行了加固和恢复。9月23日，第三批支援唐山的电力职工返回保定。

与此同时，经过近一个月的抢修，第二批支援唐山的抢修队恢复了12条输配电线路供电，总长88千米，完成了双庙、西南郊等10座35千伏变电站的主变和开关加固、电缆铺设工作，搭建了供唐山供电局使用的4栋简易办公室。9月25日，第二批支援唐山的电力职工返回保定。

1976年10月6日，部分第二批支援唐山的电力职工作为先遣人员又到了唐山。10月12日，由53人组成的第四批支援唐山的抢修队到达唐山，并和先遣人员汇合。这次，他们的任务是恢复唐山滦南县10千伏和35千伏线路运行。滦南县一带离地震中心较近，地震时喷出了大量泥沙。抢修队到达时仍然能看到遍地泥水。当地输配电线路倒杆、断线情况严重，还有部分支撑线路的水泥电杆直立下陷，线路恢复难度较大。由于交通阻断，电力设施很难正常运送至现场。抢修队队员就将三脚架等设备人搬肩扛到施工现场，用吊链将下陷的电杆从地下拔出后立正，重新加固杆塔底部，确保满足线路对地距离。经过20多天的抢修，抢修队共修复输配电线路9条。11月2日，第四批支援唐山的电力职工返回保定。

于逆境中奋起，在艰难中重生，中国人民在大灾大难面前刻写下了"坚韧"二字。电力职工赴唐山抗震救灾，展现了电力人忠诚担当的政治品格。他们忠于党、忠于国家、忠于人民、忠于电力事业，也展现了中华民族在灾难面前万众一心、众志成城的伟大精神。

## 九、铁塔银线上绽放"巾帼之花"

20 世纪六七十年代，毛泽东主席提倡的"妇女能顶半边天"成为时代的强音，响彻神州大地。1970 年 6 月，全国第一支女子带电作业班广州供电局"三八"带电作业班成立。班组成员年龄在 20 岁到 30 岁之间，正是青春年华，但是她们凭借一股不服输、不怕难的劲头，在严格的培训下竟然能够穿上均压服，踩着尼龙软梯，爬上高耸的铁塔，英姿飒爽地在 220 千伏的超高压输电线上进行带电作业。她们的事迹广为流传，并影响至今，展现出了电力女职工勇于实践、勇于挑战、勇于争先的顽强拼搏精神。

1970 年 6 月，广州市东郊的电力训练场上，一群女职工正在进行着带电作业的练习。这样的

广州供电公司"三八"带电作业班成员合照

训练虽普通，但又不平常。"普通"是因为这是带电作业的常规训练，说她们"不平常"，是因为接受训练的清一色是女同志。这支团队就是广州供电局筹划组建的"三八"带电作业班。"四五"计划期间，随着广州地区电力技术的创新推广，电力维修人员出现了严重短缺。那时候，供电系统的设备健康水平不高，带电作业可以在很大程度上减少检修设备停电的次数。在这样的背景下，不少女同志自告奋勇冲在了第一线，"妇女能顶半边天"的口号成为鼓舞广大女性自强自立、在各行各业一显身手的号召。

邓翠琼是 1970 年加入"三八"带电作业班的，当时班组成员只有 5 人。在正式上岗前的模拟杆塔训练和高空带电作业技术培训中，邓翠琼背着沉甸甸的作业工具，第一次爬上了 30 多米高的铁塔，在铁塔上往地上望胆战心惊、浑身发抖。从铁塔下来后浑身冰冷，她半天说不出一句话。经过多次试验，她才习惯了在铁塔上站立和行走。邓翠琼说："刚刚加入带电作业班的时候，上塔还是有些害怕，站在塔上感觉腿在发抖，但是我告诉自己一定要坚决战胜一切困难。"

带电作业，就是不停电的状态下在高压设备上进行维修工作。这种高空作业需要作业人员具备极强的意志力。带电作业时，电路并不会被切断，虽然人员身穿全套屏蔽服，但作业时要面对的是几百千伏的强大电流。这项工作对于女同志来说，是一项极大的挑战，她们不仅要适应绝缘时人体因静电感积聚所产生的强烈刺痛感，还要忍受当电流强度过大时对耳膜产生振动所引发的"嗡嗡"声。

"三八"带电作业班成员经常在一起互相激励：要对党负责、对人民负责、对工作负责、对同班队员负责。邓翠琼对队员说："男同志能做的事情女同志也能做到。"精神的力量是巨大的，"三八"带电作业班不仅激励了女同志，同样也激励着所有的电力职工。

苦练两个月后，"三八"带电作业班接到了第一个任务是到郊外的输电线路进行实战操练，尝试如何带电检修设备。她们和男同志一样穿着广州供电公司技革组自行研制的用棉纱和直径 0.08

工作中的"三八"女电工

毫米铜丝布制成的均压服，翻山越岭，登铁塔，爬软梯，在 60 多米高的铁塔上，她们开展高空带电等电位作业。

在工作现场，一群农民来看热闹，还大声讨论着她们的性别，有人说："怎么这个女的爬得这么高，还干这个，她们不怕死啊？"有的人说："真是好样的，男人们能做到的事，没想到啊，女人也能做！"这让在输电铁塔上工作的她们感到自豪。

20 世纪 70 年代，"三八"带电作业班的姑娘们与广州供电局的所有职工一样，接受着各项工作任务的挑战，"三八"带电作业班的女职工们先后参加了 110 千伏棠氮线改双回路和带电改道、110 千伏流加线带电更换瓷瓶等工程。七八月份，正值广州天气最热的时候，火辣辣的太阳每天在头顶上烤着，工具背在肩上沉甸甸的，有时还要搬运线材。她们常常是要走一个多小时的路才能到达工作现场，到达时衣服早已全湿透了。每次工作结束，她们全身没有一处地方是干的，连内衣也全部湿透。在寒冷的冬天，她们穿着均压服进行高空作业，内热外冷，工作时身体在流汗，脸却被寒风刮得如刀割。不管是严寒还是酷暑，哪里有高压输电线，哪里有设备抢修，哪里就有她们的足迹。

1972年，"三八"带电作业班的事迹被写入广州市中学初中三年级的语文课本，成为千千万万青少年学习的榜样。谭惠霞是1972年加入"三八"带电作业班的，曾担任班长。她说："每个人都很珍惜这份工作。大家在一起既是同事更像姐妹。我们这个团队最宝贵的财富就是团结协作精神，每项工作都凝聚着大家的力量。"

1973年，设在广州的珠江电影制片厂拍摄了以女子带电作业班为题材的彩色纪录片《飒爽英姿女电工》，在全国引起轰动。纪录片记录了"三八"带电作业班的女职工们从事带电作业的历史镜头。电影中那些冒着危险爬上铁塔的电力女工让观众震撼。1974年，该片被中国代表团带到美国纽约的联合国大会总部放映大厅放映，各国代表尤其是女代表兴致勃勃观看后，好评如潮，当时全世界只有中国女性能够从事带电作业。

1976年加入"三八"带电作业班的冯静回忆，那些年在广州举办的中国进出口商品交易会上，"三八"带电作业班成员会为外国来宾表演带电作业。冯静说："为了演示高压带电作业是可行的，我们的班组成员徒手抓住铜棒去接触一万伏的高压电线，由于均压服的屏蔽作用，通过人体接地铜棒上迅速拉出一条电弧，火花四射，还发出噼噼啪啪的巨大响声，现场外国友人看到后都惊呆了，纷纷为我们鼓掌。"

广州供电局"三八"带电作业班的事迹成为全国电力职工的榜样，一些女职工观看彩色纪录片《飒爽英姿女电工》后，也纷纷申请加入带电作业行列。1971年3月8日，武汉供电局武昌工区选出刚参加工作的8位姑娘成立武汉首个"三八"带电作业班；1972年6月，山西晋中电业局成立"三八"带电作业班，同年 10 月，淮北供电局成立了"三八"带电作业班；1973 年，天津高压供电所抽调了 11 位优秀女工，成立了"三八"带电作业班；1975 年 4 月，西宁供电局成立"三八"带电作业班；1976 年年初，甘肃天水供电局成立由 7 名女职工组成的"三八"带电作业班；1977 年，吉林电业局送电工区成立"三八"带电作业班，辽宁鞍山电业局成立由 10 名女职工组成"三八"带电作业班……各地的"三八"带电作业班的事迹展现了电力行业女性的风采和传奇。

彩色纪录片《英姿飒爽女电工》脚本最后有一首慷慨激昂的歌词：电光闪闪红，弧光飞流星，英姿飒爽女电工，壮志凌云震长空。半个多世纪过去了，"三八"带电作业班那一份对供电事业的坚守和担当，面对困难时的勇敢与果敢，长年累月的奉献与执着，超越了性别，也超越了时代。她们突破极限、挑战自我的精神传承影响至今。

第三节

## 改革创新　蓬勃发展

　　这一时期是中国电力工业从改革开放到实现跨越式发展的关键时期。党的十一届三中全会后，中国实行改革开放政策，极大地解放了生产力，经济社会开始全面复苏。电力工业以改革为引领，以创新为驱动，全面加快电力基础设施建设，龙口电厂、鲁布革水电站的建设成为国内改革先行的排头兵，建设了首条晋东南—南阳—荆门特高压线路、玉环电厂、托克托电厂，电网规模持续快速扩张，电力供需形势出现阶段性扭转，供电可靠性和民生用电保障能力显著提升，为赶超世界先进水平打下了坚实基础。

# 一、龙口发电厂诞生记

　　党的十一届三中全会召开后，山东胶东半岛经济迅猛发展，电力紧缺成为经济发展的障碍。解决缺电问题是当务之急，必须尽快建设一座大型电厂，龙口发电厂应运而生。龙口发电厂是我国第一座由国家资助、地方集资兴办的大型坑口电厂，在我国电力发展史上具有划时代意义。龙口发电厂机组投运后，为当地经济社会发展注入了强大动力。烟台从原来山东省缺电最严重的地区，一跃成为供电情况最好的地区，并且成为第一批沿海开放城市。龙口发电厂集资办电是电力投资体制改革的重大突破，是中国电力工业发展历程中的一项重大创举，为中国电力工业发展闯出了一条新路。随后，为加快电力行业发展，国家出台了一系列鼓励集资办电、多家办电的政策，推动了电力投资体制改革。全国缺电的局面也得到了扭转。

20世纪80年代初，山东省烟台地区经济发展突飞猛进，乡镇企业如雨后春笋般发展起来，国营与集体企业纷纷上马。然而，严重缺电却成为经济发展和改善人民生活的"瓶颈"。当时整个烟台地区，新建的950家中小型企业万事俱备，只等来电投产；1680个乡镇企业只能靠柴油发电维持生产。1980年，国家经济委员会一位同志来烟台考察，无论走到哪里，都是一片要电声：我们缺电！我们需要电！当时，那位同志心情十分沉重。周敬尊老人曾任山东省电力工业局局长，每当回忆起当年的情景，他仍然激动不已："要说回忆过去，山东20世纪70年代末缺电严重，山东工农业正是上升的时候，我们经常停电，那时候我作为山东电力的负责人，最害怕的是上级领导来电话。有一天早晨六点，我就接到管工业的副省长的电话，他说'老周啊，你又把莱钢停了吗？'我心里难过，无地自容，愧对山东父老。"

事实上，不仅山东胶东半岛，改革开放之初，随着工农业快速发展，全国缺电问题十分突出。当时，虽然电力优先保障工厂、企业的生产，但是不少企业一周也只能开工五天、停工两天，甚至开三停四。持续近十年的全国大面积缺电，成为经济发展的桎梏。

那时，我国电力建设资金来源于国家单一投资，但国家财力有限，改革开放前尚不能满足基础设施建设，改革开放后更显捉襟见肘。不少建设电厂的计划都因缺乏建设资金而搁浅。1979年，国家批复了龙口发电厂一期两台10万千瓦机组的计划任务书，但就是因为资金问题迟迟不能开工。

要想扭转电力工业发展的被动局面，必须从电力部门一家办电的传统做法中解脱出来。1979 年 5 月，电力工业部部长刘澜波发表了一篇《电力工业必须变落后为先行》的文章，提出了改革电力工业，扭转落后局面的七条具体方针。陈云同志专门打电话表明完全赞成这些观点，当时的口号就是"电力工业必须变落后为先行"。集资办电的想法应运而生。在当时的计划经济形势下，集资办电无疑是个大胆的构想，但是为了改变缺电的局面，还是值得一试。随后，山东省电力工业局与烟台相关政府部门会商，就如何发行电力债券集资办电，向山东省政府进行了汇报。

1981 年 4 月 27 日，山东省政府办公厅印发了《关于建设龙口发电厂两台 10 万千瓦机组有关问题的会议纪要》，同意由烟台行署通过发行股票的方式解决资金问题。1981 年 8 月 8 日，电力工业部致函山东省政府，同意委托山东省电力工业局与烟台地区合资建设经营龙口发电厂。

龙口发电厂建设所需的 2.04 亿元资金，30% 由国家投资，70%由烟台通过发行股票筹集，发放范围包括全民、集体所有制企业，股权自愿认购、不摊派。烟台集资部分由烟台地区所辖 16 个县市区筹资解决，实行"谁投资、谁用电、谁受益"的政策。据周敬尊老人回忆，当时老百姓纷纷抢购股票，短短几个月便销售一空。

1981 年 12 月 17 日，胶东半岛渤海湾畔的龙口北沙滩沸腾了，全国第一座集资办电企业山东龙口发电厂奠基仪式隆重举行。

在一片沙滩上建厂，龙口发电厂的地基处理和土建工程量很大，是常规工程的 1.5 倍。为了抓进度、保质量，山东省电力工业局提出"全局抓、全局保"，组织多家电力建设单位全力支援，开启了一场

山东龙口发电厂开工典礼

几千人参与的建设大会战。

龙口发电厂施工情况复杂，施工条件艰苦，还有很多特殊设备都是首次使用，施工难度相当大。潍坊发电厂负责安装当时全国最长的输煤皮带。这条总长 3 千米的输煤皮带分为 3 段，每段长 1000 米，每段有 18 个接头，可以直接将煤炭从煤矿运输到电厂。在技术力量和装备水平有限的情况下，施工难度很大。

龙口发电厂副厂长赵文欣当时分管电厂的基建工作，他回忆："当时压力很大，用的是老百姓的钱，你拿老百姓开玩笑能行吗？所以我们当时定下了速度要快、质量要好、要节约这三条建设原则。" 1983 年年初，龙口发电厂进入主体设备安装阶段，整个项目也进入冲刺阶段，山东省电力工业局下达了当年要建成两个 10 万千瓦级机组的任务。

1984 年 12 月 20 日，龙口发电厂一期两台机组全部建成投产，安装工期比规定工期分别提前了 7 个月和 11 个月。山东电力人在人力、物力、财力不足、设备到货晚的情况下，一年上马两台 10 万千瓦机组，完成了一个在当时几乎不可能完成的任务，被称为"电力铁军速度"。

龙口发电厂的投产，给胶东地区的工农业生产插上了腾飞的翅膀。龙口发电厂投产后仅 1 年，烟台市工农业产值增加 19 亿元，在全省 8 个省辖市中名列第一，跻身全国 20 个产值过百亿元的城市行列。

1985 年 4 月 21 日，国务院副总理李鹏在视察龙口发电厂时题词"集资办电、全国首创、满发稳发、保证安全"，给予龙口发电厂充分的肯定和高度评价。

李鹏在视察龙口发电厂时题词

龙口发电厂的建成投产和成功运营，打破了靠国家单一投资、多家要电的局面，在山东省乃至全国闯出了一条中央与地方联合，多渠道、多层次、多元化办电的新路子。

1985年，国务院批转国家经济委员会等部门制定的《关于鼓励集资办电和实行多种电价的暂行规定》，把龙口发电厂集资办电的成功经验推向全国，山东省政府也制定了相应政策，推行集资办电，一时间出现了"多家办电、多渠道办电"的局面。

如果说，安徽省凤阳县小岗村实行"大包干"开启了我国农村改革和农业改革的序幕，那么，山东龙口发电厂集资办电则拉开了我国城市改革与工业改革的序幕。山东电力人用自己的敢想、敢做、敢为人先叩开了中国电力投资体制改革的大门。

2016年6月，龙口发电厂一期两台10万千瓦机组烟囱爆破完成，正式进入拆除阶段。这两台机组历史使命虽然终结，但它的一生集中体现了电力人解放思想、实事求是、攻坚克难、探索创新的工作作风和精神面貌，在中国电力史上留下了浓墨重彩的一笔。

## 二、鲁布革冲击下的电力变革

"鲁布革"布依族语的意思是山清水秀的布依族村寨。这个坐落在云贵两省界河——黄泥河河畔山梁上的小山寨，随着鲁布革水电站的建设而声名大振。鲁布革水电站是我国"六五""七五"期间的重点工程、首个面向国际公开招标的工程。在新旧观念的碰撞中开始建设，在两种管理方式的磨合中向前发展，成为我国水电建设对外开放的试验场。它是中国水电基础建设对外开放的"窗口"电站，创造了席卷全国建筑行业的"鲁布革冲击波"，代表着我国电力建设自我革新的阵痛与重生的生命力，也是电力人坚定走改革创新之路的一次考验。如今，"鲁布革"所体现的敢为人先的探索精神、勇于担当的拼搏精神、务实敬业的进取精神，激励着中国水电事业取得一个又一个辉煌成就。

鲁布格水电工程

20世纪80年代伊始，改革开放给各行各业带来勃勃生机。水电建设也不例外，急需大力发展，但面临着重重困难，迫切需要解决的问题是如何摆脱长期以来的资金不足、技术装备落后、效率低下和工期过长等问题。恰在此时，中国恢复了在世界银行的合法席位，经过深入研究并和世界银行初步接触，果断提出从世界银行贷款，以弥补建设资金的不足，并以此为契机，推动水电基建体制改革。

1981年6月，国家批准建设装机60万千瓦的鲁布革水电站。1984年，水电部决定，鲁布革工程总投资的一部分从世界银行贷款。根据贷款的使用协议，鲁布革工程部分项目实行国际招标。引水隧洞工程被投入国际施工市场。在8个国外承包商的竞争中，日本大成建设集团中标。同时，挪威和澳大利亚政府向工程提供贷款和咨询服务。

国际招标带来了合同制管理模式。当时，鲁布革项目并存两种管理体制：一种是以云南电力局为业主，鲁布革工程管理局为业主代表及"工程师机构"，日本大成建设集团为承包方的合同制管理体制；一种是以鲁布革工程管理局为甲方，以中国水利水电十四局为乙方的投资包干管理体制。

中国的与外国的、新的与旧的相互碰撞、对比，给中国电力建设者带来了极大的冲击和危机感。有人曾形容鲁布革工程的施工效率为"魔术"，鲁布革水电站建设者、时任水电十四局局长王开弼却说："这是冲撞出的结果。"

日本大成建设集团中标后，仅用 4 个月时间就正式开工。他们按照合同制管理，对工人按效率结算工资，派到现场的是一支仅 30 人的管理队伍，从水电十四局按合同制聘用 400 余名工人，采用"管理在日本、施工在中国"的管理模式。开挖两三个月，单月平均进尺 222.5 米，是我国当时隧洞开挖平均水平的 2~2.5 倍；全员劳动生产率为 4.57 万元，是我国当时全员劳动生产率的 4 倍以上。工资发放也不是论资排辈，而是按照技能高低和效率大小。1986 年 8 月，日本大成建设集团在开挖直径 8.8 米的圆形发电隧洞中，创造出单头进尺 373.7 米的国际先进纪录。1986 年 10 月 30 日，隧洞全线贯通，工程质量优良，比合同规定的时间提前了 5 个月。

相比之下，中方施工企业承担的工程却由于种种原因进展迟缓。世界银行特别咨询团于 1984 年 4 月和 1985 年 5 月两次来工地考察，都认为按期完成截流的计划难以实现。

差距还远不止于此。在水电站施工中，挪威、澳大利亚咨询专家提出了 10 多项优化设计方案，这些新技术、新方案既缩短了工期又节省了投资。

用的是同样的工人，两者差距为何如此巨大？中国的施工企业意识到，奇迹的产生源于好的机制，高效益来自科学的管理。在计划经济体制下，我国基建战线"投资大、工期长、见效慢"的弊端在这个工程中暴露无遗。

中国电力人被激发起强烈的斗志。鲁布革工程指挥部开始推行新的管理体制，在首部枢纽工程建设中，施工人员发动了千人会战。王开弼成了目标责任制的负责人之一，昼夜奋战在工地上。工人更是整天整夜在隧洞里工作，累了就搬块木板躺一会，醒了再接着干。1985 年 11 月 15 日，大坝工程终于顺利截流。

当时，厂房工程已经换了两个领导，进度还是跟不上。1985 年11 月，国务院批准鲁布革工程厂房工地率先进行"项目法施工"的尝试。中国施工企业参照日本大成建设集团鲁布革事务所的建制，建立了精干的指挥机构，使用配套的先进施工机械，优化施工组织设计，改革内部分配办法，产生了我国最早的"项目法施工"雏形。"原来按资历拿工资，现在是多干多拿钱，不干的拿不到钱。"王开弼回忆。40 天过去了，400 多人完成了 1500 人一年的工作量。全新的管理模式让王开弼打开了视野："它让我们看到了另一种更好的管理体制。"

1986 年，国务院副总理李鹏在视察鲁布革水电站建设工地时感叹："看来同大成的差距，原因不在工人，而在于管理，中国工人可以干出高效率。"《人民日报》头版头条发表题为《鲁布革冲击》的长篇通讯，引起社会强烈反响。1987 年 10 月，国家计划委员会、城乡建设环境保护部（简称建设部）、国家经济体制改革委员会、劳动人事部、中国建设银行、国家工商行政管理局联合下发文件，确定各系统的 12 个大型施工企业为推广鲁布革工程改革经验的试点单位，全国基建体制改革由此全面展开。"鲁布革"这个名字在全国掀起了一

阵阵的冲击波。❶

　　从此，全国大小施工工程开始试行招投标制与合同制管理，对我国工程建筑领域的管理体制、劳动生产率和报酬分配等方面产生了重大影响。它的影响早已超出水电系统本身，对人们的思想造成了强烈冲击，是中国水电建设改革史上的重要里程碑。带着鲁布革冲击中的酸甜苦辣，中国水电从计划经济转型市场经济，实现了历史性巨变，造就了一批举世瞩目的水电工程，我国也成为世界公认的水电强国。

　　投入使用的鲁布革水电站积极参与我国社会主义现代化建设，支持和承担我国一些重大战略的实施。1993年，在能源部、国家能源投资公司的牵线搭桥下，云南通过鲁布革水电站的220千伏线路开始向广东输送季节性电能，迈出了西电东送的第一步，成为国内西电东送起步最早的省份，鲁布革作为"云电送粤"的桥头堡，开启了云电东送的新纪元。❷2004年，作为南方电网调峰调频发电有限公司"走出去"业务的先行者和排头兵，鲁布革水电站大胆迈出国门，向缅甸邦朗电站派驻了管理技术人员。此后，随着国家发起"一带一路"倡议，鲁布革水

鲁布格水电工程

❶ 张向晨:《中国基建企业的国际化道路：历程、现状与展望》,《国际经济与合作》杂志，2022年第3期，第4-9页。
❷《滇能绿动　彩云跨越》,新华网，2023年11月30日。

电站又先后与缅甸勐瓦电站和老挝南塔河电站签订项目运维协议，鲁布革的境外电力运维合作之路越走越宽广。❶

## 三、跨越百年的"三峡梦"

三峡大坝，横卧在滔滔长江之上，挺立在峡江和云雾之中。这座雄伟的工程寄托着中国人民治理长江的伟大梦想。自孙中山先生首次提出建设三峡工程的设想，到 2020 年三峡工程完成整体竣工验收全部程序，"三峡梦"跨越百年，终得圆满——这是迄今为止世界规模最大的水利枢纽工程，工程总量、装机规模等均居世界第一，技术难度和复杂性前所未有，堪称世界级"难题库"。三峡工程成为世界水电的"中国名片"。2018 年 4 月 24 日，习近平总书记来到三峡大坝左岸电站，察看发电机组运行情况，了解三峡电站发电效益和电网安全监控等情况，并同技术人员、劳动模范、工作人员代表亲切交流。他深情地对大家说，三峡工程是国之重器，是靠劳动者的辛勤劳动、自力更生创造出来的，看了以后非常振奋。三峡工程的成功建成和运转，使多少代中国人开发和利用三峡资源的梦想变为现实，成为改革开放以来我国发展的重要标志。这是我国社会主义制度能够集中力量办大事优越性的典范，是中国人民富于智慧和创造性的典范，是中华民族日益走向繁荣强盛的典范。

---

❶《鲁布革水电站：改革开放铸辉煌》，云南网，2019 年 5 月 5 日。

三峡大坝全景

　　善治国者，必先治水。水患，是中华民族的心腹之患。据史料记载，从汉初至清末，长江共发生洪水灾害 214 次，平均十年一次。作为治理长江水患的关键性核心工程，三峡工程常被概括为"构想了 70 年、勘测调查了 60 年、论证了近 40 年、建设 17 年"，是名副其实的世纪工程。

　　1919 年，孙中山在《实业计划》中首次提出三峡工程的构想。然而在多灾多难的旧中国，这一构想只能停留在纸上。

　　1956 年，毛泽东畅游长江后，在长江边写下"更立西江石壁，截断巫山云雨，高峡出平湖"的诗句。彼时，三峡工程已正式被提上国家议事日程。

　　党的十一届三中全会后，为了加速四化建设进程，党中央对三峡水利极为重视。但当时各方对建设三峡工程有不同意见。最突出的一次莫过于在武汉召开的三峡坝址选择会议上，"主上"与"反上"双方针锋相对。

为慎重起见，国家有关部门组织不同领域的 412 位专家对三峡工程开展了历时近三年的广泛论证。当时，中国水电泰斗潘家铮出任三峡工程论证领导小组副组长及技术总负责人。面对各种疑虑，他坦诚相见，力排众议。潘家铮曾说："如果三峡工程需要有人献身，我将毫不犹豫地首先报名。我愿意将自己的身躯永远铸在三峡大坝之中。"在论证热潮几番起落之后，潘家铮代表论证领导小组作出了"建比不建好，早建比晚建有利"的结论，得到党中央、国务院的肯定。

1991 年 8 月，历经半世纪争论与论证，国务院三峡工程审查委员会通过对《长江三峡水利枢纽可行性研究报告》的审查。1992 年 4 月 3 日，第七届全国人民代表大会第五次会议以 1767 票赞成、177 票反对、664 票弃权、25 人未按表决器通过了《关于兴建长江三峡工程的决议》。一项工程，由最高国家权力机关表决，具有划时代的意义。

1994 年，三峡工程正式开工；1997 年，顺利实现大江截流；2003 年，三峡工程如期实现蓄水 135 米、船闸试通航、首批机组发电的三大目标；2008 年，三峡工程开始 175 米试验性蓄水；2019 年，三峡升船机通过通航及竣工验收。2020 年 11 月 1 日，水利部、国家发展和改革委员会公布，三峡工程完成整体竣工验收全部程序，标志着三峡工程从建设期转入正常运行期，具有防洪、发电、航运和水资源利用等巨大综合效益的三峡工程梦最终得以实现。

原本荒芜之地，崛起世界水电的标杆工程，彰显了中国电力人求实创新、团结协作、追求卓越的精神。与之相伴，中国水电事业也通过三峡工程实现了跨越式发展。

20世纪90年代，我国水电事业仍处在努力追赶国外先进水平阶段。在三峡工程研究论证和建设过程中，中国水电人攻克了特大型枢纽建筑物布置、大江大河截流、高水头超大泄量泄洪消能技术、地下厂房等一系列世界级的工程技术难题，创造了112项世界之最，拥有934项国家发明专利授权。

三峡水电站单台机组的装机容量70万千瓦。水电装备制造全产业链协同配合，为三峡工程装上了"中国心"。三峡集团与东方电气集团、哈尔滨电气集团等单位在较短的时间内，掌握了70万千瓦水电机组设计制造自主知识产权。以三峡工程为牵引，中国一重集团有限公司、中国第二重型机械集团有限公司实现了大型铸锻件国产化；宝山钢铁股份有限公司、武钢集团有限公司掌握了硅钢等关键材料生产工艺；国家电网有限公司完全掌握了超高压500千伏直流输电核心技术。全产业链协同攻关，三峡工程从左岸机组的引进，到右岸机组的自主创新，再到溪洛渡、向家坝以及乌东德、白鹤滩水电站单机容量不断突破，用短短7年时间，成功实现从32万千瓦到70万千瓦、80万千瓦、100万千瓦的"三级跳"，中国大型水电机组设计制造能力持续提升，我国水电装备制造水平实现了历史性跨越。

三峡水电站的成功建设，全面提升了我国水电产业的规划、设计、施工、设备制造和运行管理水平，推动我国水电重大装备实现重大跨越。目前，三峡集团水电总装机位列全球第一。以三峡工程为标志，我国水电技术跻身世界先进水平行列，从此，世界水电看中国，中国水电看三峡。

截至2023年7月，三峡水电站20年来累计发电量突破1.6万亿千瓦·时，相当于替代标准煤 4.8 亿多吨，减少二氧化碳排放 13.2 亿多吨。三峡水电站成为助力我国构建清洁低碳、安全高效能源体系的重要一环。

国之重器，民之三峡。2018 年 4 月 24 日下午，习近平总书记在三峡电站左岸厂房前深情嘱托："真正的大国重器，一定要掌握在自己手里。核心技术、关键技术，化缘是化不来的，要靠自己拼搏。"现在，中国水电人依靠自力更生、自主创新获取的重大科技创新成果，依靠拼搏奋斗获取的核心技术、关键技术，已经牢牢掌握在自己手上，正以崭新奋斗的姿态，在构建新发展格局中贡献更大的智慧和力量。

## 四、中国自己的"超超临界"

建成我国首台百万千瓦超超临界燃煤发电机组、率先在百万千瓦级机组上采用等离子点火技术、在国内百万千瓦机组中首先建成烟气脱硫系统并首次取消烟气脱硫旁路挡板运行、投运首套百万千瓦级全国产化分散控制系统（DCS）……在中国电力工业发展历程中，华能玉环电厂自诞生至今屡创纪录。在不到 3 年半的时间里，华能玉环电厂连续建设并在一年内投产 4 台百万千瓦超超临界机组，创造了建设百万超超临界机组最短时间的纪录，创造了燃煤电厂建设的奇迹。

华能玉环电厂走出了我国煤电发展自主创新之路，引领了国内超超临界技术的蓬勃发展，对我国建设资源节约型、环境友好型社会意义重大。工程极大地提升了电力装备国产化水平，标志着我国电力设备制造水平、电力工程施工水平、电站管理水平都迈上了一个崭新的台阶。从当年的百万千瓦级到如今的"绿色发展、煤美与共"，华能玉环电厂仍在不断接受新的挑战，不断勇于创新、开拓进取，书写新的故事，创造新的奇迹。

浙江台州，乐清湾东岸，玉环半岛西侧，华能玉环电厂四台百万千瓦超超临界燃煤发电机组背山面海，源源不断将电力送至千家万户。然而，在建设之初，这里缺水、缺电、道路难行，山海之间，所见不过一片荒地滩涂。主管华能玉环电厂基建工作的李爱华回忆，第一次站在玉环大麦屿的那片滩涂上，看到长满了贝壳的老海堤和比黄河水还要黄的海水，曾颇为失望。但在建设的过程中，每天一早，她看到戴着红色、橙色、黄色安全帽的5000多名建设者在偌大的施工现场忙碌，机器的轰鸣声、工人的吆喝声，又让人激情澎湃。"看到工地上那么大的场面和热火朝天的场景，心中就有无限的动力。"

玉环电厂全景

作为我国"863 计划"（国家高技术研究发展计划）引进百万千瓦超超临界发电技术并逐渐实现设备国产化的依托工程，华能玉环电厂于 2004 年 6 月 24 日开工建设。彼时，来自华能集团有限公司和电力行业的 18 名精兵强将齐聚玉环，誓要在荒滩上竖起"国内首台百万千瓦级超超临界燃煤发电机组"的里程碑。

地基处理和基础施工是一道难关。华能玉环电厂建设工程就像在一块豆腐脑上施工，海堤等构筑物最大沉降量超过 4 米。在三面环山，一面靠海的厂区，工人们双脚踩在泥里，用手提缝纫机，将土工布缝成一片，铺在泥上；再在上面铺 50 厘米厚的碎石，然后将塑料排水板插入滩涂 15～25 米深；又在上面铺一层布，再填上石块。在岩石的重压下，淤泥里的水才能通过排水板被挤出来。工人们用了 230 万米$^3$的石块填埋，硬是完成了 61 万米$^2$的场地预处理。建设者在工程实践中，通过合理应用各种复杂技术，在综合控制地基处理效果、解决沉降不均和有效提高地基承载力等方面攻克难题，在复杂地基处理这个影响工程整体质量的基础性问题上，做到了万无一失。

而看似平淡无奇的电焊，是突破百万千瓦机组技术难关最重要的一环。要想满足超超临界机组主蒸汽温度 600 摄氏度、压力 27 兆帕的严苛工况，需使用 P92、P122、SUPER304H、HR3C 等新型耐热钢材料。但彼时的中国，关键电力设备和技术仍受制于人，国外企业不愿提供这些材料的焊接工艺。

任务虽艰巨，却吸引了不少挑战者。众多电力精英看到玉环项目招聘信息后，有的离开了省会城市、有的放弃了管理岗位，应聘成为华能玉环电厂的专工。十余名金属材料研究专家，经历无数次试验后，最终研制出整套的新型钢材焊接工艺。华能玉环电厂工程部主任邵天佑介绍，这套诞生于玉环的"智慧成果"，在我国此后百余台百万千瓦机组的建设中仍发挥着重要作用。

2006 年 11 月 28 日，华能玉环电厂 1 号机组顺利通过 168 小时试运行，我国首台百万千瓦超超临界燃煤发电机组正式投产，华能玉环电厂筹建处主任的范夏夏攥紧双拳，高声呼喊着"我们赢了"，热烈的掌声与激动的泪水瞬间充盈了整个集控室。

随着百万千瓦技术的突破，我国煤电行业在工程建设、机组能效、污染控制等各领域均已处于世界一流水平，然而仍有"心病"未消：我国煤电领域还没有一套完全自主的 DCS。

作为电厂的"神经中枢"，DCS 控制着设备的各项关键动作，却长期被国外企业垄断。关键时刻，华能玉环电厂选择迎难而上。

承担研制具有自主知识产权、在百万机组示范应用的全国产 DCS 难度不小。正常研制安装 DCS，工程时间需要半年左右，华能玉环电厂于 2020 年 9 月 23 日接到改造任务，要求 2021 年 1 月底完成。"利用 1 号机组 1055 兆瓦增容提效改造机会，同步进行百万千瓦机组国内首套 100% 全国产 DCS 改造，难度大，但我们决心更大。"面对压力，华能玉环电厂厂长陈锋把截止日期又提前了两个月，并做足准备，全力攻关。

为了使 DCS 实现真正意义上的自主可控，多家工业控制领域相关央企参与其中，从核心芯片到基础电子元器件，从操作系统、数据库到应用软件，全部使用国产自主技术，每一块芯片都是中国"芯"，每一款软件都有中国"魂"。

"运行大休班的同事下班后，继续帮仪控部门对逻辑、查设备；施工队伍从早 7 点干到晚 7 点，蹲在地上接线，一蹲蹲一天。"华能玉环电厂设备管理部高级主管韦玉华说，"300多万行代码、3万多根接线、超过1.2万个测点，每个参与者都全身心投入其中，好像又回到了创业时那种忘我的状态。"

10天完成组态安装，15天完成机柜制作，3天完成73个机柜的系统内部接线，15天完成现场所有调试工作……在华能玉环电厂参建单位协同努力下，项目各节点全部提前完成。2020年11月25日，华能玉环电厂1号机组100%全国产百万千瓦级DCS改造完成，机组并网一次成功。

随着我国"双碳"目标的提出，我国煤电企业面临绿色转型的挑战。在生态文明指引下，华能玉环电厂勇于追求节能降碳、绿色发展。"敢为人先，敢为人所不能"的开拓精神已经深深刻入了华能玉环电厂的基因。

玉环半岛沿岸，一根绿色的管道穿越山体，跨过海湾，飞掠高架桥下……华能玉环电厂布局建设覆盖全市的供热管网，总长超过50千米的工业供热管道于2020年年底全线贯通，供热点遍布玉环市主要工业园区，设计年供热量可达到56万吨，用高品质蒸汽替代全市零散热源，在提高供热安全性的同时，降低了园区企业经营成本。

玉环淡水资源匮乏，人均淡水资源量仅为浙江省平均值的四分之一。华能玉环电厂同步建设海水淡化项目，电厂生产不靠外部供水、不向外排放污水，每年节约淡水资源约500万吨，超过西湖最大蓄水量的三分之一，干旱时还可为周边居民供应淡水。

2020年，华能玉环电厂自主研发出具有自主知识产权的固废和污泥直燃掺烧技术。当年10月，厂区污泥燃煤耦合发电、多源工业固废直燃掺烧系统成功投运，利用高效清洁煤电的强大耦合能力对城市固废、污泥等进行无害处理。目前，电厂固废和污泥日处置能力分别达到360吨和300吨。

并未满足于清洁火电，华能玉环电厂还把目光投向了风力发电、光伏发电等清洁能源领域。2021年12月，全国首座潮间带光伏电站——华能清港光伏电站并网发电。1800余亩滩涂上，24万多块光伏板连成一片，密密麻麻的光伏板下，还有3.8万余根水泥管桩。以这种方式间隔打下的桩基不会阻断海水流动，能最大程度减少对滩涂生态环境的影响。这片利用滩涂建起的光伏发电项目，每年可提供清洁电能1.5亿千瓦·时。

创业不息，功到必成。华能玉环电厂首台百万千瓦级超超临界燃煤机组的投产，曾带动中国煤电行业走上大容量、高参数、高效率的道路。进入"十四五"，华能玉环电厂建设"华能浙东南超大型多能互补综合能源基地"的蓝图已经展开，将不断超越，创造出属于中国煤电的新的辉煌业绩。

# 五、开创电力特高压新纪元

历史的车轮驶入21世纪，不到三年，我国便遭遇了一场"缺电阵痛"。我国电力需求和能源资源逆向分布的自然禀赋，使脆弱的电煤供应链随时引发局部"电荒"。在寻求如何破局的过程中，特高压应运而生。但这是一项在世界电力工业范围内都极具挑战性的先进科技，没有多少成熟的经验可以借鉴。发展中国的特高压，电力人从头开始，自主创新，经过不断的摸索与创新，建成了中国首个特高压输电工程——1000千伏晋东南—南阳—荆门特高压交流试验示范工程。这项工程聚了无数电力人的心血和希冀。它的建成投运，带来其后十余年我国特高压建设的快速发展。在建设特高压的过程中，中国电网人不断提高认识、探索创新，推动电网逐步走上了符合科学发展观要求的轨道。特高压让能源资源并不丰富的中国探索出一条具有自己特色的能源可持续发展之路。

2003年的"缺电阵痛"使电力供应成为社会各界关注的焦点。紧缺或者过剩，中国电力在两者之间来回摇摆。

2004年，国家电网有限公司经过充分调研和论证，提出建设特高压输电工程，充分发挥其远距离、大容量送电的优势，将西北部各类大型能源基地与中东部主要负荷中心相互连接，大范围优化能源资源配置。之后，电力专家认真开展这一工程方案的制定和比对工作，

1000千伏晋东南—南阳—荆门特高压交流试验示范工程

经过反复斟酌，广泛听取意见，最终形成了晋东南—南阳—荆门的首选方案。

2006年8月19日，晋东南—南阳—荆门特高压交流试验示范工程奠基，电力工业又一次站在了发展跨越的新起点上。

特高压交流试验示范工程开创了中国电力建设史新的时代：全线铁塔1284基，总重超过9.3万吨；铁塔平均重72.4吨，平均高77.2米；长达10余米的巨型绝缘子；高达40余米的1000千伏构架；占地近100米$^2$的1000千伏主变压器……这些"大家伙"是施工人员此前没有见过的。而线路所经地形地貌复杂多样，险峻的太行山区、煤矿采空区、汉江分洪区、国家级猕猴自然保护区和多处文物古迹……要在两年内建设完成这样一条线路，难度可想而知。

几年来，特高压建设者昼夜鏖战，节日无休，心无旁骛，只有顺利建成特高压的目标。高空作业员工张成曾在日记里写道："这一个月，天天都在100多米高的塔上施工。为了不耽误工作，午饭都是用绳子吊上来吃的，苦累自知。可是站在塔上，看着这么宏伟壮观的工程，衔嵩山，吞黄河，心中豪气顿生，万里山河都写进了胸怀。"时任湖南送变电公司总工周孚民则说："能够亲身参与特高压建设，是我们送变电人的光荣，无论再怎么苦，怎么难，我们也一定要把它攻下来！"

2007年4月26日，特高压交流试验示范工程线路全线开工；2008年9月10日，特高压交流试验示范工程线路全线贯通；2008年12月8日，特高压交流试验示范工程1000千伏系统正式开始调试……铁塔入云端，银线向苍穹，特高压建设者们以钢铁般的意志和强烈的责任感谱写出特高压建设之歌。

2009 年 1 月 6 日，凝聚了无数电力人心血和希冀的我国首个特高压输电工程——1000 千伏晋东南—南阳—荆门特高压交流试验示范工程正式投入运行。

1000 千伏晋东南—南阳—荆门特高压交流试验示范工程使山西电网与华中电网紧密连接，华北的火电得

电力员工在 1000 千伏特高压南阳变电站开展特高压串补电容器试验

以送往华中，而丰水期时华中地区的水电也可以送往华北，能源互济作用显著。该工程把山西的丰富能源资源配置到全国市场。"发展特高压既符合国家能源战略需要，又符合山西转型跨越实际，利国利民，意义重大。"2011 年，山西省人大常委会党组书记申联彬表示。工程满负荷运行可为湖北省新增北方火电容量 300 万千瓦，每年可为湖北省节约电煤 700 余万吨。对于电煤外购比重占大头的湖北省来说，该工程相当于为其支援了一个葛洲坝水电站。

首个特高压输电工程的建成投运仅是我国特高压电网发展的开端。

在老中青三代科技工作者的不懈努力下，我国特高压核心技术迅速取得了全面突破。中国电力人以电力科技后来者身份在国际能源基础研究和电力建设领域推动了一次技术升级。

我国全面系统开展了特高压关键技术研究，在电压标准、电磁环境、过电压及绝缘配合、特高压施工技术、大电网运行控制等方面取

得重大突破，达到了世界领先水平；研究形成了一系列特高压技术标准，建立了全套的特高压工程设计、施工和运行维护技术规范体系，制定了多项国家标准。

特高压工程的设备研制则显著提升了我国民族装备制造业的自主创新能力。国内 100 多家电工制造企业参与了特高压设备研制和供货，成功研制了代表世界最高水平的全套特高压交流设备。工程采用的变压器和高压电抗器全部由国内供货，开关设备则中外联合设计，产权共享，国内制造。其他设备和材料国产化率达到 90% 以上。

截至 2023 年年底，我国共建成投运 38 条特高压输电线路。国家电网有限公司建成投运 18 条交流特高压输电线路、16 条直流特高压输电线路；中国南方电网有限责任公司建成投运 4 条直流特高压输电线路。我国电网跨省跨区送电能力显著提升，全国电力联网进一步加强，全国形成了大规模西电东送、北电南供的能源配置格局。

如今，特高压技术已成为我国"走出去"的一张靓丽名片。从 2014 年到 2019 年，国家电网有限公司相继在巴西投资建设美丽山特高压输电一、二期项目两条"电力高速公路"。2024 年 4 月，国家电网巴西控股公司与巴西电力监管局签署"巴西东北特高压项目"特许经营权协议。这一项目是继巴西美丽山特高压输电一期、二期项目之后，国家电网有限公司第三次在海外中标的特高压输电项目。

银色巨龙在空中延伸，伴随着特高压电网的建设，我国电网实现了从弱到强、从孤立分散到互联互通的跨越式发展。如今，以特高压和 500（750）千伏电网为主网架的交直流混联电网在华夏大地上纵横交错。这是全球能源资源配置能力最强、并网新能源装机规模最大，同时也是安全运行水平最高的电网之一，迄今没有发生大停电事故。

特高压是电力建设的珠穆朗玛峰。珠穆朗玛峰有顶，科学创新却无极限。对于中国特高压建设，未来的路还很漫长，这一切还只是开始。

## 六、热血融冰送光明

2008年年初，我国南方地区遭受罕见的持续低温雨雪冰冻灾害侵袭，各级电网损毁严重，前所未有的灾情使人民群众的正常生活和经济运行遭受巨大威胁。人民的利益至高无上，肩负的责任重如泰山！面对来势汹汹的冰雪灾情，面对异常严峻的抗冰保电形势，在党中央、国务院的部署和指挥下，中国电网人以高度的政治责任感和使命感，以钢铁般的意志冲锋在前，用汗水和鲜血乃至生命，打响了一场规模浩大的"光明之战"，谱写了一曲万众一心抗击冰灾的英雄诗篇。

2008年1月12日，湖北武汉迎来了这个冬天的第一场大雪。磨山梅园的蜡梅迎寒怒放，暗香浮动。一些没有见过雪的市民兴奋不已。2008年1月23日，第一批旅客滞留广州站，等待中，他们并没有过多在意，以为这只是春运回家路上一个小小插曲。大家都没有预料到，他们所面对的，是一场50年不遇的雪灾。中华大地草木皆"冰"。中央气象台预报员说："这是中国有气象记载以来最严重的一场雪灾。"

湖南、湖北、河南、江西、贵州等多个省份遭遇雨雪袭击。铁路受阻、公路停运、机场关闭、输电中断……在所有的公共基础设施中，受灾最严重的是电力设施。风雪加上南方潮冷的空气，使得电线上迅速凝结成冰，持续不断的降雪和冻雨让冰层冻了一层又一层。电线被裹成了一条粗大的冰线，重量足以压垮整个铁塔。

输电线路大量倒塔、断线，电力设施大范围损毁，电网结构遭到严重破坏。与此同时，暴风雪使本就存在的电煤危机爆发出来，发电机组缺煤停机，电煤供应紧张，公路、铁路被阻断，又导致电煤运输不畅，许多地区和城市电力供应紧张。连续的大雪给本来就紧张的春运又增加了一份忙乱，各种因素相互关联、作用叠加，它们所引发的效应如一副被推倒的多米诺骨牌。

在党中央、国务院的部署和指挥下，中国电网人迅速行动，全力投入抗冰保电的战斗中。国家电力监管委员会"应急办公室"急速运转、国家电力调度中心、中国南方电网调度中心进入"一级战备"……在覆盖全国电力大网的几个指挥中枢，紧张和忙碌已超出了一般人的想象，无数的电力要情每天向这里汇总，无数的紧急通知和指令从这里发出。

非常时刻，是对"应对能力"的考验。面对严峻的灾情，各项部署和决策紧张有序地相继发出。1月19日，国家电力监管委员会发出关于应对暴风雪天气的紧急通知；1月21日，全国电力企业全面进入应急状态。

2008年1月25日夜，苦苦支撑的贵州东部电网发生大面积停电。湘黔电气化铁路停运，30多列列车和数万名旅客被困严寒地带。为及时解决旅客滞留车站的问题，经国家电力监管委员会与国家电网有限公司、中国南方电网有限责任公司总调度紧急、充分协商，作出一個大膽的決定，26日零時起，貴州東部電網通過220千伏玉公線"超常規"並入毗鄰的湖南電網運行。決策實施數小時後，鐵路客運恢復運行，被困的旅客被成功疏散。

1月29日，全國大面積停電領導小組果斷決定並報國務院後，啟動貴州省大面積停電Ⅰ級響應……

面對不斷變化的形勢，一道道"非常措施"果斷作出：在全國範圍緊急調集力量馳援；貴州電網解列五片運行……這種高效、果斷、統籌協調的指揮和決策，成為保證冰雪中的電網屹立不垮、災情及時得到有效控制的關鍵因素。

湖南是國家電網有限公司的供電轄區。這次災害天氣持續時間之長、影響範圍之廣、危害程度之深，在歷史上實屬罕見。惡劣的雨雪冰凍天氣，給電網帶來了致命打擊，輸變電設施覆冰嚴重，電網結構遭到嚴重破壞，電網面臨崩潰的危險。湖南、江西、湖北、河南、四川、重慶、浙江、福建、安徽九個省份電網遭受災害影響，其中湖南、江西、浙江電網受災最為嚴重，湖南、江西電網一度與主網解列運行，部分地區電網幾乎全部損毀。

在湖南郴州，幾十年辛苦建設的電網幾乎毀於一旦。因為停電，這個南方小城陷入黑暗與冰冷，400多萬人困守漫長寒夜。郴州南街的任榮麗回憶，她家是2008年1月28日白天停電的，"我爸去小賣部，看見有人來買蠟燭。開始是1元4根，他都覺得貴。後來眼看著漲到了1元2根、1元1根，又漲到2元1根，最貴漲到3元1根。他忽然意識到自己還沒買呢，趕緊去買，但已經沒有了。"

"郴州發生的冰凍災情，不僅是我國江南地區有史以來最嚴重的一次，在世界上也屬罕見。"時任中國減災委員會副主任委員史培軍在郴州考察灾情后说。

　　一线人员这样描述："冰冻严重，上山维护电网的路已经断绝，我们只能在'冰山'上手脚并用，艰难爬行，平时几十分钟就能到达的作业现场，现在要用几个小时。"从寒风最凛冽的旷野，到冰冻最严重的山巅，在随时可能倒塌的高塔，电网员工付出常人难以想象的艰辛，用原始的方式，甚至生命护卫着岌岌可危的电网，捍卫着光明。在2008年1月26日的抢险战斗中，湖南送变电建设公司的罗海文、罗长明、周景华在执行人工除冰任务时，随铁塔一起倒下。"90%的线路覆冰厚度早就超过了设计极限，随时有倒塌的危险。但我们的职工，义无反顾地冒着生命危险登塔除冰。"湖南送变电建设公司总经理向元桢含着热泪对媒体记者说。

电力员工搬运抢修设备

　　祖国的大江南北，一支支精锐之师源源不断，紧急驰援灾区，集团化运作的优势，在这次灾害中得到充分显现。在最短的时间内，国家电网有限公司调集 2.6 万人、3500 多台发电车（机）和大量电网设备材料支援灾区。河南、山东、山西、湖北等省电力公司先遣部队立刻在风雪中星夜兼程奔赴湖南；300 多台发电车和柴油机火速奔赴郴州，郴州市的重要机构得以靠这些发电车维持运转。南方电网向五省区电网公司连续发出第 2、3、4、5、6、7、8 号关于组织柴油发电车（机）紧急支援贵州的明传电报，接到命令后的广东、广西、云南、海南电网公司在第一时间作出快速响应，迅速行动起来，在短时间内迅速组织了一批大功率移动式柴油发电车和发电机奔赴贵州灾区。来自全国各地的电力抢修大军使抢修进度大大加快。

电力工人进行线路除冰作业

2008年2月22日，三峡电力入赣大动脉——500千伏咸梦线成功送电；2月23日，安徽500千伏宜华输电线路抢修工作全面结束；2月24日，重庆三条110千伏线路比计划提前一周全面恢复；2月27日，浙江500千伏沿海电力大通道恢复运行；2月28日，江西电网提前8天全面完成电网恢复重建任务，被认为创造了中国电力建设史的惊人奇迹；3月5日，贵州受灾害影响停运的5000余条10千伏以上输配电线路和600余座变电站全部恢复运行；3月8日，贵州460万户因灾停电户实现户户复电……

媒体对电力人不吝赞誉之词——这场发生在南方的特大冰雪天灾，是对全国电网职工综合素质的一次全面的考试，可喜的是，他们向全国人民交出了一份满意的答卷！

冰雪灾害，考验的是一支队伍的战斗力，考验的是一个行业、一个企业的凝聚力，考验的是一个国家和民族的生命力。历史不会忘记，冰雪灾情中，中国电网人发扬胸怀大局、心系群众，万众一心、众志成城，顽强拼搏、不怕牺牲的精神，用热血融化寒冰，令遭受重创的电网转危为安，以钢铁般的意志、力量与作风，铸就了一条光明之路。

# 七、托克托电厂的荣光岁月

内蒙古一个不起眼的县城，藏着世界上最大的火力发电厂。夜幕降临，华灯初上，被光明和温暖包围的首都人民所用的每4度电中，

内蒙古大唐国际托克托发电有限责任公司全貌

有 1 度就来自祖国北疆千里之外的内蒙古大唐国际托克托发电有限责任公司（以下简称托克托发电公司）。我国电力人坚持人民电业为人民，秉承着"要为祖国献能源"的信念，挺进坐落在内蒙古高原的"云中古城"——内蒙古呼和浩特市托克托县，在黄河边落叶生根，用忠诚担当书写了 29 载恢宏曲折的创业故事，绘就了世界在役最大火力发电厂的壮丽画卷。

时间回到 1983 年，伴随着改革开放步伐的加快，我国经济社会迅速发展，对能源的需求以惊人的速度不断增长。"托克托位于呼和浩特、包头、鄂尔多斯金三角腹地，与准格尔大型煤田一河之隔，地理位置优越，适宜建设大型煤电基地。"水利电力部副部长李鹏率队考察后提出设想。

托克托位于内蒙古自治区中部、大青山南麓、黄河上中游分界处北岸的土默川平原上，集区域优势、资源优势、交通优势于一体。托克托发电厂是国家"十五"重点项目、"西部大开发"和"西电东送"

能源战略重点工程。1995年，托克托发电公司在呼和浩特市注册成立。来自四面八方的青年走进盐碱荒滩，迎着春天肆虐的狂风、漫天的黄沙，冒着冬日滴水成冰、呵气成霜的严寒，以现场为家，与风沙为伴，在土默川平原上打响了一场场硬战、恶战。

工程于2000年开工。托克托发电公司干部职工全身心投入到了工程建设之中。然而，恶劣的自然地理条件成为建设者面临的一大难题。北疆大地，春季风沙弥漫，夏天干旱炎热，秋季雨水不断，冬天寒风刺骨，有效施工期很短，工程建设难度很大。托克托发电公司干部职工胸怀"国之大者"，勇担责任使命，顶着风沙、迎着骄阳、伴着雨水、裹着冰雪，打响了一场前所未有的工程建设攻坚战。

2002年冬天，一场50年不遇的严寒袭击了内蒙古。零下40多摄氏度的气温给工程建设带来了巨大的困难。当时正值1号炉点火，2号炉进行水压试验。启动锅炉给煤系统突然发生故障，无法上煤。如果锅炉不能运行，好多设备就要遭受严寒的侵害，造成不可估量的损失。关键时刻，托克托发电公司职工紧急行动，组成了一条人工输煤通道，用手把一袋一袋的煤送入30米高的锅炉，保证了现场正常的供气、供热，避免了设备损毁。

2003年年初，工程建设又遇到了巨大的困难。当时正是一期工程调试启动、二期工程处在施工建设的关键时期，"非典"疫情开始蔓延。国内外的厂家代表和专家相继撤离现场，施工队伍组织困难，设备、物资运输受阻。屋漏偏逢连夜雨，1号机组发生了高压缸闷缸、汽轮机高压缸通流部分损坏事故。面对接踵而来的困难考验，大家硬是咬紧牙关一次次地挺了过去。

人迹罕至、物资匮乏、食宿简陋的生活条件……艰巨繁重的工作任务和恶劣的自然环境无法磨灭大家奉献光明的使命和信念。

从 2000 年 8 月 1 日打下第一枚驻钉，工程就驶入了高速建设的快车道。2003 年 7 月，一期工程提前投产发电，托电在黄河之畔、云中大地，犹如一颗璀璨明珠骤然升起。

2003 年起连续 4 年，托克托发电公司一直保持着每年投产两台 60 万千瓦机组的速度：

一期工程提前 9 个月 17 天，2 号机组从第一次点火到移交生产，在华北地区同类机组中用时最少；2 台 60 万千瓦机组投产间隔时间不到 2 个月，是同类机组全国最快的。一期两台 60 万千瓦机组实现"即投产、即稳定、即盈利"。

二期工程提前五个半月，3 号机组当时还创造了国内北方地区 60 万千瓦机组建设工期最短的纪录。

三期工程提前 1 个月，创造了当时国内同类型火电机组投产工期的先进水平。

四期工程提前 9 天投产发电，并创造了连续 4 年平均每年投产 2 台 60 万千瓦机组的全国最快纪录。

五期工程从开工到投产仅用时 21 个月，创下国内同类机组建设的最短纪录，以"托电速度"创造了火电建设史上的奇迹。

一台台拔地而起的机组、一个个拼搏奋斗的身影、一幕幕见证历史的时刻，一项项获得的诸多荣誉……托克托发电公司以"托电速度"实现了"煤越苍穹、电送北京"的构想，用了 17 年的时间建成了世界在役装机容量最大的火力发电厂，为中国电力工业发展的恢宏画卷增添了一抹不可磨灭的亮色。

托克托电厂的发展之路并非一帆风顺。自发电厂投产以来，曾经在长达 6 年的时间里，深受出力受阻的困扰，常年负荷只能达到机组额定负荷的 82% 左右。

摆在托电人面前最好的办法就一个：扩容，为出线加装串补。这项工程说起来容易做起来难，需要安装阻塞滤波器，而滤波器调整一旦出现偏差，极易造成发动机轴系损坏的严重后果。同时，由于串补度高达 45%，这项串补加装工程也被业内称为世界难度最大的扩容工程。于是，托克托发电公司联合美国 GE 公司展开了旷日持久的技术攻坚战。

当时，为了测试发动机轴系阻尼，GE 公司的一名工程师在生产现场连续工作了 3 天，参数测试却始终都不能通过，他从体力到精力彻底崩溃，撤离了现场。临行前，他给托电留下忠告："这是一个不可能完成的项目，你们还是放弃吧。"

但路只有这一条，托电人不会打退堂鼓！托电人愈挫愈勇，没日没夜地查阅资料、采集参数，进行设备选型，反复调试。大家心往一处想，劲儿往一处使，2000 多天之后，托电公司 8 套串补终于全部投运成功，他们啃下了"最硬的骨头"！所有参建人员热泪盈眶、掌声雷动，激动的心情无以言表。此项工程被外国专家称之为"一项伟大的科技创新成果"。

新时代，托克托发电公司坚持绿色发展，走出高质量发展之路。2022 年，随着蒙西托克托 200 万千瓦新能源外送项目在内蒙古自治区呼和浩特市陆续开工，托克托发电公司正式由传统的火力发电向风、光、火多能互补转型，保障能源安全，推动能源绿色转型，助力实现"双碳"目标。

风雨多经人不老，关山初度路犹长。回首过往，是改革开放成就了托克托发电公司的发展，放眼未来，创业者们将肩负送出清洁能源使命，向更高目标迈进，既为北京送去清洁能源，又在草原留下碧水蓝天，书写为人民奉献光明的新篇章。

## 八、熠熠生辉的"东海明珠"

向海而生、听涛而立。打开中国地图，在大陆海岸线的中部，火电厂星罗棋布。而这其中，屹立于中国改革开放前哨，崛起于宁波300里黄金海岸线的北仑发电厂如明珠般熠熠生辉。作为我国第一个通过世界银行贷款建设的特大型火力发电厂，历经30年跨越发展，以538万千瓦装机容量，累计发电5000多亿千瓦·时，在中国电力工业发展史上，书写着奋发有为、砥砺前行的壮丽篇章。

20世纪80年代初，华东地区，特别是浙江省缺电情况严重，电力已经成为制约浙江乃至华东地区国民经济持续快速发展的瓶颈。于是浙江省政府决定在浙东沿海、国际大港北仑港畔建设一座现代化火力发电厂，北仑发电厂应运而生。

北仑发电厂的建设与发展，自始至终得到了党中央、国务院主要领导的高度重视和关怀，李鹏同志先后两次视察电厂，并题词"建设浙江现代化火力发电基地。"

1988年1月5日，北仑发电厂一期两台60万千瓦机组正式开工建设。从此，荒凉的海滩上变得格外热闹起来，每天千余名建设者和上百台大型建设车辆构建起了艰苦创业的生动场面。建设者们住工棚、涉荒滩、战台风、搏海浪，昼夜奋战在工地上，大家拧着一股劲，争取工程早日发电，尽快缓解"电荒"。

北仑发电厂党委书记李文辉至今回忆起当时的场景仍深有感触："当时电力建设者的工作生活条件差，但是并没有把他们压垮！反而在他们的身上涌现出了一种越是困难越向前，争先恐后作贡献的奉献光明精神。"当时作为水电维护工的叶枫还清晰记得他和同伴们在1989 年 9 月 15 日抗击强台风的场景。

9 月 15 日 19 时 15 分，8923 号台风登陆温岭，最大风力 12 级，瞬时最大风速 46 米 / 秒！台风移速极快，横扫椒江、黄岩、临海、仙居北上，为中华人民共和国成立以来椒江最严重的台风灾害之一。受其影响，距台风中心 200 余千米的北仑发电厂工地狂风大作、暴雨滔天，很快积水就漫过了路面，如不及时排水，工地上的设备就会遭受水淹，损失不可估量！叶枫和其他在工地上坚守的同志一起用抽水泵连续作业，暴雨把全身浇得湿透，豆大的雨点打到脸上不仅疼痛还让人睁不开眼睛，大家咬牙坚持！狂风吹得人不时跌倒在地，但大家依然毫不退缩，确保水位始终保持安全位置，直到台风过境，大家才发觉已在工地奋战了一天一夜。

作为第一个通过世界银行贷款建设的机组，设备全部从国外引进，及时吸收和消化国外技术就成为建设者和管理者面临的一项重大课题。北仑发电厂率先在国内通过招标方式，选择了一批具有一级资质的部、省属骨干建筑、安装企业承担施工安装任务。工程建设者们发扬艰苦奋斗的拼搏精神，积极采用新技术、新工艺，争分夺秒推进工程建设。如何管好用好现代化设备，也成为生产管理人员要啃下的一个"硬骨头"。

运行部主任王海回想起当时大家学运行规程的场景仍十分感慨，"过去没有翻译软件，大家都是拿着一本厚厚的英文词典逐个来查专业名词，然后熟记消化，最后把发电系统流程彻底掌握，一本英语词典也差不多被翻烂了。"王海认为，当时大家都是凭着一股追求卓越的拼劲，才在最短时间内掌握了先进技术。

建设者们采用创新工艺提升安装质量，一期工程主厂房内的循环水进排水隧道采用盾构法开掘；"三机抬吊"成功将305吨重的发电机定子吊装就位……这些新工艺、新技术的应用，有力提高了浙江省电力工业现代化建设的水平。

1991年10月和1994年11月，一期两台60万千瓦机组相继建成投产，从此，浙江的电力工业真正进入了以大机组、大电网、超高压、高度自动化为主要特征的现代化电力工业新阶段。

勇立潮头的北仑发电厂并未停止发展的脚步，1996年6月，二期工程三台60万千瓦亚临界燃煤发电机组开工建设，到2000年9月全部建成，工程同时荣获中国建筑工程最高奖"鲁班奖"。

随着经济高速发展，浙江省再次面临缺电的局面。2003年浙江省用电缺口超过300万千瓦。关键时刻，北仑发电厂抢抓机遇，顺势而上，成功拿下了三期扩建项目。2006年12月，北仑发电厂三期工程两台百万千瓦超超临界燃煤发电机组开工，2009年6月全部建成投产发电，是国内首台同步实现烟气脱硫、脱硝的百万千瓦机组，打造了新建电厂环保典范。工程荣获国家优质工程最高奖"金质奖"。三期工程投产后，北仑发电厂总装机容量突破500万千瓦，有力保障了长三角地区电力供应。

北仑发电厂积极践行节能降耗、绿色发展理念。电厂人才培训基地主任、浙江省劳动模范张立对电厂锅炉停运保养的各种方法进行仔细分析和对比，经过反复论证，他得出"机组短时调停期间最适合采用蒸汽压力法进行停炉保养"的结论。方案实施后，仅一次启停机就为企业降低成本30万元。

2012年10月，北仑发电厂60万千瓦亚临界机组汽轮机通流改造项目，被国家能源局列入全国燃煤电厂首批综合升级改造计划。项目负责人李国明冲锋在前，对涉及轴向通流间隙、汽封间隙、轴系中心等参数进行精细调整，确保每个环节准确无误。2013年11月，该机组顺利完成改造，"改造后高压缸效率明显提升，机组效率达到国内同类领先、国际先进水平，机组每发一度电，供电煤耗比原先下降8克。"

哪里最困难，哪里就有党徽在闪耀。2019年，北仑发电厂启动一、二期500千伏升压站GIS改造项目。这是电厂成立以来，涉网范围最广、难度最大的技术改造项目。检修党支部成立党员突击队，党员李旭凯整整37个小时一直坚持在现场，发布启动命令，监督启动试验，检查启动数据，汇报启动情况，只在启动间隙稍作休息。"作为党员，就要坚定信心和决心，一定要出色完成改造任务！"李旭凯说得掷地有声。141天的改造工期，4台机组，7次启停，近400项涉网操作，党员们编制了51个专项安装、操作、启动方案和应急预案，审核了500多张图纸，处理了40多项重大缺陷，最终项目改造取得圆满成功。

2021年，北仑发电厂全面完成两台百万千瓦机组汽轮机高压缸通流改造、DCS+DEH等技术改造，降低供电煤耗3.4克/（千瓦·时），机组功率由100万千瓦扩容至105万千瓦，成为全国首台

北仑发电厂全景

百万机组成功扩容提效和 DEH 国产化改造的机组。该机组首次采用国能智深 EDPF-NT+ 系统，让百万级煤电机组 DEH 控制系统用上"中国脑"。2022 年 7 月，两台百万机组改造后增容 10 万千瓦，每年可增发电量 5 亿千瓦·时，节约标煤 3.3 万吨。

截至 2023 年，北仑发电厂累计对外供热 3679 万吨、约 11171 万吉焦，累计减少二氧化碳排放约 500 万吨，减少二氧化硫排放 350 吨，对地方经济发展和环境保护作出了突出贡献。

潮平岸阔，风正帆悬！三十年栉风沐雨、砥砺前行，北仑发电厂已累计发电 6200 亿千瓦·时，把清洁能源输送到华夏大地。在推进中国式现代化建设的新征程中，北仑发电厂全体干部职工正继续弘扬"实干、奉献、创新、争先"的企业精神，让这个"东海明珠"更璀璨。

## 九、供电服务的改革与蜕变

今天，居民打开电灯开关，就有光亮照亮房间；农民合上电闸，水泵的动力使汩汩而出的地下水奔向田野；工业企业客户用电则享受着"电保姆"的优质服务……电早已成为广大人民最方便易得的能源。随着改革开放的深入，供电服务也经历了从"用上电"到"用好电"、从"等电来"到"不停电"、从"电老虎"到"电保姆"的改革与蜕变。在今后及很长一段时间里，依靠科技、管理与制度，供电企业坚持以人民电业为人民为宗旨，为全国每一个角落的客户送上充足可靠的电能，提供更智能、更便捷、更规范的服务，为中国式现代化赋能做出更大贡献。

改革开放初期，随着经济社会发展，我国电力资源曾严重短缺，用电始终处于管控状态。1982 年 4 月，针对电力供应不足的问题，电力部提出了"节约用电、计划用电，加强营业管理、改进服务作风"的要求，明确指出供电部门在搞好电力工业本身节能工作的同时，要配合当地政治经济委员会加强用电管理工作。在电力分配方面，要优先安排农业、轻纺工业等，以及满足人民生活的需要。

当时，电力如同粮食一样限量供应。我国许多地方都因为缺电发行了电票。以川西电网为例，1978 年 7 月，平均每天限电 30 万千瓦，缺电 30% 以上。电力最紧张的时候，整个片区停一半供一半，一条街接一条街地停电，蜡烛成了最抢手的物品。除必须重点保证的企业，主电网内有 1000 多个企业要么待电投产，要么缺电停产或半停产。那时的报纸经常像天气预报一样发出计划停电通知，电力短缺让群众生活很不方便，也限制了生产力的提高，制约了工业经济的发展。

农业虽然可以优先用电，但是 20 世纪 80 年代，农村的生产生活用电仍处于异常紧张的状态。"我们村是 80 年代中后期，大概 1986 年前后通的电。那时候，每家只有两三盏灯泡用来照明。这之后的十多年，每当夏季灌溉时节来临，居民照明就停了，所有负荷都转给抽水灌溉。农户家里想用电也用不上，村子里几乎没有使用冰箱彩电的人家。"山西省运城市栲栳镇小郭村的老支书回忆。

党的十一届三中全会后，党中央提出了"调整、改革、整顿、提高"的新八字方针，这是全国工作着力点转移后实现现代化的第一个大战役，电力工业的生产力也逐年得到解放。到 20 世纪 90 年代后期，我国全社会用电量不断创新高，1978 年全社会用电量仅为 2498 亿千瓦·时，在 1996 年突破 1 万亿千瓦·时，先后超越了加拿大、德国、俄罗斯和日本，2011 年，我国全社会用电量位居世界第一位。

随着电力需求不断释放，用电需求呈现多元化趋势，电力部门提出了以营销为核心的经营导向，从以生产经营为主向市场营销为主转变，加强电力营销服务。1998 年 3 月，九届全国人大一次会议批准国务院机构改革方案，撤销电力部，成立国家电力公司。这一举措标志着我国电力工业管理体制由计划经济向社会主义市场经济的转变，是我国电力工业政企分开的历史性转折点。同年，"两改一同价"（农村电力体制改革、电网改造升级工程和城乡用电同网同价）开始实施，旨在推进电力行业的市场化进程，提高电力供应的效率和质量。

2001 年，国家电力公司决定，用两年左右时间建成覆盖全国且具有先进水准的客户服务系统，并于同年 10 月下发《关于建设

"95598"客户服务系统的实施意见》和《"95598"客户服务系统建设规范》，要求所属各网省公司开通"95598"供电服务电话系统。2002年，全国已有50%的地（市）供电企业实现了"95598"平台的应用。

从那时候起，每当突然断电后，在"等电来"的时间里，"95598"就异常忙碌。通过忙碌的"95598"，城乡居民终于有渠道去了解为啥停电，啥时候能来电。近年来，供电企业也一直在探索缩短配网故障抢修时间以提高供电服务水平的举措。目前，一些供电企业已经开展试点，让用电客户从主动检（抢）修、线上业务、服务质量监督等方面感受到高效的供电服务。

"95598"客户服务电话上线逐渐加大了供电公司对基层供电企业的投诉考核力度，倒逼供电服务意识和服务水平不断提升。

95598 供电服务热线

"以前村电工的权力可大了。20世纪80年代农村刚有电那会儿，村子里谁家能用上电，都是村电工一句话的事儿。每当抄表收费的时候，村电工就挨家挨户架一个梯子，爬到高高的电线杆上面去抄表。他说你家用了多少度电就是多少度电。"家住山西运城栲栳镇的郭大娘说。

20世纪90年代，为确保政企分开、市场经济改革的顺利实施，国家相继发布了一系列法律法规，供电服务领域的法制化管理日益完善。山东省某基层供电企业营销部主任回忆，在供电服务的过程中，客户有疑问可打95598投诉，一线员工经常说自己就像是个"电老鼠"害怕"被打"。

从"电老虎"到"电老鼠"心态的转变，是电网企业严格的管理制度在员工心理层面的投射。这种严格的管理举措对规范员工供电营

供电服务助力美丽乡村

业服务行为有着立竿见影的作用，但长此以往，不利于基层员工根据地域特点发挥主观能动性，为辖区客户提供更优质服务。

近些年，在基层员工已经彻底扭转服务观念、摒弃"电霸"作风之后，电网企业开始注重对有效投诉的管理，引导员工做好"电小二"。

"'电小二'是站在供电公司的角度来讲的，把用电客户当作'客人'，尽最大能力招待'客人'。但是随着大电网企业以客户为中心供电服务体系的建设，要求一线员工换位思考，站在客户的角度来看自己的服务哪些还做得不够好。这就让一线员工的角色开始从'电小二'向'电保姆'转变。这也是电网企业对自身与客户之间关系的重新定位。"一位奋战在营销业务口的老农电人说。

如今，电网企业不断升级服务举措，加强电网建设和运营管理，确保电力安全可靠供应；加快现代服务体系建设，利用"互联网+"等技术和管理手段，精简报装接电环节，缩短平均接电时间，降低客户接电成本，全面提升服务质量和效率。而在我国广袤的农村大地，城乡均等的用电服务不断升级，电气化赋予农民生产生活更多舒适与便利。

随着科技进步及大电网企业以客户为中心管理体系的重构，供电公司员工已从繁重的抄表收费等业务中抽身出来，投入到"网格化+专业化"的服务模式中。用电客户的任何需求，只要一个电话就能马上处理，供电员工已成为客户贴心的"电保姆"。电网企业以实际行动，诠释忠诚担当的革命使命！

# 第三章

## 电力精神的弘扬传承

» **党**的十八大以来，我国能源生产和消费发生重大变革，能源电力发展进入新阶段。在以习近平同志为核心的党中央坚强领导下，新时代电力事业迅猛发展，当前已成为名副其实的电力大国、强国，发电装机容量、发电量、输电线路长度、变电容量等均居世界首位，电力清洁低碳转型取得显著成效，连续多年成为全球最大可再生能源生产与消费国，在特高压输电、超超临界火电、大型水电、先进核电等技术领域取得了一大批具有自主知识产权的创新成果，发挥了大国重器的压舱石和顶梁柱作用，涌现出大批先进人物、典型事迹，发扬了电力人忠诚、担当、奉献的时代精神，用实际行动展现了电力精神在新时代的发展与传承。

电力行业坚持以习近平新时代中国特色社会主义思想为指导，坚决贯彻党中央、国务院决策部署，从中国特色社会主义事业发展和中华民族伟大复兴全局出发，积极服务构建新发展格局、推动行业高质量发展，在服务奥运、抗震救灾、扎根边疆、乡村振兴等实践中，涌现出一大批可歌可泣的先进典型人物，以实际行动树牢增强"四个意识"、坚定"四个自信"、做到"两个维护"的信念，为党分忧、为国尽责、为民奉献，努力造就忠诚担当、奉献光明的高素质队伍，为推进中国式现代化、实现中华民族伟大复兴伟业作出了积极贡献。

# 一、奥运背后的电力"风""光"

2022 年 3 月 13 日晚，在绚丽焰火和欢快乐曲中，北京冬奥会在国家体育场圆满落幕。在党中央的坚强领导下，广大电力企业始终保持"一刻也不能停，一步也不能错，一天也误不起"的奋斗精神，以强烈的责任感、使命感、荣誉感，为保障奥运可靠用电付出了艰苦卓绝的努力。

### 从零开始，逐梦冬奥

崇礼地处内蒙古高原与华北平原过渡地带，所谓山连山，连绵不断；沟套沟，难以计数。自 2015 年 7 月 31 日起，这座镶嵌在阴山山脉和燕山余脉之间的小城，与北京"搭档"成功申办 2022 年冬奥会，开始了从国家级贫困县到奥运之城的逆袭。

想要向全球观众呈现精彩比赛，高可靠性的电力保障是重中之重。从场馆照明、冰面运维、雪道造雪到电视转播、计时积分，再到安全保障、后勤保障，各环节运行都离不开电。

"从来没想到冬奥会会在家门口办，以前这里是一片荒山，没有路、没有电、没有水，气候非常恶劣。春天冷风割面，冬天雪厚得连开门都费劲。"说起冬奥会筹备期间发生的故事，国网冀北电力有限公司（简称国网冀北电力）冬奥会办公室副主任李国武记忆犹新。"在山沟里举办奥运盛会，能实现吗？"

规划调研、工程案例学习、国外冬奥会供配电网规划方案研究、电网可靠性计算、配电网潮流规划等前期调研准备工作，冀北电力人整整做了一年。

由于崇礼境内 80% 为山地，车辆开不到的地方只能步行，李国武和同事们用双脚丈量山地，每天爬山八九个小时，翻山越岭，披荆斩棘。终于，电网规划图逐渐变成实景图，直到最后的梦想成真：500 千伏多方向电源、220 千伏双环网、110 千伏系统双链式结构、10 千伏电网双环网和双花瓣结构、不间断电源（UPS）及备用发电机设备……这些创新性的设计与设备，使得供电可靠性达到 99.999%的世界领先水平，为历届冬奥会之最！

截至 2020 年下半年，清洁能源外送等冬奥工程全部建成投运；截至 2021 年 10 月，张家口赛区全部场馆永久电力设施业扩报装送电工作全面完成。

张北柔性直流电网中都换流站阀厅

## 风起张北，直送京畿

壮美辽阔的张家口坝上草原，高大的风车如士兵列阵，蔚为壮观。昔日"沙平草远望不尽"，今朝"风机悠悠望无际、光伏片片荡涟漪"，新能源让张北实现了华丽蜕变。

由于新能源波动性大，想稳定传输并非易事。"张北柔直工程像一辆行驶在电网中的超级货车，精准控制方向与速度，将不稳定的风电稳妥送到终端。"国网冀北电力工程管理公司项目经理郭良介绍，张北柔直工程总投资125亿元，建有4座换流站，输电线路长666千米，把张北地区上百家风电场、近千家光伏电站连成一个有机整体，每年可向京津冀地区输送清洁电能140亿千瓦·时，相当于北京市用电量的十分之一，可全面满足冬奥场馆的用电需求。

2017年12月，张北正逢泼水成冰的隆冬季节。张北换流站在此时进场，可谓困难重重。进场第一件事就是打桩，半米进去，打桩机就不动了，地冻得像石头，钢筋棍一打就歪。工人刨桩头也是如此，镐凿不下去，一天才能破两个桩头。

这年春节，整个项目部是在张北的白毛风里度过的。零下40摄氏度的严寒里，项目部组织成立创新攻关小组，提出"每人至少解决一项难题"的任务。很快，插入式柱脚施工方案、桩基与承台连接直螺纹连接方案接连出台，紧跟着，接地极施工机械力压机也研制成功。从初一到十五，项目部天天有惊喜。

从开工到竣工，项目部遇到的困难一个接一个。哪个设备操作复杂、哪种作业方法需要改进，项目部专家心里都跟明镜儿似的。忙起来时，项目部工作人员一天要赴好几个作业点巡查，误了饭点儿，就趁着赶路途中吃碗泡面、啃个面包，常常有上顿没下顿。

令大家骄傲的是，2020年6月，张北柔直工程如期建成投运，成为世界上电压等级最高、输送容量最大的柔性直流工程，创造了十二项世界第一，让"张北的风点亮北京的灯"终于实现。"参与张北柔直工程建设，是值得我们骄傲一生的经历！"项目部成员高兴地说。

### 顶风冒雪，砥砺前行

2020年6月，为满足冬奥期间临时增加的赛事设备用电需求，国网冀北电力在投运主网工程基础上，落实"节俭办奥"要求，借鉴

2008 年夏季奥运会临时用电服务经验，开展冬奥场馆临时电力设施建设。

在张家口赛区，4 座竞赛场馆、5 座非竞赛场馆、山地新闻中心及转播中心、冬奥村、颁奖广场、制服和注册中心等赛事用电和转播用电，以及冬奥会赛事的大部分服务用房用电，都需要临时用电提供。

自 2021 年 6 月 21 日起，国网冀北电力抽调 500 多名技术骨干组成冬奥临时用电施工团队，围绕张家口赛区冬奥核心区的临时用电建设展开施工，冲刺供电保障"最后一公里"。

崇礼属于半湿润地区，在大山环抱下形成了独特的"小气候"——丰沛的降水、强劲的大风。8 月，北方酷暑、中原流火，张家口赛区的电力施工人员却已穿上秋裤、备上军大衣；到 10 月中旬，施工进入冲刺阶段，气温急剧下降，施工人员室外作业的难度更大。

李国武用几个数据形容冬奥施工现场的"冷"与"热"——最低气温达零下 30 多摄氏度、风力平均 4～5 级、覆雪最深达 1.2 米、每天在深雪中蹒跚 30 分钟才到达工作地点，哈气在眉眼之间转瞬成冰，甚至能把口罩直接冻成冰疙瘩，摔到地上"咔咔"作响，这是他记忆中的"冷"；干部员工的工作却热情高昂，虽然很多员工手、足、耳、面等部位都冻出了冻疮，但大家轻伤不下火线，晚上看图纸、讨论工作方案、解决设备技术难题，白天在现场没有一个人叫苦喊累、畏惧退缩，越是艰苦，大家的斗志越高，这是他记忆中的"热"。

截至 2021 年 11 月，国网冀北电力完成冬奥测试赛场全部场馆临时用电建设；到 12 月底，其他非竞赛场馆的临时用电建设任务全面完成。71 台 10 千伏箱式变压器、2691 台低压配电箱、118 台双

比赛期间，电力保障人员在进行不间断巡视

电源自动切换装置（ATS）、265 台不间断电源（UPS）、66 台发电机和发电车、地下敷设超过 940 千米电缆……国网冀北电力人在过去 194 个日夜中的艰辛努力和智慧结晶，进一步织牢涵盖计时计分、赛事照明、新闻转播、安保通信等赛事各个环节的电力保障网，筑牢了冬奥配套电网工程的坚强防线。

据测算，在 2022 年北京冬奥会和冬残奥会期间，场馆共消耗绿电约 4 亿千瓦·时，折合减少标准煤燃烧 12.8 万吨，减排二氧化碳 32 万吨，兑现了全部冬奥场馆首次实现 100% 绿色电能供应的庄严承诺。在体育健儿获得的每一枚奥运金牌的背后，都离不开强大的电网保障和风电、光伏输入绿色电能的支持。

依托办奥理念、强化科技创新、推动低碳转型……不仅仅是国网冀北电力在努力践行承诺，北京冬奥会、冬残奥会期间，广大电力企业以强烈的责任感、使命感、荣誉感，攻坚克难，用心血与汗水、坚守与智慧、忠诚与担当出色完成了党和人民交付的重任，将冬奥保电办成了一次能源保供大会战，同时为推动能源清洁低碳高质量发展作出了突出贡献。

## 二、守望黑鹰山的光明卫士

黑鹰山供电所位于内蒙古自治区最西端，这里被称为"生命禁区"。

这个供电所担负着黑鹰山地区 3.3 万千米$^2$、1001.84 千米的输配电线路运维以及周边军、企、民、警约 105 户 900 余人的电力服务工作。

从 2008 年至今，先后有 39 名员工在供电所接续奋斗，现有员工 8 名，平均年龄 31 岁。16 年间，黑鹰山电力人用优质的电力服务赢得了用户口碑，把"忠诚、团结、奉献、坚毅"的精神融入黑鹰山大地，这 1000 多千米的输配电线路被誉为"生命禁区的光明线、国防事业的保障线、边疆牧民的幸福线"。

### 战天斗地，燃起长明灯火

2007 年，为满足当地居民生产生活用电需求，额济纳旗政府、内蒙古电力（集团）有限责任公司决定共同出资在这里建设一座 110

千伏变电站，彻底结束依靠柴油机发电的历史。当年 8 月 1 日，黑鹰山输变电工程开工建设，第一代电力人背着行李、带着锅碗瓢盆、坐着施工车辆进入黑鹰山地区，在这片广袤戈壁上开疆拓土。

退伍军人苏依勒图是建站时的负责人，也是当时的技术员，主动请缨到工程建设第一线。寒冬腊月，他带领 21 名施工人员和 3 台施工车辆在现场的活动板房里一住就是 3 个月，手把手传授技术要领，挨家挨户勘测现场、询问客户需求，圆满完成了施工任务。

那段时间，他们受尽了风沙之苦，短短一个月里，他的头发白了大半，37 岁的面庞满是遮不住的皱纹和疲惫。2008 年 3 月 13 日，变电站建成投运，黑鹰山地区亮起了第一盏"长明灯"。此后数年里，苏依勒图多次进入黑鹰山，把青春留在那里，实现了把光明送到天边的庄严承诺。

严新春也是当年建站的"元老"之一。他在电站建成后担任站长，带领 3 名值班员值守电站。由于没有净化水设备，站内人员只能从附近的铁矿厂拉来没有经过过滤的原水，倒进水窖稍加沉淀就拿来洗菜、做饭、饮用。这种氟、硫酸钾和硫酸铁含量超标的地下水，给每一名黑鹰山电力人的身体带来了不可逆转的伤害，他们却从不叫苦，用一颗"点亮天边"的初心，坚守在黑鹰山的电力岗位上。

### 坚强电网，照亮边防哨所

算井子、马鬃山地区地处中蒙边境，气候寒冷、风沙肆虐，2016 年以前，当地只能靠煤油灯、蜡烛、风光互补发电照明，严重影响着当地经济社会的发展。位于算井子地区的边境派出所，迫切需要通上网电照明。为此，黑鹰山供电所决定通过架设线路、栽埋电杆的方式为那里通上网电。

从 35 千伏变电站所在的一棵树地区到算井子要经过 100 千米的无人区，沿线没有道路，更没有水，荒无人烟，施工难度不言而喻。2016 年下半年，工程正式开工，施工人员不到 3 个月就把配电线路全部架设完毕，安装电杆 1486 根。长达 90.7 千米的 10 千伏配电线路从一棵树 35 千伏变电站出发，一直架设到边境派出所门口。2016 年 11 月 30 日 11 时 30 分，"合闸送电"一声令下，算井子边境派出所的灯亮了。从此，派出所结束了 45 年无网电的历史。

9 年时间里，黑鹰山供电所共架设 10 千伏配电线路 290 千米、电杆 4447 基，安装总容量为 2080 千伏安的变压器 10 台，完成了某

"国防兵"与"电网兵"亲如一家

边防部队一连和二连、算井子、马鬃山地区的通电工程，实现了黑鹰山境内边防连队网电全覆盖，将电网建成"拥军网"，将光明送到每座军营。

2020年，黑鹰山供电所在对连队日常服务中了解到，煤锅炉费时费力、采暖效能低，而升级为电锅炉就需要立即着手对变压器进行增容改造。供电所连夜拟定施工方案，同年6月，一台容量为650千伏安的变压器"落户"连队，清洁绿色的电能如一股暖流注入军营。如今，只需轻按开关，整个军营的营房就立刻温暖起来。"国防兵"守护边疆，"电网兵"守护光明，蔚蓝的天空下，他们亲如一家。

## 热情服务，温暖牧民心灯

2020年6月18日，蒙古族牧民安琴把一面写有"心系牧民办实事、优质服务暖人心"的锦旗送到所长苏日嘎拉图手中，感谢供电所为她解决了用电难题。

由于地处偏远，安琴一家多年来只能依靠小型柴油发电机和风光互补发电系统满足日常生活用电需要，生产和养殖规模迟迟无法扩大。了解到安琴的生活现状后，供电所立即进行现场勘查，最终在110千伏黑鹰山变电站354鹰高Ⅰ线设立1条分支线路，安装1台变压器供安琴家使用。通电后，安琴购买了大量牲畜发展养殖业，还购置了许多时新的家用电器："有电就是最好的生活，这下无论干什么产业都有信心了！"

牧民哈斯础鲁和妻子在黑鹰山地区生活了几十年，从最初的几只

黑鹰山电力人与牧民亲如一家

羊羔、两峰骆驼发展到今天的畜牧业大户，日子越过越红火。2016年年底，黑鹰山供电所给算井子边境派出所通网电时，也把电线接进了哈斯础鲁家，自此，夫妻俩的生活发生了巨大变化。他们盖起漂亮的砖瓦房，内部陈设与荒芜戈壁形成鲜明对比，电视、冰箱等家用电器一应俱全，"全家福"摆在客厅最显眼的地方，吸顶大灯豪华贵气，俨然现代化"潮家"。

得益于电力发展，黑鹰山供电所员工成为稳疆固边的重要力量。"守边不离乡、生活有保障，只有和牧民亲如一家，真正改善牧民的生产生活用电条件，使牧民安下心、稳得住，这样才能留得住守边人。"苏日嘎拉图说。

苏依勒图雅老人独居在算井子边境派出所附近，不会说汉话、不识字，亲人不在身边。为了照看她的生活，值班员们每次巡线都带着米面粮油、蔬菜水果、药品前去看望她，义务为她检查蒙古包和电机井的用电线路，还为她缴纳手机话费。对于老人来说，电力人就是她的亲人。从 2008 年至今，一代又一代黑鹰山电力人自发将照顾老人的责任传递下去。他们成为她没有血缘的孩子。

黑鹰山供电所倾心为当地的企业用户做好供电服务。2020 年 4 月 6 日，内蒙古庆华集团额济纳庆华矿业科技公司送来一面锦旗，感谢供电所在新冠肺炎疫情期间提供优质服务助力复产复工。疫情期间，供电所值班员值守岗位 50 余天，与辖区工矿企业积极沟通，将电力政策及时传递给用户。企业在供电所帮助下拿到了应急管理部门的复产复工手续，用最快速度恢复了生产。

如今的黑鹰山供电所和以前大不一样。2016 年，供电所用上了净化水设备，值班员结束了 8 年没有饮用水的历史；2017 年，京新高速公路全线贯通，值班员结束了换班走搓板路、300 千米走 6 个小时的历史；2021 年，机器人"小美"入驻黑鹰山供电所，黑鹰山 110 千伏变电站实现无人值守。

16 年间，黑鹰山供电所跨越戈壁和无人区，奔波在布满"炮弹坑"的土路上，竭尽全力守护牧民的光热和幸福。"驻扎"在黑鹰山的日子里，电力人始终和国防建设同频共振，和当地牧民守望相助，和周边工矿企业休戚与共。哪里有用电需求，哪里就有他们坚韧不拔的身影，哪里有急难杂症，哪里就有他们奋不顾身的身影，他们用实际行动践行着爱岗敬业、艰苦奋斗、甘于奉献、顾全大局的精神，践行着对戈壁、对光明的承诺。

# 三、点亮天边那盏灯

这是一场与时间的赛跑、与困难的较量，100 天建成 9.54 兆瓦光伏 +32.9 兆瓦时储能项目，89 天实现 12 万千瓦光伏加 12 万千瓦·时储能项目全容量投产。这是一场守卫光明和幸福的战斗，无数个日夜枕戈待旦，只为 46 余万名群众灯火不灭。这是一场改善民生的接力，支部联建找到共同着力点，让 2100 多名藏族群众不再承受缺电之苦。

所有努力，只为点亮天边那盏"灯"。在海拔 4500 米以上的西藏那曲，华电西藏人怀揣点亮万家灯火的初心和情怀，以建设尼玛光伏储能电站、色尼光伏保供项目和保供电、保民生的实际行动，在藏北高原奏响了点灯、护灯、挑灯"三部曲"。

## 攻坚克难，奏响"点灯曲"

西藏有句谚语，"远在阿里，苦在那曲。"那曲被称为"离天最近的地方"，是西藏气候条件最恶劣地区之一，受自然环境限制，长期以来电力短缺。

尼玛县位于那曲市西北部，县城海拔 4588 米，年平均气温零下 4 摄氏度，最低温度达零下 30 摄氏度，是全国少有的电力孤网运行缺电县。2017 年以前，县城主要由 2010 年投运的尼玛水电站（2×630 千瓦）间歇性供电，9000 多名群众长期承受缺电困扰，对光明和温暖有着强烈的期盼。

2016 年 9 月，中国华电集团有限公司（简称中国华电）响应党中央、国务院援藏号召，捐赠 1.5 亿元援建尼玛光伏储能电站，由中国华电西藏分公司（简称华电西藏公司）具体负责。

项目原计划 2017 年 4 月开工、年底投产，但尼玛县政府希望 2016 年年底建成投产，提前一年让尼玛人民过上不停电的"光明暖冬"。以往西藏已建成的光伏电站，从开工到并网最快 6 个多月，当下已是 9 月，距离年底仅剩 100 天时间，投产何其艰难！

面对几乎不可能完成的任务，华电西藏公司表示，再苦也没有"老西藏"苦，再难也没有建设"两路"难，一定要保证按期发电！

起步就是冲刺，开局即为决战。2016 年 9 月 17 日，尼玛光伏储能电站正式开工。华电西藏人组织参建各方凝心聚力，克服工期紧张、技术复杂、后勤保障困难的不利条件，全力推进项目建设。11 月 9 日开始光伏组件安装，12 月 9 日完成所有设备安装……12 月 25 日，开工第 100 天，9.54 兆瓦光伏和 32.9 兆瓦时储能项目提前一年投产，创造了高海拔地区光伏建设的新速度，提前 1 年让温暖来到尼玛的冬天。

2022 年 6 月，为进一步填补那曲市电力缺口，让 46 万名那曲群众用上清洁电、放心电，华电西藏公司勇担能源保供责任，承担起西藏最大光伏保供项目——华电那曲色尼区 12 万千瓦光伏项目开发建设任务。

按照地方政府要求，项目必须在 2022 年年底前投产发电。但受新冠肺炎疫情影响，项目于 9 月 27 日才开工建设，离投产日期只有不到 3 个月时间，加之高寒缺氧、冻土施工、设备降效等多重因素，按期投产面临着严峻挑战。

保工期责无旁贷。华电西藏公司以建设"高原光伏发电标杆工程"为目标，充分发挥党支部战斗堡垒作用，以"岗区队"创建和"五维一体"党建联建汇聚攻坚合力，用团结奋斗的号角引领参建各方斗严寒、战风雪，仅用72天就完成了项目首批组件并网发电，用89天实现了12万千瓦光伏+12万千瓦·时储能全容量投产，成为西藏2022年第一个投产的新建光伏项目，在严冬之际，为那曲46万名群众送去了温暖和光明。

### 执着坚守，唱好"护灯曲"

如果说项目建设是一场攻坚战，保电就是一场持久战。

考虑到保电任务是一项长期性工作，华电西藏公司4588党支部应运而生：党支部以尼玛光伏储能电站和色尼光伏保供项目中控室海拔命名，是中国华电海拔最高的党支部；她践行为民初心，守护着那曲46万名群众的光明温暖。

华电西藏公司4588党支部成立以来，以创建海拔高、站位高、境界高、追求高的"华电雪域先锋党支部"为抓手，组织实施点亮初心、点亮细心、点亮用心、点亮联心、点亮爱心的"五心点亮"行动，把鲜红党旗插在为民服务、为民解忧第一线。"立最高海拔，树最强精神，创最优支部"，这是4588党支部全体党员的共同信念。他们以强烈的责任感保电保民生，关键时刻、紧要关头冲锋在前。

2018年12月至2019年8月，尼玛水电站因故障停运，尼玛光伏储能电站独立承担起县城的供电任务。党员们带头执行24小时值班制度，冒着风雪更换缺陷设备、购置维保用品、组织柴油发电机应

夜幕下的尼玛县城灯火阑珊

急启动，保障唯一电源点不被"沦陷"、群众不陷入"黑暗"。

　　水电站投产6年来，累计发电超4000万千瓦·时，有力保障了尼玛县城9000余名群众的民生用电。这背后，是华电西藏人的赤诚之心和2000多个日夜的坚守。

　　在推动色尼项目建设过程中，4588党支部组建"华电雪域先锋宣讲队"，以"集中宣讲+送学到工位"方式，将党的二十大精神连线到施工一线，直通到地方群众，进一步汇聚推动项目高质量投产、保障藏族群众电力供应的强大合力。在决战投产目标的最后冲刺阶段，受高海拔、低气压和低温影响，光伏组件设备降效情况较为突出，储能设备液冷系统在极端环境下几乎不能正常启动，支部党员不惧夜晚零下20摄氏度的低温，通宵达旦调试，最终确保了投产目标的如期实现。4588党支部的先进事迹先后受到新华社、人民日报、中央电视台等权威媒体宣传报道。

项目投产后，4588党支部将保电主战场转移到色尼项目。2023年1月至4月，为保障那曲46万名群众春节、藏历新年稳定用电以及全国两会等重要节日节点的电力供应，支部党员高举"华电雪域先锋党支部"旗帜，弘扬"创新奋进、奋勇争先"的奋斗精神，坚守一线，积极应对11级以上大风沙尘天气，扎实开展设备消缺攻坚行动，及时消除缺陷隐患，确保设备安全稳定运行，累计发电超6000万千瓦·时，成为西藏冬春电力保供最忠实的守护者。

## 支部联建，齐奏"挑灯曲"

灯亮起来了，如何将火焰烧得更旺，需要把"灯芯"挑得更大，让灯火照亮更多群众。在"挑灯"中，党支部再次发挥了强大作用。

尼玛县文部乡南村、北村距县城120余千米，均未与电力主网连接，主要靠政府多年前建成的两个离网光伏储能电站供电。随着设备严重老化损坏，供电能力大幅下降，2100多名村民饱受缺电之苦。

2019年5月，4588党支部得知文部南村、北村缺电困难后，主动与两村党支部建立联建机制，为两村电站提供故障支援、定期巡检等服务。

联建以来，4588党支部组织技术人员先后到两村检修维护离网光伏储能电站20次，捐资8万元更换损坏设备，帮助两村将供电时间从原来每天3小时左右提高到11小时左右，有效缓解了两村供电不稳定问题，改善了2100多名群众的生产生活状况。

目前，村里已接通电力主网，原有光伏电站仍可为群众提供免费电能。4588党支部依然定期到两村检修设备、排除故障、慰问群众。

4588 党支部检修维护离网光伏储能电站

在 4588 党支部和村党支部共同努力下，唱响饱含对藏区群众关爱的"挑灯曲"。

在色尼项目建设中，4588 党支部秉持"建设一个项目、凝聚一片人心、维护一方稳定、造福一方百姓"的理念，发挥党建联建优势，组织参建各方采购当地建材 1900 余万元，解决当地群众就业 1100 余人，为群众增收 850 余万元，进一步扩大了支部的影响力。

电力人做的这些，藏族群众都看在眼里、记在心里，滴滴化作对党的感恩。"我给你一方土地，你还我一片光明""舍家为国不畏高寒、成就藏北万家灯火"……一面面锦旗、一杯杯青稞酒，承载着那曲人民的浓浓情谊，更激发着电力人坚守"奉献清洁能源、造福雪域高原"初心使命的信心，奋力谱写雪域高原高质量发展的新篇章。

# 四、地震瞬间的生死抉择

2022 年 9 月 5 日，四川甘孜州泸定县发生 6.8 级强震，距离震中仅 21 千米的大岗山水电站震感强烈。生死一线，值长徐博海义无反顾地选择了坚守岗位，以"只要我还在，就一定能接起电话；如果后续电话无人接听，那么应急指挥中心和我就都不在了"的坚定承诺，践行了一名共产党员的铮铮誓言。

## 忠诚奉献，扎根一线践初心

徐博海所在的大岗山水电站，装机 260 万千瓦，是四川省主力电源点。2008 年，徐博海大学毕业后，怀揣着对能源电力事业的热爱与水能兴邦、电力报国的情怀，一头扎进大山，始终坚守基层一线，转眼就是 14 个年头。大岗山水电站地处山区，是经济欠发达地区，虽然交通不便、远离家人，但他始终不改初心。

作为一名党龄 16 年的党员，徐博海始终牢记自己的第一身份是共产党员、第一职责是为党工作，先后参与了瀑布沟、深溪沟、大岗山等大渡河流域大型水电站的生产筹备与接机发电工作，深度参与瀑布沟尼日河闸守电气一次设备改造、深溪沟泄洪闸应急系统改造、深溪沟顶盖排水控制系统改造等多个大型电气技改项目，保障设备安全稳定运行。

忠诚奉献来自对事业的热忱，来自信念的坚定。不管是从事日常消缺巡回，还是面对急难险重的技术改造，还是在地震抢险关头的危难时刻，他时刻保持强烈的党性意识和先锋模范意识，始终扛起一名优秀共产党员肩负的使命，在困难面前豁得出、关键时刻冲得上，以实际行动践行入党誓言。

## 不畏艰险，迎难而上冲在前

安全是电力生产头等大事。无论再困难、再艰险，徐博海必须第一时间消除隐患，保障机组安全运行。

对安全的执着，正是他在突如其来的"9·5"泸定地震抢险中一往无前的动力。2022年9月5日，四川甘孜州泸定县发生6.8级强震，距离震中仅21千米的大岗山水电站震感强烈。危急关头，值长徐博海没有退缩，以"人在岗在"的坚定承诺践行了一名共产党员的铮铮誓言。当大渡河公司生产指挥人员询问："后面可能还有余震，请问你那边需要先撤离吗？"徐博海毫不犹豫地回答："只要我还在，就一定能接起电话。"在地震发生最强烈的时刻，徐博海深知地震对水电站安全运行的影响有多大，更清楚水电站安全稳定运行的隐患存在一秒钟，电网的风险就多一秒钟，下游百姓的危险就多一秒钟。他不顾个人安危，坚持"人在阵地在"，在大灾面前挺身而出，在大难面前逆风而行，坚守在抗震救灾第一线、应急处置最前沿，全力保障设备安全稳定运行。

与困难比拼不低头，与挑战较劲不让步。地震危急关头，徐博海面对远程通信中断、与后方管理团队失去联系的情况，作为当班值长，肩负起生产现场应急抢险协调指挥工作，高效组织当班组员完成送出线路、机组设备、供水系统等故障排查，切断故障电源，开启备

地震发生时摄像记录瞬间

用机组，确保在震后第一时间恢复机组安全运行，保证了大岗山水电站从地震灾区源源不断向外输送绿色电力能源，确保了四川主网的能源供应。

面对震后大岗山现场交通网络、供电供水全部中断的艰难环境，徐博海协同参与恢复供水供电等各项抢险任务。整整两天几乎没有合眼的徐博海，始终冲锋在攻坚一线。

### 敢于担当，平凡岗位展作为

秉承着不怕吃苦、连续作战、敢打硬仗、不胜不休的一股拼劲，徐博海始终肩负基层值长的使命担当，勇做护航安全生产、设备改造攻坚的"急先锋"，在大战大考中展现担当作为。

多年来，徐博海带领班组成员严格执行规程和作业标准，作业前

徐博海正在进行仪表设备日常检查

严格开展人身安全风险分析，落实风险分析预控防范措施，年均执行操作票超 20000 余项、办理工作票超 1000 份，两票合格率 100%，事故处理正确率 100%。通过现场安全文明生产标准化建设，找问题、查隐患、严整治，持续改善现场工作环境，共整改隐患缺陷 749 项，连续安全生产超 2600 天、累计发电超 680 亿千瓦·时，助力完成冬奥会保电、高温保电等重大任务。

人在事上练，刀在石上磨。长期在一线砥砺磨炼的徐博海，带领运维三值值班员完成大岗山水电站机组及两回送出线路首次全停倒闸操作等重大任务，实现了线路成功改接，破解了送出受限瓶颈，成功处理了大岗山水电站 4 号机组高压厂用变压器接地故障、大岗山水电站 4 号机组定子线棒烧损、3 号机组调速器失控溜负荷事故停机等设备事故，成功避免大岗山水电站 3 号机组水导外循环泵故障导致事故停机、机组大轴补气漏水损坏设备、2F机组压力钢管法兰大量喷水导致水淹厂房等重大风险，保证了机组安全稳定运行。

## 科学作为，传承匠心强本领

在突发应急状况下，沉着冷静地处置与临危不乱的应变，离不开徐博海与他的团队多年来积累的专业素养。

练在平时，才能胜在战时。徐博海作为运维三值的老大哥，坚持理论钻研和实践锻炼，练就过硬技术本领与扎实专业功底，积极为青年职工搭建成长平台，通过"师带徒""一帮一"活动，量身定制培训提升学习计划，充分发挥3D仿真培训平台和青年创新工作室作用，建立线上"云课堂"和线下"大讲堂"，采用"实操＋理论"相结合方式，持续提升青年职工业务技能水平。定期组织班组运行专业技能考试、安全技能比武，开展"人人上讲台"活动，大力培育优秀青年技能人才业务能力，班组2名骨干荣获大渡河公司发电集控值班员技能竞赛一等奖，先后累计向外输送技术人才14名。

热衷于创新创造的徐博海，在班组内设立创新小组，依靠大岗山青年创新工作室等平台，鼓励班组青年技术骨干参与智慧电厂建设，先后参与了"基于状态和性能的辅助设备故障自动报警与预警模型""基于Bolotin弧形闸门设备状态诊断评价模型"等8个创新课题的研究，累计完成论文20余篇，一种用于局部放电检测的小型化LC滤波器、一种用于电缆局放带电检测的智能传感器、一种继电保护压板远程投退装置、一种继电保护压板远程投退装置等4项发明被授予国家专利。

徐博海的先进事迹和优秀品格受到社会广泛关注，感动了千万网友，被称为"最美逆行人"，体现了新时代共产党员的忠诚担当。作为国家能源集团优秀党员、劳动模范，徐博海2023年2月被国务院国资委党委授予"央企楷模"称号，2023年4月被全国总工会授予全国"五一劳动奖章"。

"执着坚持，干一行爱一行。"谈及坚守大山10多年的感受，徐博海说出了简单的10个字。

## 五、生命，定格在抢修现场

2017年7月27日8时30分，国网湖南岳阳县供电公司黄沙供电所台区管理员彭克昌，在防汛抗洪救灾和高温保电期间，他不顾身体不适和同事劝阻，连续多天坚持奋战在第一线，最终倒在了高温保电现场，把生命定格在他最热爱的电线杆下。经医院抢救无效，不幸去世，年仅54岁。

消息传来，附近村庄里的乡亲们满含热泪，纷纷赶到追悼会现场，深切悼念这位百姓心中的好电工。

彭克昌承担着黄沙街镇滨湖、荷塘等5个村15个台区1200多用户的供电管理、故障抢修等工作。他老实本分，服务热诚，随喊随到，从事电力工作21年来，从未发生过一起供电服务责任性投诉，多次被评为"优秀共产党员"和"先进工作者"。

## 钢板过阵子再取！

生前和同事一起工作（中间浅色衣服红色帽子的为彭克昌）

2016年6月7日，彭克昌在骑摩托车巡线过程中发生交通事故，造成右脚膝盖粉碎性骨折，左脚脚踝破裂。住院治疗期间，黄沙供电所所长高铁军前往医院看望时，彭克昌见到他的第一句话就问道："我管理的台区采集系统这几天线损情况怎么样？"当得知九元村三台线损偏高时，他凭着多年的工作经验，立即判断出存在窃电行为，并交代同事："不要在医院照顾我，赶紧回到我的台区转转，了解下情况。"由于他内心实在放不下台区的指标，手术后，他不顾医生"最少全休3个月"的建议，强行办理了出院手续，立即投入到台区管理工作中。

2017年6月末至7月初，彭克昌向医院申请延期进行钢板拆除手术，以便能够全力以赴投入到防汛保电工作中。面对妻子张四英的多次催促，彭克昌总是推脱等忙完这段日子再去。由于夏季用电高峰期工作任务繁重，彭克昌的手术日期一拖再拖，脚上的两块钢板一直未能取出。

彭克昌对待工作认真负责，服务客户用心用情，是供电所营销服务的一把好手。他接受任务从来不说半个"不"字，完成任务更不打半点折扣。年初，同事周爱平因为自己管理的黄秀桥台区线损高、电费难收的事情向黄沙供电所负责人诉苦，彭克昌得知消息后，主动请缨协助周爱平管理台区。面对窃电户、拒交电费户的威胁恐吓和无端刁难，他不为所动，无数次上门做工作，动之以情、晓之以理，用他随叫随到的服务态度和耐心细致的思想工作，春风夏雨般化解了供用电矛盾。4个月后，该台区线损恢复正常，电费实现月结月清。

## 跑也要跑到现场

2017年6月底至7月初，由于湖南省普降暴雨，洞庭湖水位猛涨，岳阳县各堤垸全线告急，防汛形势十分严峻。7月1日晚10时，黄沙供电所接到黄沙街镇防汛指挥所的指令，大联垸发生管涌险情，要求供电所在当晚12时前架通防汛抢险应急照明线路。

接到任务，彭克昌二话没说，和同事赵长定等三人紧急组织器材，火速赶往大联垸。他们三人就着车灯，安装了15盏灯泡，架设了1100米线路，为大联垸防汛抢险提供了照明，圆满完成了任务。"你们听从指挥，行动迅速，执行力强，办事效率高，不愧是一支敢于担当、能打硬仗的铁军。"黄沙街镇防汛指挥所领导事后对黄沙供电所作出了极高的评价。

作为一名党龄12年的老党员，彭克昌始终认为，群众利益无小事。日常工作中，客户一个电话，他就风驰电掣般赶往现场处理故障，对于他来说，三更半夜起床、丢下碗筷抢修是家常便饭。7月25日晚，彭克昌接到一个水产养殖户的报修电话，反映鱼池停电急需维修。正在参加"反窃查违"行动的彭克昌立即骑上摩托车火速往回赶，不料路上摩托车突然爆胎，他果断弃车，在数千米的石子路上一路小跑，终于赶到鱼池。经过检查，彭克昌发现故障原因是用户开关保险烧坏造成停电，他立即拿出工具和材料更换保险，不到半个小时就恢复了供电，保障了养殖户的正常生产。

## 休息一下就好

7月以来，岳阳县遭遇持续晴热高温天气，电网负荷屡创新高。彭克昌作为国网岳阳县供电公司"电骆驼"共产党员服务队的一员，不分昼夜，全力抢修供电故障，尽最大努力满足客户的用电需求。

7月27日清晨6时，彭克昌像往常一样开始了一天的设备巡视和抢修保电工作。上午8时，正在巡线途中的彭克昌接到黄沙街镇荷塘村一个客户的故障报修电话，立即赶往现场查看。经排查，他发现故障点一处电杆的横担脱落，必须马上处理。在办理好停电手续并采取安全措施后，彭克昌穿上脚扣，系上安全带，一步一步地登上电杆。谁知刚爬上杆顶，正准备操作时，彭克昌突然感到不适，身体不受控制地朝后仰。现场负责监护的同事发现这一状况后，立即将他扶下来休息。

"没事，我休息一下就会好的！"彭克昌脸色惨白，却还在体贴地安慰现场的同事。不承想，这句话竟是他留给人们的最后一句话。事后同事们才知道，6月份以来，彭克昌时常感到心慌，妻子劝他抽空到医院去检查，可他总是以工作太忙为由，准备天凉后再去医院，但谁也没有想到，这竟会是心脏发病的前兆，永远地躺下了。

"好电工，好兄弟，好党员，高温履职责，全把生命置之度外；真汉子、真男人、真骆驼，抱病送光明，永留正气照黄沙。"民心如秤，真情如潮。在追悼会现场，自发前往悼念的广大群众络绎不绝，他们流着热泪回忆着彭克昌生前点点滴滴的感人事迹。彭克昌，这个响亮的名字，黄沙街镇的父老乡亲永远也忘不掉，他用生命书写了对党和人民的无限忠诚，体现出电力人忠诚担当、奉献光明的高尚品质和时代精神，用真情换来了百姓的热爱和怀念。

## 六、情系国家的"超燃"人生

2013年除夕，北京海淀某小区内，三峡集团一位青年博士带着饺子去看望一位老人。

敲开房门，博士愣住了。房间里暖气温度不高，有些冷，一位瘦弱的矮个子老人和老伴穿得厚厚的，正忙着修改一部工程技术类书稿。为了赶稿，他和老伴春节不能回成都，干脆留在北京过春节。

老人家里没有太多装饰，除电视机屏幕上的彩色画面，墙上一字排开的六张大坝工程图片特别引人注意。这六张图，分别画的是葛洲坝、三峡、向家坝、溪洛渡、白鹤滩、乌东德六座水利工程。

见青年博士给自己送过年饺子，老人很高兴："今天晚上有饺子吃了！"青年博士问他过年准备了什么好吃的，老人淡然一笑："什么都没买，就跟平常一样，昨天下午去买了两棵白菜回来。"

这位"两棵白菜过春节"的老人，就是中国工程院院士、三峡集团原总工程师张超然。

# 书写出"三峡精神"的"超燃"笔记本

2019 年 6 月，成都，中国三峡建设管理有限公司 13 楼办公室。79 岁的张超然退而不休，坚持每天上午到办公室义务上班。

张超然的办公桌上放着一摞笔记本，密密麻麻记满了数字，他称之为"大数据"作业本。

翻开本子，在不同年份、不同时段，对大江大河的水情、流量等数据进行对比，可以分析发现趋势和问题；坝址两岸山体变形，会对坝体尤其拱坝受力状态产生影响，这也需要数据分析；向家坝升船机下游引航道出口水力学条件是否达到设计要求，也要靠数据说话……

几十年来，张超然高度关心三峡、向家坝、溪洛渡、白鹤滩、乌东德五座水电站建设运行情况，每天都将相关部门发布的水情、工程原型监测等方面的关键数据及专题技术会议等资料抄下来，日积月累，形成了海量"大数据"，成为他深入分析研究并随时掌控大坝建设和运行情况最宝贵的第一手资料。

"三峡工程是全体三峡建设者在三峡精神鼓舞下，无私奉献、实干苦干、努力拼搏干出来的。"张超然说。

1996 年 8 月，张超然出任中国长江三峡工程开发总公司（三峡集团前身）总工程师。一到工地，他就全身心投入到三峡工程建设中。

三峡工程大江截流、二期围堰、导流明渠截流、大坝混凝土高质快速施工、永久船闸特高直立边坡开挖与变形控制、巨型水轮机蜗壳埋入……他带领建设者攻克一系列世界级技术难题，创造了多项世

张超然（左一）查看大坝浇筑

界第一；组织编写质量管理文件，撰写论文，主持编制 135 项《三峡工程质量标准》，形成了一整套高于国内水电行业规范的三峡标准体系。

如今，三峡工程依旧发挥着巨大综合效益，但张超然总是忘了自己的作用，记得他人的付出："三峡工程的成功建设和取得的重大成绩，首先应归功于党中央和国务院的英明决策，归功于全国人民的大力支持和库区百万移民的无私奉献。"

### 让后辈铭记在心的"超燃"担当

"做总工程师就要敢负责！"这是张超然经常说的一句话。

2017 年，成都勘测设计研究院（简称成都院）在聘任张超然为

张超然（左一）与潘家铮（中）等专家一起在大坝建设现场指导工作

高级顾问时，称他是二滩工程的"把关人"、溪洛渡工程的"主心骨"、三峡工程的"参谋长"。"他参与决策三峡工程重大技术问题，从来都是坚持科学求实的精神。""他在协调解决科技成果应用和技术攻关中存在的意见和问题时，只要涉及工程技术和质量管理等方面，都会严格执行标准。""在技术管理上，他从来不怕得罪人，不看别人脸色行事，对关键技术问题从不放松，坚持自己的原则立场"……

曾在他身边工作过的向欣博士，至今记得张超然传递给他的价值观：既要"本领高"，也要"骨头硬"；既要有科学态度，也要有负责任的态度。

有人问他："你对自己一生中哪些方面比较满意?"他将自己50年的工作历程总结为两点："一是一心一意做事，二是作为技术干部，敢于表达自己的意见，敢于负责。"

## 记录吃苦本色的"超燃"数据

"怕苦就不要学水电，干水电就要准备吃苦。"这是张超然的一句口头禅。

在成都院工作的 30 年间，张超然经历过水电站工作的种种艰苦。到三峡工地后，肩上担子更重，他却更能吃苦。

无论周末双休，还是正常上班，张超然都坚守在工地，或是召开技术论证会，或是审阅技术文件，查阅各类资料，似乎昼夜不息。1996—2002 年的 7 年间，他在三峡工地上过了 6 个春节。

随着金沙江上一批国家重大工程的筹建和开工，张超然开始奔波于三峡工程和金沙江之间，与处在山高水深、沟壑纵横之地的向家坝水电站、溪洛渡水电站、白鹤滩水电站、乌东德水电站等工程结了缘。

在转战金沙江的日子里，即便年事已高，张超然还是将大部分时间留给建设一线，从一个坝段爬到另一个坝段，从一个廊道走到另一个廊道，主持各类技术审查和咨询会议，指导设计和施工，编写有关技术汇报，经常与星空相伴。

2012 年，张超然赴溪洛渡工地 13 次，赴向家坝工地 15 次，全年在工地工作天数达 140 多天，主要节假日都在工地度过。

2015 年年底，75 岁的张超然退休，原本可以颐养天年，但他仍愿意继续吃苦，坚持每天上午到办公室上班，下午在家看资料和文件，为水利水电技术进步和三峡集团发展发挥余热。

由于长期伏案工作，积劳成疾，张超然经常头疼，脑血管硬化症、高血压、十二指肠溃疡等慢性病"缠"上了他。有人问起他的身体健康状况，他总是淡然一笑："只要精神不垮，有病也没啥了不起。"

# 用"拒绝"换来的"超燃"境界

"做人要学会拒绝，守住底线。"看似简单的一句话，能够做到已经不易，坚持一生都做到，更是难上加难。张超然却是能够一辈子做到的那个人。

担任三峡集团总工程师、成为中国工程院院士、受众人尊敬与崇拜，在他眼里，这些名利皆为身外之物。

2003年，张超然当选中国工程院院士的消息刚一公布，就有某大型企业请他去工作，承诺给他一套别墅和百万元年薪。那时的百万元年薪，可以在北京买一套房子，但他毫不犹豫地拒绝了。

"我是从三峡工程走出来的，我能评上院士，是国家水电大发展和三峡工程这个大舞台给了我机会。什么待遇都可以不要，我会继续努力把工作做好。"他回答。

2017年，四川大学聘请他到大学工作，待遇优厚，他也一口回绝。但是，作为四川大学高速水流与山区河流保护国家重点实验室第六届学术委员会主任，他却义务主持完成一系列技术研究、评审会和咨询会。"待遇上要跟下面的人比，工作上要跟最好的人比。"他说。

这位攻克了一系列世界难题的技术权威、中国工程院院士，拒绝专车待遇，宁愿挤公交车上下班。

身为水电专家，被外界聘请作技术咨询，拿咨询费名正言顺，但几十年来，他却一次次拒绝。"与水电人的责任和中国水电建设事业的成就相比，金钱的价值太微不足道。"

退休后的他，接到曾经工作过的成都院抛来的橄榄枝，给予他优厚待遇，他却婉拒对方："我虽然已经退休，但仍想为三峡集团出点力。我可以力所能及地为'娘家'做点工作，但我一不要报酬，二不要办公室。"

"求名只求三峡名，计利但计国家利。"在成绩和荣誉面前，他坚持用自己的方式退让，甚至回避拒绝。但作为一名三峡工程建设者，张超然从不掩饰自己的荣耀："能干三峡工程，是我一生最大的追求！"他的事迹也成为激励更多的电力人砥砺前行的精神动力。

## 七、万里驰援，点亮圣多美

从 2016 年 12 月 30 日至 2017 年 1 月 20 日，短短 21 天，由中国大唐集团有限公司（简称中国大唐）派出的海外技术人员，以超越常规的速度，克服了超出想象的困难，圆满完成了圣多美和普林西比（简称圣普）电力救援抢修及维护保养任务。我国的电力专家以丰富的经验、高超的技能、高效的工作赢得了当地政府和人民的一致赞扬。

正如中华人民共和国商务部援外司在感谢信中所说：中国大唐在接到圣多美和普林西比紧急援外任务后，第一时间编制实施方案、选拔业务骨干组成专家团队，克服了春节不能与家人团聚的困难，兑现了中国对圣普方的复交承诺，彰显了大国的担当，为双边关系健康稳定发展奠定了基础。我们对中国大唐的高度重视、迅速反应、全力配合、高效组织表示感谢，对中国大唐的领导和专家们迎难而上、坚决完成援外任务的政治意识、大局意识和职业精神表示敬意！

## 火速集结！远方的朋友我们来了！

2016 年年末，中国政府接到圣普紧急求援，请求派遣中国电力专家给予其境内主要为首都圣多美供电的圣阿马罗柴油发电站技术指导和支持。越洋电话的另一端，非洲朋友不断重复着："Amigo, recupare em breve!"（葡萄牙语，意为"朋友，尽快！"）

在接到任务的第一刻，中国大唐从上到下就进入了紧张的"备战状态"。"外交无小事"，中国大唐圣普项目指挥小组火速成立，启动重要项目"绿色通道"紧急决策机制，迅速完成内部审批；集团国际合作部与各方建立顺畅、高效的沟通渠道，全程督办，确保项目在国家援外法规和管理框架内有序实施；紧急工作小组由集团海外投资公

圣普火电厂外景

司总经理、海外技术服务公司董事长侯国力任组长，海外投资公司副总经理、海外技术服务公司总经理贾炳军任常务副组长，海外技术服务公司综合部、运营维护部、市场开发部等主要部门负责人全面参与。

这是中国大唐的首个援外项目，也是较为少见的特殊紧急项目，从总体规划到实施细节，从人员安排到运输协调，各个关键点都经历了反复斟酌。新年上班第一天，一套成熟的救援抢修可行性方案已摆在了商务部国际经济合作事务局的案头。

援外，不仅是一项复杂的经济技术工作，更是一项严肃的政治任务。讨论中，工作组形成了一致意见，基于团队协作、经验能力、集合时效等多种因素考虑，选调缅甸太平江电站高精尖人才团队出战是最优方案。

这是一支专业水平和政治素质都过硬的专家型团队，组长黄涛，为太平江电站副总经理，2015 年全国劳模，其他组员均具有丰富的抢修经验，以及国外工作经历。在此基础上，商务部还从天津选派了一名经验丰富的葡萄牙语翻译董浩。春节将至，对于常年漂泊在外的他们而言，一年仅有的几天团圆时间，就这样再次错过。然而，在接到任务后反馈的信息里，没有生活要求，只有生产要求，因为他们深知，国家利益是第一位的，使命光荣，首战必胜。

2017 年 1 月 16 日，专家组进入出行倒计时，疫苗、签证、机票、物资全面就位。1 月 17 日，最后一次技术分析和地方文化礼仪、语言培训结束，整装待发。1 月 18 日下午，在海外技术服务公司举办的援圣普电力组行前座谈会上，告别的双手紧紧握在一起："感谢你们远赴非洲为国争光，一定要保证人身安全，严格遵守我国外事纪律，与我国驻外机构时刻保持紧密联系并及时汇报。"听着大唐集团国际合作部主任张焱的嘱托，黄涛代表团队表态："请放心！我们一定会做好安全工作、外事工作、廉洁工作，不辱使命，圆满完成任务！"

70套工器具、大大小小318件、重达100多千克，这样的行囊，背在这样的一群人肩头，连接着两国人民的期待，出发！

### 旋风抢修！再多的困难我们不怕！

一飞就是26小时。途经埃塞俄比亚、加纳，当地时间1月19日18时，专家组顺利抵达圣普首都圣多美。

这座火山岛离非洲大陆很远，岛上各类物资全靠进口，当地人的口头禅是："Leve Leve"（葡萄牙语，意为"慢点，慢点"）。这个人人喜欢"放轻松，一切都很好"的异域他乡，地势崎岖，湿热多雨，肝炎、疟疾等发病率极高，蚊虫叮咬严重，全年温度40摄氏度。

圣普首都圣多美共有5个在役发电厂，总装机容量3万千瓦，全部采用柴油发电。其中，圣阿马罗发电厂装机容量1.45万千瓦，占全市发电量的50%，是圣多美的主供电厂，对保障圣普政治稳定和民生安全意义重大。该厂一期装机容量8.5兆瓦，5台韩国现代生产的1700千瓦集装箱式柴油发电机组中，2号机组于10个月前发生故障停运，现处于解体检修及排查故障原因状态，3号机组也于1月18日因电气故障停机，圣多美部分地区因此停电，电力供应已经全面告急。

第一轮现场检查之后，难题接踵而至，设备集装箱里的温度高达

45～50 摄氏度，几个成员相继出现水土不服和热伤风；柴油机噪声非常大，工作时交流基本靠喊和手势；现场资料严重不全，仪器表盘上的韩语、设备说明书里的英文标注，加上电站人员口音独特的葡萄牙语，交织在一起，剪不断、理还乱，加大了维修的难度，收集故障现象和报警数据相当困难；仓库里没有台账、制度及库存清单，现场物资摆放杂乱，在这里没有文明生产，基本没有设备维护，各类标识不全、设备三漏严重。

办法永远比困难多。根据现场的实际情况，高度关注抢修进展的北京总部，与前方一起因陋就简、就地取材，制定了"两步走"战术。一方面，后方支援，由国内技术服务公司紧急联系机组生产厂家安装工程师，就机组故障进行即时远程诊断。另一方面，前方发力，专家组克服了语言沟通上的障碍，凭借过硬的专业技能和大量实验，

3号机恢复并网发电

用仪器进行了 20 个小时的测量分析，找出了症结所在。3 号机故障原因是 PLC 和电流测量模块损坏，且没有备品备件。对此，专家组果断制定了检修策略：暂时拆卸 2 号机组部件，用以替换 3 号机组的损坏部件，先保障一台机组恢复发电，再调配设备资源维护检修其他机组。

当地时间 1 月 21 日 14 时，距离专家组飞机落地不到 48 小时，圣阿马罗电站 3 号机故障成功排除，并网发电，援外专家组"手到病除"，圣多美的这个夜晚，终于又恢复了往日的光亮。

### 授之以渔！这里的幸福我们相伴！

"设备修好啦！"捷报传开的时候，当地电站技术人员给予了专家组明星般的关注，一直追在他们身后。

这些热情、好学的非洲兄弟，真诚地请求中国专家讲解处理缺陷的过程和实验方法，一边翻译一边画图。全球通行的电力技术，穿越文化和种族的边界，成为现场最好的融合剂。用黄涛的话说："这里的人很可爱，也很好学，他们非常需要来自中国的支持和帮助。到了这样的国度，你会感受到前所未有的职业获得感。"

1 月 22 日，圣普电力公司总经理 Mario 见到专家组时，紧紧拥抱了每一个组员，他竖起大拇指，惊讶于中国专家在如此困难的情况下，还能够如此迅速地恢复发电，连声道谢："Muito bom！Obrigado！"（葡萄牙语，意为"非常棒，感谢！"）在项目组的微信工作群里，中国驻圣普大使馆参赞吴毅也经常给大家点赞："这么强的队伍，这么快的速度，任务交给你们算是找对人了！"

负责任、有实力、可信赖，中国大唐用自己的行动树立了中国电力央企的良好风范，未来，也将在共建"一带一路"的伟大事业中，彰显强力担当，创造卓越价值，收获更多友谊和成果。

## 八、不忘初心的百岁党员

魏荣章，原中国电力工程顾问集团西北电力设计院有限公司党委书记。1920 年出生，是中共中央、国务院、中央军委颁发的"庆祝中华人民共和国成立 70 周年"纪念章"中国人民抗日战争胜利 70 周年纪念章"获得者。

魏荣章

在跨越一个多世纪的人生里，他经历过战火洗礼，经受住了革命考验，带头西迁，见证了中国电力事业从无到有、从弱到强的飞速发展，带领中国能建中电工程西北电力设计院完成了一批大中型电力项目的设计工作，为中国电力建设和国民经济发展作出了重要贡献。

### 信念坚定，投身革命

1937 年"七七事变"后，魏荣章就读的北平大学内迁西安，重组为西安临时大学。校园生活逐渐安定下来，但抗日前线的烽火还在熊熊燃烧，魏荣章的心情始终无法平静。

1938年，还是大一学生的魏荣章敲开八路军西安办事处的大门，表达了想去延安参加八路军的强烈愿望。他不顾八路军办事处工作人员的劝阻，毅然奔赴延安，走上了革命道路。

在延安训练班，魏荣章积极追求进步，表现出色，当年被推荐到延安抗日红军大学继续学习。当时的延安，是万众瞩目的革命圣地，魏荣章不仅学习了思想理论和军事知识，还感受到了和国统区截然不同的氛围，更加坚定了共产主义信念。

1938年，魏荣章递交了入党申请书，很快便成为一名正式党员。随后10年间，他一直听党指挥、跟党走，全身心投入到革命工作中。

在10年革命生涯里，魏荣章作为华北根据地地方工作考察组组员，在艰苦条件下，经历过考察途中差点连人带马摔下悬崖的惊险时刻，也经历过在列车上遭遇空袭的生死考验。在战火与革命的淬炼中，他的共产主义信仰从未动摇过，反而愈加坚定。

解放战争期间，魏荣章在河南孟县组织土地改革，后又作为中国

西北院建院之初，魏荣章（右一）在办公楼前的花园

魏荣章（左二）与到访的捷克专家合影

人民解放军长江支队的一员，随大军南下，为解放、建设大西南和福建服务。在福建，他先后担任过福安地委宣传科科长、福州市委宣传部副部长等职务。不管在哪里，不管担任什么职务，他都对党忠诚、扎实工作，出色完成了党交给的每一项任务。

**响应号召，西迁建院**

从第一个五年计划开始，我国开始了大规模的经济建设。1954年9月，魏荣章转入电业部门，担任电业管理总局华东电力设计分局❶（简称华东院）副局长。一年后，他接到一个新任务：经国务院批准，华东院抽调人员、组建机构，到西安开展电力设计工作。

从黄浦江畔的十里洋场来到黄土地上的寂寥古城，在当时有着巨大的反差。但如同多年前毅然奔赴延安一样，魏荣章没有丝毫犹豫便作出接受任务的决定。接到指示后，魏荣章做的第一件事就是立刻组织人员去西安选择院址，建宿舍和办公楼。"节约时间，保证职工健康，想群众之所想，绝非小事。"魏荣章说道。经过充分论证，最终选定在西安胡家庙处落址。

经过组织和动员，1956年10月，魏荣章带领华东院超过三分之二的员工、近700人西迁西安，成立电力工业部西安电力设计分院❷（简称西北院）。

从南方到北方，从繁华的上海到荒凉的西北，气候、饮食、习惯都有巨大差异，解决好千百人的生活问题绝非易事。魏荣章为了让职

---

❶ 后更名为电力工业部上海电力设计分院、华东电力设计院，现中国能建中电工程华东院。
❷ 后更名西北电力设计院，今中国能建中电工程西北电力设计院。

工们尽快有归属感，更好地投入工作，在院区建设和职工生活方面颇费心思。首先是办好食堂，让职工们能吃上物美价廉的饭菜；其次是布置院区环境，种下法桐、玫瑰、苹果树等植物。很快，院内绿树成荫，香溢满院。当时，西安东郊没有卖牛奶、奶粉的商店，职工有婴儿需要喂养，一度非常着急。魏荣章就想办法买来几头奶牛，由职工喂养，解决了职工的需求，这引得一同西迁的西安交通大学、黄河机械厂职工慕名而来学习。

在魏荣章带领下，西迁职工们安下心来、扎下根来。经过大家共同建设，一所高水平的电力设计院扎根西北大地，在推动西北电力事业和经济社会发展中作出了卓越贡献。

## 重视技术，建设丰碑

在院区建设的同时，魏荣章带领大家迅速投入到西部电力建设中。

西北院一开始主要是配合苏联援建的156项重点工程❶开展电力设计，从设计技术和设计模式都是照搬苏联的一套，与中国国情和工程实际并不完全匹配，而且存在技术依赖。魏荣章提出，要摆脱苏联模式的"框框"，走独立自主设计的道路。他说："陕西的户县热电厂一期、二期工程都是苏联设计。三期改由西北院独立设计。我们根据当时的电、热负荷情况，采用国产设备并提出了锅炉设计优化方案，使三期单位造价较一期大幅下降，总投资只有一期的五分之一。"

---

❶ 156项重点工程，是新中国第一个五年计划时期从苏联与东欧国家引进的156项重点工业基本建设项目，包括钢铁、煤炭、冶炼、发电等重工业部门。该工程起始于20世纪50年代初，持续约十年，直至中苏关系破裂为止。

魏荣章非常重视技术研究。20 世纪 60 年代初，西北院主编《火力发电厂典型设计》《电务专业设计手册》两本书，成为行业权威指导工具书。1964 年，西北院在全国率先研究设计出中国第一条超高压输电线路 330 千伏刘天关线，为后续全国超高压电网建设奠定了基础。在 1978 年党中央召开的全国科学大会上，西北院有 13 个项目获奖。在魏荣章带领下，西北院完成了一批大中型电力项目设计工作，为电力建设和国民经济发展作出了重要贡献。谈及这些成绩，魏荣章并不居功。"我这一辈子就只做一件事情，就是听党安排，把单位的事情干好。"

在魏荣章领导下，西北院于 1959 年和 1960 年获评陕西省先进单位和西安市红旗单位，1964 年获评全国电力设计管理标兵，1979 年获评陕西省和全国电力工业大庆式企业。

"我们可以骄傲地说，我们兑现了从上海出发时曾经发出的誓言。"提及在西北院的这些年，魏荣章满是欣慰。

## 清正廉洁，初心不改

1983 年，魏荣章光荣离休，几十年来，他始终淡泊名利，不计较个人得失，老老实实做人，清清白白为官。

魏荣章从未利用手中权力谋私利。即便食堂有时做点好吃的要送给他，他也从未答应过。在位多年，从不搞特殊化，有亲戚想要他帮忙安排工作，也都遭到拒绝。

魏荣章离休后，依旧心系西北院，牵挂着国家工业的建设发展。每当看到西北院取得新的成就，他总是感慨万千。回想起西北院西迁建院的过程，他的心情激荡不已，感到无上光荣和自豪。"最要紧的是坚定自己的理想信念，并为之奋斗一辈子。这既是入党誓言，也是每名党员应有的态度。"对于接过发展接力棒的同志，他总是这样殷切嘱托。

2021年6月28日，魏荣章接过熠熠生辉的"光荣在党50年"纪念章。这枚闪亮的勋章，凝结着魏荣章毕生的追求、情怀和担当。时光流转，初心不变，作为党龄84年的老党员，他用一生诠释着心目中党员的样子，用奋斗和奉献书写着对党的忠诚。

## 九、边境线上的"国旗巡线班"

从1974年成立至今，经过50年发展，南方电网广西凭祥供电局"国旗巡线班"先后有17名退役军人加入，他们身体力行地把军魂注入班魂，将军人的优良品质和钢铁意志融入电力事业。50年来，"国旗巡线班"因信念而生、为信念而守、笃信念而行。5代电力人秉承人民子弟兵为人民服务的坚定信念，为边民办实事、保边境促发展、助边防守边疆。累计巡线约25万千米，相当于环绕地球6周。这个被当地边民亲切称为"国旗巡线班"的光荣集体，把国旗"顶在头上""扛在肩头"，作为对脚下这片国土最朴实的情感表达。

行走在边境线上的"国旗巡线班"

## 坚守

1974 年，凭祥市第一支电力巡线队伍成立，退役军人张进同成为首任班长。那个年代，在边境地区巡线，因为没有统一规范的着装，巡线时会遇到边防官兵查验身份。于是，张进同在工具包里装了一面国旗，作为遇检时表明身份的方法。从那时起，国旗就成为这支队伍最鲜明的标志。时间长了，"国旗巡线班"的名字就叫开了。如今，他们虽然有了统一服装，但安全帽、臂章上都印着五星红旗图案，巡线时，他们依旧保留着随身携带国旗的习惯。

"眼前是国门，脚下是国土，心中是祖国。"在"国旗巡线班"队员心中，他们守护的不仅是输电线路，还有神圣的国土和亲密的战友。

1983 年，傅金荣从驻守凭祥的边防部队退役，回到"山水甲天下"的老家桂林市，被安置在水电局工作，生活安逸。然而，他一直在找机会调回凭祥，"我有 6 名要好的战友长眠在那里，我日夜都在思念他们，想去守着他们！"1992 年，边关硝烟散去，边境建设急需人才，傅金荣耐心说服父母妻儿，成为"国旗巡线班"的一员。

如今已经退休的覃立常，1992 年离开驻守凭祥的边防部队时，尽管家人已在老家柳州市给他联系好了工作，但他和傅金荣一样，选择了坚守边关。

1995 年，凭祥市第一轮电网改造时，面对边境地区遗留的雷场、雷区，覃立常主动请缨："我是这里边防部队的退役老兵，雷场、雷区情况我熟悉，拉线工作我先上！"穿行在遍布地雷的沟壑密林间，危险无处不在。拉线时，他们只能通过麻绳抛线、绕路拉线等方式越过雷区，但这些都没有阻止他们巡线的脚步。

"国旗飘在哪里，电就通到哪里！"上级检查验收电网改造工作，"国旗巡线班"的汇报中透着一股豪气！

## 传承

虽已退休多年，农景春依旧珍藏着当年巡线时用的工具包，包里存放着他从班长张进同手中接过的那面五星红旗。历经数十载，国旗鲜艳如初。

1978年，农景春从驻守凭祥的边防部队退役。加入这支队伍第一天，张进同就把他带到值班室，将一面五星红旗和一个工具包郑重地交给他。"脱下军装，我们依旧是军人。这面国旗代表祖国，更代表了我们肩上的责任！"张进同说。从那以后，这面国旗就陪伴农景春踏上每一次巡线路。

"前线各指挥所和雷达等必须做到不间断供电。"农景春回忆，当时只有6个人的外线班，负责整个凭祥战地前线的电力保障任务。枪炮声就是命令，只要前线战斗一打响，张进同就带领整个班往前线赶。他至今还记得张进同的一句话："我们后方多保一分电力，前方战士就少一分牺牲！"

农景春这位经历过边关炮火的老兵，对边关和界碑有特殊的感情。那年勘界立碑，农景春听说新界碑立好了，在一次巡线途中特意带着巡线班队员去往界碑处，与边防官兵不期而遇。"我们就想看看界碑！"老兵质朴的话语打动了官兵。征得上级同意后，边防官兵带着他们一起维护界碑。亲手抚摸界碑，一种神圣的使命感从农景春心底升腾起来。自此，"国旗巡线班"每次巡线到边境时，都同步开展擦拭保养界碑、描红界碑等活动。

如今，边境日益繁荣，"国旗巡线班"的巡线任务从过去的 3 条线增加到如今的 40 条线。"过去我们扛枪保卫祖国，如今我们背着工具包守护边境供电。身份虽然变了，但责任没变。"傅金荣说。

## 奉献

从驻防凭祥的边防部队退役时，作为家中独子，邓一强远在老家桂林的父母十分希望他能回去工作，但邓一强还是把根扎在了边关，"边关是我摸爬滚打了 5 年的地方，如果你是军人，你也会理解我这种选择！"

前些年，单位考虑到邓一强的孩子年幼，为方便他照顾家庭，特意把他调到管理岗位。可到新岗位还不到 1 年，邓一强又请求回到巡线班，"我是老兵，不去巡线，心里不踏实。"

一条路，一辈子。多年的巡线生涯，让"国旗巡线班"一代代队员见证了这片土地从过去"一条路，两排树，到了凭祥没吃住"的荒凉变为一座繁华边城，"那一代军人用热血和生命把幸福安宁留给我们，我们要替烈士守好祖国的边关。"

## 服务

如今，"国旗巡线班"服务范围有 63 个抵边村屯，由于山高路远，边民办理用电业务通常花费将近一个小时车程。"国旗巡线班"

"国旗巡线班"在友谊关开展线路夜间巡视

成立志愿服务队，利用工余时间走进边境村屯，开展"电力义诊活动"超过500次，帮助边民处理用电难题千余件，边境用电从"无忧"到"更优"，得到广大群众的高度赞扬。

进入新时代，"国旗巡线班"坚决扛起能源央企的政治责任、经济责任和社会责任，服务好国家口岸和边贸互市点、产业园区、仓储物流企业等重要客户用电。2023年，友谊关口岸出入境货运车辆突破40万辆次，同比增长122%，外贸进出口总额约675亿元，同比增长159.5%，进出总量广西陆路口岸第一，水果进口量广西口岸第一。2023年1月8日新型冠状病毒感染实施"乙类乙管"政策以来，友谊关边检站浦寨分站通关货物量较上年同期有大幅增长。友谊关口岸逐步恢复客运通关。边境经济开始复苏，边贸企业开足马力生产，"国旗巡线班"时刻关注口岸恢复情况，主动上门开展电力服务，以友谊关口岸、自贸试验区核心区域为示范区，提供"电力预装"即插即用新服务，奋力谱写电力服务边境发展的新篇章。

为了助推口岸高水平开放高质量发展，"国旗巡线班"加强对线路设备的巡视维护，组织124人次对各重要线路设备开展特巡特维，确保口岸24小时不间断供电。"国旗巡线班"及时跟进中越首个跨境智慧口岸项目建设进度，成立接电服务专班，多次到现场勘查，制定供电方案，为凭祥形成"口岸＋商贸""口岸＋旅游""口岸＋产业"

等多元化发展格局注入澎湃电能。

　　"鲜红的国旗时刻提醒着我们肩上的责任。"五星红旗迎风飘扬，南疆边陲灯火璀璨，这是"国旗巡线班"的队员们心中最美的风景。"国旗巡线班"一代接着一代，赓续戍边血脉，将军人的精神深深印在心里，坚实有力地扎根在 97 千米的边境线上。他们始终在时代洪流中坚守面向国旗的忠诚。今天，"国旗巡线班"正在奔赴自贸试验区建设的全新舞台，将继续以昂扬奋进的姿态，面向东盟、助力开放、守业强边、推动发展，让国旗高高飘扬、让灯火照耀南疆。

第二节

## 用求实创新激发新时代的
## 电力发展动力

电力行业以国家战略需求为导向，加快实施创新驱动发展战略，积极投入到具有战略性、全局性、前瞻性的国家重大科技项目建设中，大到跨越千里万里的特高压长龙，小到几十微米的质子交换膜，一次次长达 30 个小时的膜色验证等，无不闪耀着电力创新的光芒；电网、发电、装备制造等上下游板块的技术能手、创新力量，在智慧能源小镇、在汽轮机车间、在变压器线圈旁、在无数电力作业的现场，进行着或大或小的技术攻关、创新突破，为每一次科技进步贡献智慧。正是这些源源不断的创新力量，不断推动、提升着我国能源产业链、供应链现代化水平，为全面建设社会主义现代化国家筑牢能源基础，为经济增长不断注入强劲新动能。

## 一、勇攀特高压直流输电新高峰

穿过云贵高原的重重云雾，跨过 1452 千米的高山河湖，将绿色清洁的水电送入桂粤大地的千家万户，作为乌东德水电站外送电力的主要送出"大动脉"，乌东德水电站送电广东广西特高压多端直流示范工程（简称昆柳龙直流工程）创造了 19 项电力技术的世界第一，也是世界上第一项 ±800 千伏特高压多端柔性直流工程。昆柳龙直流工程输送容量 800 万千瓦，预计每年送电 330 亿千瓦·时，相当于海南省一年的全社会用电量。昆柳龙直流工程有效解决了云南水电

昆柳龙直流工程云南送端昆北换流站

消纳问题，为满足"十四五"和后续粤港澳大湾区经济发展用电需求奠定了坚实基础。

## 攻坚背后的年轻生力军

昆柳龙直流工程采用 ±800 千伏特高压三端混合直流系统，在此之前，世界上柔性直流的最高电压等级为 ±500 千伏。这意味着技术规范、成套设计和成套设备等都需要研发攻关。

从概念到具体方案，从研究设计到实施……南方电网科学研究院有限责任公司（简称南网科研院）特高压柔性直流技术攻关团队是昆柳龙直流工程的技术总负责、总把关，这是一支平均年龄不到 35 岁的年轻生力军，他们坚持自主创新，提出特高压柔性直流的构想，系统地攻克了特高压柔直的关键技术，将中国特高压柔直技术打造成为引领世界电力技术发展的标签和名片。

柔直换流阀是工程的"心脏"，控制保护系统相当于"大脑"，它们对设备的启停、功率升降、站间协调、执行保护等起着关键核心作用。作为世界上首个特高压多端混合直流工程，昆柳龙直流工程的控制保护系统功能多、系统复杂，性能要求高，研发面临巨大挑战。

"就好像是 Rap（说唱乐）和古典乐要搭班子唱戏，常规直流和柔性直流技术完全是两种不同的技术类型，要进行握手连接，在协调控制配合达到系统稳定目的同时又要体现技术性能。"团队骨干、柔直换流阀攻关组组长许树楷回忆。来自系统研究、控制策略、仿真验证、高电压技术、电磁环境等不同专业的科研人员集中在一起，用了半年的时间开展技术理论、计算仿真分析，"大家列了 200 多条需要攻关的技术细节，提出 80 多条需要防范的风险和 60 多条创新措施，一条条分析，一项项攻克。"

当时亟待解决的一个难题就是柔性直流工程架空线路故障自清除。能否通过直流故障自清除的控制策略来实现直流线路自我修复从而快速恢复正常送电？这个想法萦绕在团队成员，当时年仅 26 岁的黄伟煌博士心中。他翻阅了大量的学术资料，文献理论都认为只能通过断电的方式实现故障修理恢复。"这就好比电脑突然关机，我们只能按重启键，需要经历漫长的等待电脑才能恢复。然后我们就想了个办法，希望能在不关机的情况下实现故障清除，自动识别并将有的问题程序快速关闭，让电脑运行不受任何影响。"

这个想法一提出来就遭到业内专家的质疑，"当时记得我有点心虚，毕竟博士刚毕业 2 年，坐在对面的又是 50 多岁的国外资深专家，但是凭借前期研究掌握的关键数据，我对自己的技术判断仍有信心。"黄伟煌说。于是团队成员们一起大胆猜想，挑战权威。经过无数个日与夜地搭建模型、开展仿真论证，当屏幕上闪动着一串平稳的仿真波形时，整个团队激动不已，这是世界首次验证了的直流故障自清除技术，试验结果数据令国外专家折服，相关结论也指导了后续关键设备的设计。

有团队成员指着比着膝盖还高的报告说："平常一个工程控制保护十几本报告足够了，这次我们有七八十本。我们每解决一个前所未有的问题，都会觉得特别自豪。"这种自豪不仅因为工程创下多个世界第一，还在于让大家真正品尝到了技术自信的甜头。

## 设计之路，披荆斩棘

昆柳龙直流工程具有着重大的战略意义，其建成投产将进一步优化南方五省区的能源结构，支撑起更加稳定安全的西电东送绿色大电网。

为高效送出水电，又确保广东、广西电网受入巨量电能时的安全稳定，昆柳龙直流工程首创多端混合直流输电技术——送电端采用常规直流，广东和广西2个受电端采用柔性直流，打造柔性直流输电的"港珠澳大桥"。

国际上柔性直流输电主要用于短距离输电，通常采用电缆来传输，这样可有效防止雷击等外界因素扰动，但每千米的电缆投入价格高，且在昆柳龙直流工程上千米的直流线路中，由于线路要穿越诸多复杂的地理和气候环境区域，采用架空线路才更加经济实用。因此，昆柳龙直流工程首创架空线路直流故障自清除技术，当遭遇外界环境冲击突然短路时，工程能在 0.5 秒内恢复正常运行，保障这条能源"大动脉"的稳定输送。

南方电网超高压输电公司生技部副总经理冯鹕介绍，"迎峰度夏"期间，个别线路曾遭受雷击出现故障，正是工程首创的架空线路直流故障自清除技术"出马"，仅用 400 毫秒便快速完成重启动，并成功确保整个过程直流电压、电流恢复平稳，电网运行稳定。

系统调试是直流工程投产前最为关键的验证环节，"可以把调试当作对工程的再体检。"龙门站调试负责人陈俊表示，所有设备将被加压通流，整个系统将连成一个整体输送功率，验证工程中的所有设计、制造和安装各环节，一旦存在遗漏的缺陷，将力求通过调试发现并得到妥善解决。通过前期的一次次计算、一次次仿真平台的反复验证，扫清了柔性直流迈入特高压 ±800 千伏，并实现与常规直流混合运行的技术障碍。

仅以技术概念提出论证，柔性直流技术不是中国人首创。但是在其发展中，中国人实现了柔性直流技术在多端、特高压、柔直电网等工程中的应用。从在国际大电网组织发起成立混合直流输电技术工作组，再到牵头成功申请 IEC 标准，柔性直流技术"走出去"，获得了国际上同行专家们的认可。"技术引领要有一定的判断能力，中国发展柔性直流技术将大有可为。"中国工程院院士、南方电网公司首席技术专家饶宏认为，南方电网公司通过在主电网应用、掌握特高压多端柔性直流技术，推动了柔性直流技术的进步，将为未来电网技术发展起到核心作用，是中国电力人对世界电力技术发展作出的贡献。

## 时代赋能"昆柳龙精神"

　　乌东德水电站是世界第七大水电站。作为该电站的主要送出"大动脉"，昆柳龙直流工程额定输送容量约占乌东德水电站总装机容量的 80%，年输送电量可达 330 亿千瓦·时，且全部为可再生能源，相当于每年减少煤炭消耗 950 万吨、减排二氧化碳 2500 万吨。其中，每年预计送电广东 200 亿千瓦·时，相当于深圳市一年全社会用电量的五分之一，这将有力消纳云南清洁水电，有效促进广东、广西节能减排和大气污染防治，使南方区域天更蓝、水更清、生态环境更美。

　　昆柳龙直流工程途经的地区中，云南、贵州、广西均是全国脱贫攻坚的主战场，也是南方电网公司精准扶贫的大舞台。工程在建设过程中很好地发挥了拉动作用，不仅吸纳了工程沿线地区大量人员就

昆柳龙直流工程直流线路施工现场

业，还为一些沿线村庄修建道路，助力了沿线地区经济社会发展，使工程成为促进区域协调发展、助力东西部携手奔小康的富民工程。

这一方面得益于工程的高质量建设，另一方面得益于工程运行单位的精心运维，工程在投运后一直保持安全稳定运行，多次达到满负荷800万千瓦运行，单日送电量最高达1.92亿千瓦·时。

自工程投产以来，南方电网公司大力弘扬"昆柳龙精神"，在统筹兼顾好送电需求的基础上，分门别类制定了1630项防控措施，累计完成641项运行测试项目，验证了各项运行指标均满足工程设计要求；投入人员1876人次，开展了昆柳龙直流工程的首次年度检修。同时，按照巡维标准提级、物资保障提级、技术支持提级、过程监督提级等原则，对昆柳龙直流工程安稳系统等"首台套"及重点设备进行精心维护。

没有哪一条奔腾向前的江河，不曾经历无数溪流艰辛而漫长的汇集，不曾跨越千山万壑的阻挡。工程建设的三年中，昆柳龙直流工程全体建设者奋战攻坚，在风雨之中敢于担当、敢于斗争、敢于胜利，实现了工程从无到有、从蓝图到现实、从理论到应用的跨越，充分展示出昆柳龙直流工程建设者的精神品质和优良作风，打通电力输送"大动脉"，打造出领跑世界的"超级工程"。

习近平总书记在对乌东德水电站首批机组投产发电的重要指示中提出，要勇攀科技新高峰。习近平总书记的重要指示激励着昆柳龙建设者们勇于创新、勇于突破，大胆确立特高压多端混合直流这一世界领先、无先例可循的技术路线，以极为顽强的意志胜利完成科技攻关，引领世界特高压输电技术进入柔性直流新时代，助力电力行业继续为国家能源安全与人类可持续发展作出重大贡献。

## 二、蓄能山水之间

  自北京向北 200 千米，燕山深处，滦河上游，世界装机容量最大的抽水蓄能电站——河北丰宁抽水蓄能电站赫然矗立，为京津冀地区输送着绵绵绿电。

  在建设新型电力系统、保障电力系统安全稳定的背景下，抽水蓄能电站可以实现对电网负荷的平衡调节，从而大大提高电网的可靠性。丰宁电站位于河北省的高山之巅，海拔高达 1200 米，投资金额高达 187 亿元，丰宁电站首批两台机组于 2021 年 12 月底投入运行。

  作为目前世界上规模最大的抽水蓄能电站，丰宁电站安装的 12 台机组，总装机容量达 360 万千瓦。此外，电站的 12 台机组满发利用小时数达到 10.8 小时，是华北地区唯一具有周调节性能的抽蓄电站，储能能力世界第一。丰宁电站可为京津冀地区调节输送巨量绿色电能，对于推动能源电力可持续发展具有重要意义。

丰宁电站上下水库全貌

### "超级充电宝"

"抽水蓄能电站简单来说，就是当电力系统的电力富余时，电站用电力抽水到高处储存，在电力不足时放水发电，实现'储能—发电—备用'，由此解决电能难以存储的难题。"丰宁抽水蓄能电站运行部负责人赵日升说。抽水蓄能电站是目前技术最成熟的大容量储能方式，被称为"超级充电宝"，还具有调峰、调频、调相、储能系统备用等功能，是电力系统安全防御体系的重要组成部分，已有上百年的发展历史。

建设抽水蓄能电站，丰宁优势得天独厚。在丰宁坝上草原地带，分布着众多发电风车。"这些风力电能，给抽水蓄能电站提供了丰沛的消纳源。"赵日升说。抽水蓄能电站建设需要考虑消纳中心和负荷中心等多方面因素，平衡需求端和供给端，另外，电站还要靠近水源，水库需要定期补水，丰宁的母亲河滦河正好为电站提供了水源。

早在1995年，丰宁抽水蓄能电站就开始了布局规划。由于丰宁满族自治县地处燕山山脉，地质条件复杂，电站的建设勘测等前期工作前后经过了18年。2013年，电站正式开工建设。

建设过程中，电站首次系统性攻克复杂地质条件下超大型地下洞室群建造关键技术，建成了世界第一的地下洞室群和单体地下厂房。

2021年12月，丰宁抽水蓄能电站首批机组投产发电，接入张北柔性直流电网，有效实现新能源多点汇集、风光储多能互补、时空互补、源网荷协同，在源头上降低了新能源发电的波动性，开创了抽水蓄能发展史上的"先河"，为新能源大规模开发利用提供了方案。

统计数据显示，自首批机组投产发电以来，丰宁抽水蓄能电站

丰宁电站地下厂房多工作面同时作业

累计发电启动 2777 次，发电量 29.78 亿千瓦·时；抽水启动 2774 次，消纳新能源电量 37.4 亿千瓦·时。

特别是 2022 年北京冬奥会冬残奥会期间，丰宁抽水蓄能电站配合张北柔性直流电网，将清洁电能输送到各冬奥场馆，实现了 100% 绿电供应，这在百年奥运史上是前所未有的。"张北的风点亮北京的灯"成为绿色冬奥的闪亮"名片"，为我国"绿色办奥"提供了能源支撑。

## 在丰宁电站工作的他们

在建设上，丰宁电站合理利用地理环境优势。电站大多数区域依靠山体开挖山洞建设而成。在电站建设高峰时期，现场作业人员达到 4000 余人，电站消耗钢筋超过 13 万吨，水泥超过 80 万吨，钢板超过 4 万吨。

刘良辉是一名有着 26 年党龄的老党员，已经参加工作 29 年。从电站开工起，他就坚守在这里。

"党员就是一面旗帜，困难面前只要党员冲锋在前，就能够带动整个项目团队攻坚克难。"刘良辉说。

"首台机组投产前的那个冬天，在下水库蓄水前一周，工区反映尾水平洞内还有大量积水和杂物需要清理。为保证蓄水时间不受影响，项目部组织党员突击队和青年突击队连续五天五夜突击作战，最终顺利完成清理工作。"刘良辉的思绪被拉回到过去，"尽管时间紧迫、积水冰冷刺骨，但所有党员干部加班加点，终于完成任务。在这个过程中，大家衣服上都沾满了泥浆，累得直接躺在地上休息，脸颊和手也被冻得皲裂。"

丰宁电站于2024年全部投入使用。"如今，电站为京津冀地区送去源源绿电，大家觉得一切付出都值了。"

中国葛洲坝集团第二工程有限公司承担着丰宁电站下水库拦沙坝、进出水口、闸门井、启闭机楼、拦河坝等重点施工任务。

来永福，大家都叫他"老来"，是一位老实本分的本地人，也是葛洲坝二公司丰宁电站项目部的一名模工。他最大的心愿就是等项目建设完成以后，在旁边开一个农家乐。

以前老来总觉得"世界第一""全球之最"离他很远。当他了解到自己参与建设的丰宁电站就是全球最大的抽水蓄能电站，还给2022年北京冬奥会冬残奥会提供绿色电源，他觉得自己也变得伟大了起来。"能够参与这么大的一项工程，俺感到很自豪，也觉得使命重大。"

"俺之前不想出远门打工，怕走远了照顾不了家人。自从工程开工后，给俺们带来了家门口的就业机会。俺村不少人都在这里工作，收入增加了不少。"说起工程建设带来的变化，老来脸上洋溢着幸福的笑容，"电站开工后，宽阔的马路也修建起来了，大大方便了俺们的生活。"

## 大力弘扬塞罕坝精神

　　"葛洲坝人在丰宁电站艰苦奋斗、敢于拼搏的经历，正体现了习近平总书记考察承德提出的'牢记使命、艰苦创业、绿色发展'的塞罕坝精神。"葛洲坝二公司丰宁电站项目总工程师黄明光表示，"在丰宁电站奋战的日子里，葛洲坝建设者大力弘扬塞罕坝精神，抗风雪、斗严寒，破难题、促发展，顺利推进主体工程完工。"

　　丰宁电站处于高寒地区，冬季漫长，有效施工期短。同时，电站地处燕山山脉向内蒙古高原过渡带，受断层及裂隙切割影响，岩体呈碎裂结构，稳定性极差，在开挖过程中非常容易塌方。

　　为解决这一难题，建设者采用"超前预报 + 超前支护 + 一炮一支护"的"两超一转序"施工管理手段，利用网格式一体化管控模式和"区片制""架子队"的管控手段，克服围岩不利条件，确保了上、下水库进出水口的开挖支护及混凝土浇筑施工的顺利完成。

　　丰宁电站上水库大坝坝高 120.3 米，最大斜长 201.5 米，是我国抽水蓄能电站中最高的面板堆石坝。加之施工工期短、地质条件差、气候条件恶劣，其建设难度可想而知。

　　"在面板浇筑过程中，我们采用了滑模一次拉面成型技术，成功克服超长面板混凝土入仓时骨料分离、温度控制、混凝土坍落度损失等施工技术难题，属国内首创。"黄明光自豪地说。

　　丰宁抽水蓄能电站建设实现了抽水蓄能行业三个首次，即首次系统性攻克复杂地质条件下超大型地下洞室群建造关键技术，为今后抽水蓄能大规模开发建设提供了技术保障和工程示范；首次在国内引进大型变速抽水蓄能机组技术，可为推进变速机组技术国产化提供可参考资料；首次实现抽蓄电站接入柔性直流电网，配合张北柔直工程有力支撑 2022 年北京冬奥会、冬残奥会场馆 100% 绿色电力供应。

## 助力"双碳"目标实现

抽水蓄能电站，是电网系统内重要的"调节器""稳压器"和"平衡器"。

"抽水蓄能电站具有调峰填谷、调频调相和紧急事故备用的作用，有利于太阳能、风能等清洁能源的消纳。新能源的快速发展离不开抽水蓄能电站。"葛洲坝二公司丰宁电站项目负责人冯明伟介绍，"丰宁电站位于河北千万千瓦级风电基地核心，电站建成后接入京津和冀北电网，可以促进河北北部的风电、太阳能等新能源大规模发展，从而优化京津冀地区的能源结构，助力京津冀地区实现碳达峰碳中和目标。"

丰宁抽水蓄能电站每年完成税收约 3 亿元，占丰宁县财政收入的四分之一；电站投入运营后每年可以为当地约 370 人提供就业岗位；电站全部投产后，每年可消纳过剩电能 88 亿千瓦·时，年发电量 66.12 亿千瓦·时，可满足 260 万户家庭一年的用电，每年可节约标准煤约 48.08 万吨，减少碳排放 120 万吨，相当于造林 24 万余亩，经济效益、社会效益和生态效益将逐步显现。

当前，我国已把碳达峰碳中和纳入生态文明建设整体布局。未来我国能源结构中，风能、太阳能等新能源的比重将大幅提升，电网安全运行面临巨大挑战。抽水蓄能电站是电力系统的主要调节电源，在电网中承担着调峰、调频、调相、储能、系统备用和黑启动六大功能，对于确保电网安全、促进新能源消纳、推动能源绿色低碳转型具有重要意义。

能源是经济发展的命脉，能源安全事关国家发展、人民福祉，可靠的能源供应是保障能源安全的基础。如此巨大体量的抽水蓄能电站，其背后的意义不仅仅是应对绿色发展的大势所趋，更是电力行业对国家和人民应尽之责、应有之义的决心和坚守。


# 三、举足"氢"重，融合远航

国家电投氢动力车为北京冬奥会冬残奥会提供绿色动力

在海拔 2198 米的小海坨山间，一段 7.5 千米盘山路上集中了 14 个"胳膊肘弯"，海拔从 900 米上升至 1480 米，蜿蜒曲折、崎岖险峭。这是从延庆冬奥村抵达国家高山滑雪中心的地面路径。

2022 年北京冬奥会冬残奥会期间，搭载国家电投"氢腾"燃料电池的氢能大巴穿梭其间，以"零事故、零故障、零失误"的稳定表现，完成了一次华丽亮相。这是冬奥会历史上第一次大规模使用氢燃料电池汽车作为主运力，也是国产自主研发氢燃料电池汽车第一次和国际巨头在同一赛道上竞争。

## 先机：超前的战略眼光

2015 年 7 月，中国电力投资集团公司和国家核电技术有限公司实施重组，成立国家电力投资集团有限公司（简称国家电投）。两家能源央企的强强联合，使国家电投成为国内同时拥有风、光、水、火、核、气、生物质发电的综合能源企业，但不止于此，国家电投将目光瞄准了"未来的能源"。

为什么是氢能？放眼能源行业，我国拥有丰富的可再生能源和绿电制氢优势。同时，近年来随着光伏发电、风电总装机容量增加，一些地区由于电力消纳能力不足，存在弃风弃光问题。利用电解水制氢，可以将电能转化为氢能储存起来；在电力输出不足时，储存起来的氢能再利用燃料电池等发电回馈电网，既能解决可再生能源发电并网问题，也能提高能源利用效率。

"通过构建可再生能源发电与氢能供给的'电—氢体系'，在供给侧推动可再生能源规划发展，在消费侧实现交通、分布式供能等领域的化石能源替代，这将有力推动能源时空转型和区域平衡，保障国家能源供应，实现碳中和。"时任国家电力投资集团公司董事长钱智民说。

从 2016 年起，在风电、光伏发电领域抢占先机的国家电投，开始前瞻性地布局氢能、储能等当时很多企业看不准、不敢碰的新领域。2017 年 5 月，在能源央企中率先成立首家氢能专业化子公司——国家电投氢能科技发展有限公司（简称国氢科技），专注于燃料电池研发、多应用场景的氢动力系统开发、先进储能技术研究与产品开发等。

正是凭借这样的"胆大心细"，过去6年间，国家电投在清洁能源技术研发和产业项目实施方面取得了一系列突破——光伏发电装机、新能源发电装机、可再生能源发电装机三项指标跃居世界第一；"氢腾"燃料电池实现了全产业链自主化创新……

"同传统能源相比，我国可再生能源资源丰富，发展氢能产业优势明显。在氢能时代，中国企业一定要抓住换道超车的机遇。"国家电投战略规划部副主任申伟东说。

## 创新：从零开始的勇气

燃料电池电堆，被称为氢能汽车的"心脏"。2022年北京冬奥会冬残奥会期间，海拔2000多米的延庆赛区，冬季夜间气温在零下30摄氏度以下，搭载"氢腾"燃料电池的大巴经受住了低温、陡坡等重大考验。从材料到零部件，再到燃料电池电堆，均由国家电投自主研发。

在国氢科技成立的2017年，我国氢燃料电池产业几乎一片空白。上游原材料供应不成体系，下游应用场景远未打开，更困难的是，一系列核心技术被"卡脖子"，催化剂、质子交换膜（PEM）、双极板等关键零部件几乎全靠进口。

"中国想要拥有自己的氢燃料电池技术，只能从零开始。"知名燃料电池专家柴茂荣正是在那时回国，加入国氢科技成为首席技术官，带领一支 30 多人的初始团队，围绕核心环节、关键零部件展开攻关，誓要实现燃料电池的全产业链自主化。

从无到有，这注定是一场时间与耐力的比拼。2021 年 12 月，国氢科技 30 万米$^2$质子交换膜生产线投产，一举打破国内质子交换膜市场被国外厂家长期垄断的局面。

"质子交换膜是氢燃料电池中的关键材料，作用是传输质子，阻挡电子和氢气穿梭，其地位相当于芯片中的光刻胶。"国家电投氢能科技发展有限公司燃料电池技术部主任周明正说，此前，我国所用的质子交换膜几乎全靠进口，1 米$^2$（重 20 多克）的价格堪比同等重量的黄金。

在将近两年时间里，国氢科技研发团队"死磕"质子交换膜难题，最终攻克树脂分散及浸润技术，研发出高电导率、高耐久性、低溶胀的质子交换膜，部分指标达到世界领先水平，价格却只有国外同类产品的一半。"目前我们已在大功率燃料电池电堆中应用，并接获多家公司的采购订单，燃料电池核心材料产业大步向前迈进。"周明正说。

双极板被称为电堆的"骨架"，在燃料电池中起着支撑膜电极、为燃料气体及冷却液提供通道的作用。近几年，国外企业研制出钛合金双极板，启动快、强度高、抗腐蚀性能强，但冲压成型难。如果中国企业无法制造，就只能依赖进口。

国氢科技决定从最基础的金属冶炼做起，一炉炉进行钛材冶炼试验，相继攻克冲压用钛箔材，突破薄板压延、焊接、表面镀膜等工艺难题，开发出耐腐蚀性强的钛基双极板。2020 年，钛基双极板生产线建成投产，国家电投成为全球第二个掌握钛双极板全套生产工艺的公司。

质子交换膜、双极板、催化剂、扩散层、膜电极、电堆、空压机、氢循环泵／引射器……5年间，燃料电池的八大关键部件，一个一个被攻克，国家电投实现了从材料到零部件再到燃料电池电堆和系统的全线自主化。

## 布局：选择更难的路

"氢腾"燃料电池的科技攻坚之路，只是国家电投发力全产业链自主创新，打破国外技术垄断的一个缩影。

近年来，从全产业链布局的战略高度出发，国家电投从能源线和产品线两方面统筹氢能业务发展。在能源线方面，协同推进可再生能源发电与制氢、加氢站建设及氢能综合利用。在产品线方面，布局可适用于风光制氢的质子交换膜制氢装置，加大燃料电池关键核心研发与产业化等，覆盖了从科技研发、产品到市场转化的完整产业链。

"如果是单点突破，只需要应对局部挑战，如果全产业链布局就必须应对全方位挑战。这对企业来说或许是选择了一条更难的路，但作为能源央企，这种责任无可回避。只有将产业链牢牢掌握在自己手中，才能避免在国际上受制于人。"国氢科技总经理张银广说。

全产业链布局，难在哪里？难在氢能产业链长并且环节众多。氢能源的利用要从氢的制备开始，经过制备氢、储存氢、运输氢到最后分配氢、使用氢，"制、储、运、用"每个环节的科技含量都很高，而其中最核心的环节当属氢气的制取。

目前，世界主流的制氢方式存在三种技术路线，即石油、天然气、煤炭等化石能源重整制氢，工业副产品提纯制氢以及电解水制氢。其中，质子交换膜电解水制氢具有能量密度高、电解效率高、气体纯度高等优势，但技术难度也最高。

在位于北京市延庆区的国家电投氢能创新产业园，一套由3个高5.6米、长10米模块组成的撬装式质子交换膜纯水电解制氢设备矗立于园区之内。国家电投中电智慧综合能源有限责任公司副总经理孙向东说，这是国内首台（套）兆瓦级新型电解水制氢装置。通过与德国西门子能源公司的合作，企业走过了技术引进、消化吸收的阶段，如今在部分关键制氢技术领域已经有了比肩国际巨头的能力。

加氢站是氢能产业链中的重要环节，也是氢能实现大规模利用的关键。在国家电投旗下的中关村延庆园加氢站，工作人员现场向记者演示了加氢过程。一辆氢燃料大巴，一次加满氢能只需10分钟，续航能力可达到400千米，节省燃油约80千克。

孙向东说，这座加氢站在2022年北京冬奥会冬残奥会期间，累计为73辆氢燃料客车提供了近700台次加注服务，实现柴油替代35吨，减排二氧化碳120吨，未来这里将成为延庆区重要的氢能交通基础设施之一。

"持续创新是我们最核心的竞争力。即便如今我们已经攻克了产业链上许多'卡脖子'技术和难题，但我们仍需着眼产业新趋势，储备新技术。"孙向东说。

国家电投加氢站

## 开拓：加速技术的突破

从氢能交通开始，国家电投力图打开氢能广阔的应用空间。近年来，公司系列关键技术的突破，为传统交通抹上了"新绿"：氢能大巴落地，燃料电池汽车续航里程更长、环保性能更优；氢能无人机起飞，重量轻、噪声低、零碳排放；全国首台氢能机车试运行，可降低长距离、高负荷交通运输对传统油气燃料依赖……

"氢能产业链长、利用领域广，在电力、化工、冶金等领域都拥有丰富的想象空间。"张银广说，围绕氢能的"长价值链"，国家电投擘画出清晰的战略路线图：打造氢能源生产和供应体系，提供燃料电池及相关终端应用产品，并提供面向用户的综合解决方案。

技术创新和产业拓展，离不开人才、资金各类要素的集聚。国家电投始终重视人才培养，仅国氢科技就拥有3位院士组成的专家顾问团队和百余人的骨干研发团队，其中硕博及以上学历者占比超过90%。"5年来，国氢科技瞄准行业前沿技术，不断加大研发投入。"柴茂荣感慨，正是公司这股自主创新的决心，让研发团队满怀希望，坚定信念勇往直前，立志开拓出广阔的氢能应用前景。

氢能能量究竟有多大？目前没有终极答案。但可以确定的是，每一次技术突破，每一条生产线投产，都让人们离"氢生活"更近了一些，让中国企业在抢占全球"氢竞争"制高点中更快了一步。不到十年的时间，可以让一个行业的体量与面貌发生天翻地覆的变化，这其中既有电力人尊重市场发展规律、顺应时代大势的智慧，更是电力行业立足于凝聚力量实现变革创新的坚持，不断推动着我国电力事业持续发展迈进。

## 四、铸就不凡全球首堆

2023 年 12 月 6 日，世界的目光聚焦在山东半岛的一个小城——荣成。在这里，我国具有完全自主知识产权、世界首座具有第四代先进核能系统特征的球床模块式高温气冷堆项目——华能石岛湾高温气冷堆示范工程正式投入商业运营。

从 2004 年签署建设合作意向书，到 2012 年浇筑第一罐混凝土，再到 2020 年全面进入运行调试，华能人敢为人先、敢为人所不能，走出了一条基础研究、试验验证、系统集成、工程应用相结合的创新示范之路。

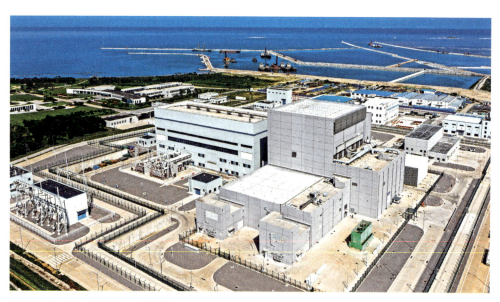

华能石岛湾高温气冷堆示范工程全景图

## 打造原创技术策源地

作为"全球首堆"，示范工程的关键设备几乎都是自主创新的设备。当时，我国具有核级设备制造资质的厂家，都无法独立承担这样的研发制造，有的原材料甚至突破了国内工业制造水平。技术的突破就是 0 和 1 的区别，为了推动工程建设，华能石岛湾公司依托清华大学 10 兆瓦高温气冷实验堆的科研成果，集中设计方、总包方、全国科研院所、设备生产商等技术力量，联合开展设备的研制、生产、工业化验证等工作，打通了"产""学""研"之间的互通渠道，推动创新技术从实验室走向工业化。"过程可谓步步惊心，有的设备中途几度因为技术太难突破而停滞。设备环节如果出了问题，示范工程建设就会受到影响。我们只能想尽一切办法整合各方力量，一起策划、共同研究。"原华能石岛湾公司设计采购部主任韩建成说，当时的情景依旧历历在目。为了打破制造瓶颈，他们充分发挥业主主导作用，突破行业界限，多次联系航海、航天等相关领域的专家、教授召开研讨会，协同攻克关键核心技术。"一个蒸汽发生器的制造就整整用了 10 年时间。整个过程共形成实用新型和发明专利 53 项，完成国家科技重大专项研究 18 项，10 项技术获得核能行业技术鉴定。"韩建成说。而这只是关键设备之一，示范工程还包括质量最大的反应堆压力容器、独具特色的主氦风机、金属堆内构件、碳堆内构件、石墨堆内构件、燃料元件……每一个关键设备都有几十个世界性技术难题亟待解决。

十九年栉风沐雨，华能石岛湾公司集聚各方资源突破了多项工业制造能力限制，填补了多处国内研究空白，完成了数百项技术研发，实现了关键技术和设备从 0 到 1 的跨越。推动示范工程研制出 2200 台（套）世界首台（套）设备、660 台世界首创设备，设备国产化率达到 93.4%，远超重大专项 75% 的目标，形成了集设计研发、精密制造、工程建设、生产运维等为一体的先进核电产业链，成功打造"国之重器"原创技术策源地。

## 高质量建设示范工程

2012 年 12 月 9 日，示范工程浇筑第一罐混凝土开工建设，核岛厂房、汽轮机厂房相继拔地而起。由于示范工程是"全球首堆"，工程建设充满了挑战。现场每一个人都知道，要发挥业主最后一道防线的关键作用，就要精益求精，不放过每一个细节。阅读图纸时要关注数据细节，与厂家和设计人员交流时要关注技术细节，审查施工方案时要关注工序细节。从细节中寻找问题线索，从细节中保障工作一次成功。2016 年 3 月 20 日，起重机吊起 600 多吨重、25 米长的压力容器和卸料管，穿过间隙只有 25 毫米的建筑孔洞，将示范工程第一个关键设备稳稳放置于核岛中心，拉开了全面安装阶段的序幕。这是当时国产最大吨数起重机最重的一吊，过程顺利得超出预期，这让大家信心更足，工作也更加细心。

类似这种"张飞穿针"的细活在示范工程上很常见。关键设备不仅体积大、附件多，安装精度也很高。堆芯壳体与压力容器内壁最小的间隙以毫米计量；直径约 5 米的金属堆内构件水平度要求误差在 0.2 毫米以内；陶瓷堆内构件上千块碳砖层层堆叠，设计要求顶层高度误差不超过 1 毫米，平面度误差不超过 0.55 毫米……"我们不敢掉以轻心，就像呵护孩子一样小心翼翼。"工程部系统工程师宋飞说。他们白天奔走于一线，监督质量、组织沟通、巡视安全、开展验收；晚上挑灯夜战，钻研图纸、研究方案，提出质疑与思考，提前识别质量风险和安全隐患。在他们的努力下，运抵工程现场的金属堆内构件从卧式摆放调整为竖立摆放，更可靠地防止了设备变形；新增了专用工装，能可靠地防止人员被划伤；碳堆内构件的安装一步一测，工程师们逐一检验螺栓力矩的固定顺序和力矩值，在没有水泥黏合，也没有锚固、螺栓的情况下，将53层碳砖和石墨砖精准堆叠。"工程不断取得阶段性进展，但是我们不敢骄傲，也没有停歇，不断总结前期工作经验，把工作做得细一点，再细一点。"宋飞说道。工作人员在建设过程中养成的严谨的工作态度、细致的工作作风，不仅保障了金属堆内构件、碳堆内构件、蒸汽发生器等设备可靠安装，还让他们积累了更多的经验。2020年4月29日，示范工程两个反应堆全部完成"三壳组对"，连通了双堆一回路氦气循环通道。

## 领舞四代核电调试

2020年7月25日，示范工程全面进入调试阶段，工程现场24小时灯火通明，工作争分夺秒有序推进。"走，咱接着开个会去！"时任中国华能副总工程师在冷试试验前就住进了工程现场。虽然当时已是深夜23点，为了做足试验准备，他带领一班人废寝忘食深入核岛调研后，又风风火火奔向会议室讨论优化方案。徜徉在四代核电技术"无人区"里，华能人除了要有摸着石头过河的勇气，还要具备创新突破寻求出路的能力。

随着示范工程调试进入后期"深水区",调试人员早已习惯创新思路、寻机突破。示范工程在没有非核蒸汽冲转的情况下,为了提前验证常规岛主设备可用性,调试负责人赵峰提议与核岛调试并行推进非核蒸汽冲转试验。大家都觉得提议很好,可是高温高压的蒸汽到哪里去找?"既然是新堆型的新问题,就得创造新的路径。"赵峰很乐观。他带领同事们调研加热设备,设计蒸汽临时管道。一个方案提出来,风险评估没有通过,他们就再提一个。创新的设想一遍遍提出来,又一遍遍推翻重来。白天在想什么,晚上就梦什么。寻找蒸汽的日子里,他做梦也在设计蒸汽冲转路径,梦里梦外挂在嘴边的都是专业术语。不知经过了多少次分析论证,他们提出了"辅助电锅炉+启动加热器+三联控调节"的非核蒸汽冲转方案,经过充分论证后,方案顺利应用在了示范工程调试实践中,大大提高了核电机组的调试效率。这样的乐观和创新伴随着示范工程一路"成长",相继完成了首次并网发电、首次初始满功率运行,首次实现核能供热。

山高人为峰,在全力推动科技自立自强的道路上,华能人攀登的脚步不会停止。华能石岛湾公司将以习近平总书记关于示范工程重要指示批示精神为指导,牢记华能"三色公司"使命,发扬华能"三千"精神,继续攀登高温气冷堆技术高峰,为国家能源安全和核能技术进步作出新的更大贡献。

## 五、黄河远上的"光"

水穿巍巍昆仑，光洒莽莽祁连。

青海，孕育了黄河、长江、澜沧江的"中华水塔"，以其无可替代的资源优势，走出了一条绿意盎然的发展道路。

坐落于此的国家电投集团黄河上游水电开发有限责任公司（简称黄河水电）因水而生。17座梯级水电站串珠成链，将丰富的水能资源转化为澎湃电能，点亮万家灯火。

如今的黄河水电，因清洁能源而兴。借助青海地区丰富的光照资源，打造出光伏全产业链，成为我国践行"双碳"目标、建设新型电

青海省海南藏族自治州共和县的塔式光热发电项目

力系统的先行者。

2011 年，随着拉西瓦水电站建成投产，黄河上游水电开发由高峰转入平缓。拓展新领域，进军光伏产业链，成为黄河水电保持强劲发展势头的路径选择。然而彼时，企业面临的是光伏组件以多晶电池为主，价格高、光电转换效率低的市场困境。

蝶变，发生在特殊的一年。

2016 年 8 月 23 日，习近平总书记来到黄河水电西宁分公司，殷切嘱托国有企业带头提高创新能力，努力形成更多更好的创新成果和产品，在创新发展方面发挥更大引领作用。

"总书记的鼓励，让我们更加坚定了促进光伏产业大发展的信心，跑出了'加速度'。"黄河水电党委书记、董事长姚小彦说。

如今，黄河水电已成为全国唯一可同时量产 PERC、TOPCon、IBC 电池的企业，其中 IBC 电池产量 80% 销往海外。

黄河水电的光伏产业正以"加速跑"的姿态向新征程迈进。

## "黄河"效率

"现在想想，我是何等幸运，可以向总书记呈递硅片。"黄河水电西宁分公司工艺工程师魏蓉无比自豪。

将历史的时针拨至 2016 年，习近平总书记来到黄河水电西宁分公司，走进电池生产车间，察看成品展示，了解制绒、刻蚀、镀膜、丝网印刷、高温烧结等生产工艺。

"青海要抓住人才、技术、资金等关键环节，发展好光伏一条龙全产业链，让清洁能源更好造福人民。"这是习近平总书记对奋战在一线的工作人员留下的叮嘱。

尽管彼时的魏蓉已在电池生产车间工作了4个年头，但对"研发"的概念依然有些模糊。而从2016年至今，魏蓉亲身参与并见证了一块小小的电池组件为我国光伏产业带来的变化，她也从普通产线人员成长为一名工艺工程师。

"2016年，我们立即进行了技术升级，首先在原材料上将多晶硅换成了单晶硅，光电转换效率从17%提升到了20.15%。"魏蓉回忆道。

然而，德国Fraunhofer研究所早在2015年便研发出了转换效率25.1%的新一代TOPCon电池；美国SunPower公司的IBC电池光电转换效率达25.2%。

从20.15%到25.2%，道阻且长。

为全面掌握各项电池技术，黄河水电开始了PERC电池、TOPCon电池和IBC电池的"三足并行"，其中被誉为"转换效率之王"的IBC电池是黄河水电叩开世界大门的钥匙。

IBC电池组件技术科研团队成立后，魏蓉担任清洗工艺工序的负责人，"没有任何经验可以借鉴，只能泡在实验室和车间，可能上百次实验，才能使光电转换效率提升0.1个百分点。"

0.1个百分点，是个长久博弈的过程。

"有一次，光电转换效率降低了0.8个百分点，经排查，是在我负责的清洗工序出现了重大污染，这个问题不解决，IBC项目的投产就遥遥无期，这让我压力大到寝食难安。"言语间，魏蓉感慨不已。

反复核对上百条信息、分析设备中的化学品后，她终于检测出是盐酸金属离子超标所致。

"必须采取手动加盐酸的方式揪出污染源，我们穿着洁净服再套一层防酸服、防毒面具，里三层外三层包裹得严严实实，一次验证下来就已经湿透全身。经过反复改进，终于阻断了污染源，IBC 电池效率恢复了。"

黄河公司的 IBC 组件生产线

2019 年 12 月 23 日，黄河水电建成了国内首条量产规模的 IBC 电池组件生产线，平均转换效率达 23.5%，成为国内首家、全球第三家量产 IBC 电池组件的企业。

从 20.15% 到 25.5%，行则将至。

2020 年，IBC 电池平均转换效率突破 23.6%；2021 年，平均转换效率达 24%；2022 年，平均转换效率达 24.5%；2023 年，IBC 电池研发效率超过 25.06%。

一串串数据不仅是转换效率，更是"黄河效率"，印证了黄河水电发展进程中极为不易、极不平凡的八年。

基于IBC 电池产线工艺，2023 年，黄河水电叠加 TOPCon 技术，完成 TBC 电池技术开发，光电转换效率超过 25.5%；今年 10 月，TBC 高效电池组件量产线将开建。

## "圈粉"海外

机器人穿梭自如、机械臂灵活翻转，每天 10 多万张硅片在这里清洗、制绒、刻蚀、镀膜、测试，走出生产车间，走向市场。

"我们的生产线24小时不间断，即便如此，产量依然满足不了市场需求。"IBC电池制造分厂副主任宋标说。

2019年底，黄河水电IBC电池组件生产线建成当日，意大利知名光伏产品供应商FuturaSun公司便预订了5万千瓦的IBC电池组件产品，这是黄河水电IBC产品首次扬帆出海。

降本增效是技术更迭的驱动因素，也是黄河水电光伏产品在海外市场实现"弯道超车"的法宝之一。

IBC电池技术研发由黄河水电与德国康斯坦茨国际太阳能研究中心（ISC）合作进行，独特的扩散工艺、激光图形化技术，让IBC电池以简单的11道工序步骤，完胜国外近20道工序步骤。

保持质量的同时降低成本，减少工序步骤是突破口，生产设备的选择同样是突破口。

在其中一道关键工序中，当黄河水电研发人员提出使用国产设备以降低生产成本时，遭到了德国研发人员的强烈反对，他们认为国外设备的温控精度高于国产设备。

"随着国内设备制造技术的不断突破，目前生产线所有进口设备都被国产设备替代，并且光电转换效率没有受到任何影响。"宋标说。

相对简单的工艺步骤、低成本的丝网印刷方式、国产设备及原辅材料的采用，让电池组件的生产成本大幅度降低，归一化成本仅有美国SunPower公司的一半。

颜值出众是黄河水电光伏产品在海外市场实现"弯道超车"的另一法宝。

随着光伏组件走进海外的千家万户，用户对自家屋顶的整体美观度也提出了更高要求，兼具发电功能和建材属性的建筑光伏一体化

（BIPV）项目逐渐流行，因此，"黑膜色"的 IBC 电池组件需求也越来越多。

与布满栅线的 PERC 电池组件不同，IBC 电池组件光滑无瑕，所有栅线及正负极全部隐藏于电池组件的背面，颜色、图案均可随意定制。

电池组件的颜色主要受制绒工序的影响，绒面越小，膜色越深。"我们需要创新研发出更均匀的'小绒面'新工艺，提高电池效率的同时实现'黑膜色'组件效果。"宋标说。

每次工艺的调整，并非简简单单地对设备、辅料进行调试，而是要进行一次次长达 30 个小时的膜色验证，验证实验涉及几百张电池编码和排序，顺序错乱或者出现膜色异常只能从头做起。

经过持续一个月的研发与验证，研发人员成功将黑膜色占比提高到 80%，打破了人们对 "IBC 电池只能做大绒面"的固化思维。

物美价廉，让黄河水电 IBC 电池组件迅速 "圈粉"海外千家万户，每年 80% 产量的电池组件被运往德国、迪拜、意大利等市场。

## 中国之"光"

从西宁市区到海南州兴海县，黄河水在深山峡谷间蜿蜒流淌。由黄河水电投资建设的羊曲水电站已进入施工建设后期阶段。该电站采用"光伏＋储能"作为施工电源，开创了国内先河。

用"绿电"建设"绿色电站"，光伏产业不遗余力。2023 年 3 月，我国光伏累计装机容量超越水电，成为中国装机第二大电源，这与中国光伏产业强劲的发展势头密不可分。

据中国光伏行业协会统计，从 2014 年至今，我国企业、研究机构在光伏电池实验室效率上，共打破世界纪录 62 次。在光伏主要生产环节产能的全球占比均超过 80%，生产了全球 90% 以上的多晶硅和约 98% 的太阳能硅片、90% 以上的太阳能电池和 80% 以上的光伏组件。

从"跟跑"到"领跑"，光伏行业的跨越式发展为国内能源保供、全球能源转型注入澎湃动能。

2022 年 12 月，由中国电建投资建设的缅甸京荣光伏电站并网发电；2023 年 5 月，由三峡集团投资建设的哥伦比亚首个光伏项目巴拉诺瓦Ⅰ主体工程开工建设；2024 年 5 月，中国大唐取得孟加拉国福里德布尔 10 万千瓦光伏项目开发权……在"四个革命、一个合作"能源安全新战略的指引下，一座座海外光伏电站建成落地，见证着中国光伏产业步入世界舞台。

随着全球光伏产业的加速升级，当前，光伏组件回收已逐步成为光伏产业实现绿色循环发展的必要途径。

瞄准光伏组件回收领域，黄河水电着手开展关键技术和装备研究。2021 年底，该公司在西宁市建成了全国首条光伏组件回收中试线，这是一条衔接研究成果和正式工业生产的试验线，为了提升产品质量，热解去除质量占比 5%~7% 的胶膜后，完整组件回收率可达 94% 以上，完整破碎组件综合回收率可达 92.5% 以上，回收技术评价为国际领先。

如今，国家电投光伏制造、系统集成、工程建设、运营维护、组件回收和实证实验的绿色循环全产业链已基本建成。

21 世纪的前 20 年，中国光伏产业的飞速发展有目共睹。无论是技术研发迭代，还是突破国外政策壁垒，个中艰辛，我国的光伏从业者们不言自明。全球光伏制造第一大国和装机应用第一大国的地位背后，不仅是无数光伏人精益突破的日日夜夜，更是电力行业质量变革、效率变革的生动体现。

## 六、煤电的逐"绿"之路

祥泰之州，扬子江畔，自然、人文、历史在这里交汇。扬帆弄影，华灯初上，一幅生机勃勃的商业图景徐徐展开。

这里，是特级战斗英雄杨根思的故乡，70多年来，他的"三个不相信"精神感动、激励着一代又一代泰州人。

这里，也矗立着一座现代化火电厂——国家能源集团泰州发电有限公司（以下简称泰州电厂），它是目前江苏省最大的火力发电企业之一，诞生了煤电行业的诸多"第一""首创"。

2016年，国家"十二五"科技创新成就展，习近平总书记亲临泰州电厂二期展台，作出"在中国，煤电是个大事"重要指示。

"泰州电厂二期，建成了全球首台百万千瓦二次再热超超临界燃煤机组，而且拥有完全自主知识产权，标志着中国煤电领跑世界，这是泰州电厂人永远的骄傲，也是全体中国煤电人永远的骄傲！"回忆涌起，时任泰州电厂二期工程部主任王平眼中满是激动与自豪。

我国富煤、贫油、少气的资源禀赋决定了在经济发展的一段时期内煤炭是我国能源产业结构中的重要组成部分，燃煤发电在能源结构中占主体地位。因此，推动煤炭清洁、高效利用，特别是提高燃煤发

泰州电厂二次再热机组

电效率，对保障新时期国家能源安全、推动经济发展至关重要。

20 世纪 60 年代起，国外以二次再热为主要方向之一开展高效清洁燃煤发电技术研究，但限于材料、技术限制，相关研究进展缓慢，且仅应用于较小容量机组，进入 21 世纪以来，二次再热煤电方面的探索几乎停滞。

在国家大力推动能源行业供给侧结构性改革背景下，国家能源集团勇挑重担，联合中国电力工程顾问集团公司、上海电气集团股份有限公司重启对大容量二次再热技术的研究探索，并将试验项目放在了泰州电厂。

2012 年 10 月，国家科技部正式立项国家科技支撑计划课题《高效率低排放的超 600 摄氏度百万千瓦等级超超临界机组关键技术研究与工程应用》，以百万千瓦二次再热发电成套技术为技术路线，研发世界首台 1000 兆瓦超超临界二次再热机组。

"说实话，工作20年，我参与建设过30万、60万、100万的机组，但要建百万二次再热机组，真是想也没想过。但我相信，中国一定可以！"王平感慨道。

2013年6月28日，泰州电厂二期工程正式开工建设。围绕"二次再热"核心技术，确立了"三个最优"的目标，即要实现机组发电效率、供电煤耗、环保指标达到全球最优水平。

可面对"二次再热"，摆在王平面前的却是"三缺"：缺标准、缺经验、缺人才。

"不相信有完成不了的任务"，有着"倔脾气"的王平从不向现实低头，他步履不歇，立刻有条不紊地开始实施他的"A计划"。

第一步，招兵买马。2012年5月，组建工程部的时候，王平从生产部门广罗人才，抽调20名骨干力量，全面负责二期项目的核准和建设工作。这支队伍年轻、精干，平均年龄36岁。他们中有研究生、高级工程师，有"老"专工、值长，并且大多参与过一期百万机组的建设调试工作，老带新、专业配敬业，这个金牌团队给了王平十足的底气。

第二步，孜孜以求。"没有别人的经验可借鉴，那就把自己练成经验；没有标准参考，那就形成自己的标准。"王平时常用这句话激励团队。他们利用有限的时间，四处调研，找老专家交流、向高参数机组"取经"，与设计院不断讨论优化方案，逐步形成代表火电机组更高水平的新标准。时任工程部副主任、汽机专业项目带头人吴东黎，认真学习国外二次再热汽轮机技术，主动与华东设计院等专业人员会商研讨，最终参与协调了"三个背靠背"技术方案验证，为项目顺利推进提供了保障，顺利实现"工作快半拍、时间快半年"的目标。

第三步，探索不止。逢山开路、遇水架桥。机组的主蒸汽参数达到 600 摄氏度，主蒸汽压力达到 31 兆帕，一次、二次再热温度达到了 610 摄氏度。高温金属材料的焊接工艺没有国家标准可以参考，也没有经验可以借鉴，面对高温材料管壁厚了就容易产生裂纹的世界级难题，参建者耗费心力：直面焊接用什么材料、应力怎么释放等一系列问题。汽机专业工程师石磊长期驻扎现场，与专家、施工人员在每一道工序中反复进行焊接工艺试验，不断积累和分析数据，最终形成成熟的焊接方案。在他们看来，没有那份责任和执着，就不会有今天行业最优的机组能效水平。

第四步，严防死守。在别人眼里，工程部的人尤其爱"较真"，从不放过一点"瑕疵"。为使设备出厂缺陷率降到最低，他们将质量控制关口前移，派人长期驻扎在设备生产厂家，把好源头质量关。为确保精细化和洁净化安装，他们规范管理流程、严苛管理标准，探索实践了一整套基建安装管理规范。他们先后发现并处理了水冷壁、鳍片材料及厚度不适应、蒸冷器 P91 材质缺陷及焊接工艺、悬吊管内壁制造缺陷、中压内内缸铸造件毛坯壁厚减薄等问题，为投产后长周期安全稳定运行打好基础。

经过 900 多天的不懈努力，泰州电厂二期两台机组分别于 2015 年 9 月 25 日、2016 年 1 月 13 日通过 168 小时满负荷试运，投入商业运行。性能试验显示，机组供电煤耗为 266.3 克 /（千瓦·时），发电效率达 47.82%。经国际能源署测定，两台机组是当时国际上最为先进的燃煤发电机组，拥有"发电效率""供电煤耗""排放水平"三个世界最优。

该项目获中国电力科技进步奖一等奖，中国电力优质工程奖、国

泰州电厂全景

家优质工程金质奖、中国电力行业优秀工程设计一等奖、中国机械工业科学技术一等奖，并入选国家"十二五"创新科技成就展。

当获悉这些"官方认证"的消息时，王平和同事们如释重负。更值得欣慰的是，经过无数次披荆斩棘，在项目策划、研发、设计、制造、施工、调试、运行、维护、教学等方面，泰州电厂形成了一套具有鲜明特色的"产学研用"相结合的技术创新体系，培养了一大批服务电站的高端科技专业技术人才，其中30多人成为各单位技术领军人才，为我国培育了一支优秀的燃煤发电科技创新队伍。

经过他们的共同努力，项目获授权专利47项，其中发明专利29项，软件著作权21项，标准13项，论文75篇，在调试关键技术、关键控制策略、成套自动控制系统三个方面实现自主创新。

该项目是中国火电行业最新、最强技术的一次集体"亮剑"，奠

泰州电厂碳捕集、利用与封存技术（CCUS）项目

定了中国在燃煤发电领域的全球领先地位，为今后一个阶段国内燃煤发电的发展指明了方向，成为中国火电史上的一座里程碑，有效推动我国煤电产业结构转型升级，创造了巨大的经济和生态效益。投运以来，两台机组累计完成发电量987.45亿千瓦·时，2023年二期机组供电煤耗完成263.45克/（千瓦·时），较全国平均低近35克/（千瓦·时），连续八年荣膺1000兆瓦组别5A级。

　　一个个闪亮的指标数据，仿佛泰州电厂人高擎"做好煤电大事"的信念之炬，走出的坚实脚步。从江边荒滩到中国美丽电厂，从传统煤电到国家煤电节能减排示范电站，从过程减碳到煤炭清洁高效利用，二十年接续奋斗，二十年精进不辍，扬子江畔处处跳跃着"绿"动音符，串联起绿色低碳发展的旋律，鸣奏出电力人探寻绿色高质量发展之路的华彩乐章。

# 七、扎根基层的蓝领"发明家"

"一个移动充电枪覆盖 6 个车位，如果安装 5 个，就能覆盖 30 个车位。"在创新工作室，党的二十大代表、国家电网天津电力滨海供电公司配电抢修班班长张黎明同两名工程技术人员围坐一起热烈讨论，身旁的一叠纸上画满了设计草图。

讨论间隙，张黎明向新华社记者介绍他最新的创意——移动共享充电桩。

"开展电力志愿服务时，我发现基层对充电桩的需求越来越大，便想到设置固定充电桩，再配上可移动的充电枪，尽可能满足大众绿色出行需求。"

"努力在创新的道路上，取得更多高层次智能化成果。"在创新工作室显眼位置，悬挂着张黎明写的这句话。这是他 30 多年如一日矢志创新、锐意进取的真实写照。

## 创新：为一线职工减负

在张黎明的创新成果中，既有急修专用工具箱、孪生卡、绝缘操作杆、可摘取式低压刀闸等"接地气"的创新成果，更有"高精尖"的人工智能配网带电作业机器人。这些创新成果的出发点都是为了解决基层遇到的困难，为一线职工减负、赋能。

创新源自实践，更源自责任。2016 年 7 月的一天，张黎明骑着自行车巡线，看到带电班的同事穿着厚重的绝缘服、戴着笨重的绝缘手套进行带电搭火作业，汗水顺着脸颊一直往下淌。他心里很不是滋味，决心研制一种能够代替人工作业的智能装备。功夫不负有心人，经过长达一年多的努力，配网带电作业机器人——"钢铁侠"诞生了！第一代机器人可以在实验室完成带电作业功能。紧接着，张黎明和同事们又朝着带电作业机器人现场实用化发起了"冲锋"。

张黎明带领团队围绕生产实践需要，聚焦安全可靠便捷，不断开展机器人技术攻关。从第一代到第四代，配网带电作业机器人实现了从理念到现实的突破、从一般设计到精致研发的升级。他们不舍昼夜、苦心钻研，连续攻克了绝缘电磁干扰、通信影响等技术难题。查资料、跑厂家、做试验……在上千个日夜里，张黎明向书本学、向厂家学、向院校学、向同行学，经历了一次次失败、克服了一个个难题，终于实现了配网带电作业机器人的系列化研发和产业化推广。相

张黎明（右）为社区居民开展电力设备隐患排查

张黎明（左）在调试机器人

较于 2019 年的第二代机器人，第四代机器人体积缩小了三分之二、重量减轻了三分之一，功能也更加便捷优化。

张黎明的徒弟王立国说："智能识别、轨迹控制都是我们从来没有接触过的领域。黎明师傅带头查资料，请教专业人员，翻阅了上百份资料，这种终身学习的精神值得我们学习。"

深化人工智能技术在配网抢修中的运用、探索实践人工智能技术在电动汽车充电领域中的创新应用、思考能源互联网建设运营中的新模式……随着研究的不断深入，张黎明的点子更多了，创新劲头也更足了。在张黎明和创新团队的持续攻关下，配网带电作业机器人攻克了精准定位、自主规划、智能控制、安全防护等关键核心技术，可代替人工从事 10 千伏带电作业，精度达到毫米级，有力保障了带电作业人员的人身安全。

现在，配网带电作业机器人已实现产业化，并推广应用了 451

台，在天津、山东、浙江等20余个省份推广应用，代替人工作业超过6.2万次，保障了12万人次的人身安全。创新团队编制的《配网带电作业机器人导则》成功立项并正式发布，成为配网带电作业领域首个IEEE国际标准。

## 为人民服务，创新不分大小

"人民的利益高于一切。"张黎明找到了创新方向——只要是保证一线人员人身安全的研发方向，就是他创新的方向；只要是为人民服务的方向，就是他攻关的方向。

张黎明常说："创新要不怕小，只要能解决实际工作中的问题；创新还要不怕大，要敢想敢干、不怕失败，这才是新时代产业工人应该有的样子。"

就是这样朴实无华的心态，让他摸到了干好工作的"门道"，走上了一条矢志创新的"大道"。

作为党的二十大代表，张黎明在日常工作中发现老小区新能源汽车充电存在油车占位、电车短充长停等问题。他联合创新团队研发制造了一种"一对多"的移动共享充电桩。"与传统新能源汽车采用'一对一'固定充电桩充电方式不同，我们的新成果是将充电桩由私人化转变为共享化，从固定式转化为移动式。充电桩的覆盖范围扩大了，一个桩可以覆盖6个车位。"张黎明说。截至目前，移动共享充电桩已在天津市滨海新区18个小区安装了20台，解决了群众急难愁盼的问题，也兑现了他在党的二十大"党代表通道"上对全国人民的承诺。

张黎明及其团队研发的充电机器人创新成果集中应用于天津滨海

于家堡电动汽车智慧综合充电示范站。于家堡示范站启用"自动充电＋自动驾驶"服务模式，自动挪车机器人搭配"黎明牌"自动充电机器人，代替车主驾驶车辆往返充电站入口与充电车位，实现"一站式"全自动服务。自动送电机器人可移动至指定位置，提供应急保电、充电救援等服务，延伸了充电服务半径，扩大了充电服务群体。

近年来，国网天津电力持续推进天津地区智慧车联网建设，先后投运津门湖、武清、于家堡等创新示范站，累计建设运营充电站1675座、充电桩12632台，形成城市核心区 0.9 千米、市区 3 千米、郊区 5 千米的"0.9、3、5"充电服务圈，在重点领域实现公交充电全覆盖、过境高速充电全覆盖、4A 级及以上景区充电全覆盖，真正为美好生活充电、为美丽中国赋能。

## 为绿色能源发展再创佳绩

在中新天津生态城甘露溪公园，一座充满未来气息、科技含量十足的零能耗智慧建筑格外"吸睛"。张黎明和创新团队来到这里，对零能耗建筑运行系统管理平台深化运用提出创新建议，进一步丰富智能、舒适、节能、个性、夜间等应用场景，充分满足不同用户的用能需求。

器物有形，匠心无界。智慧电网为张黎明创新提供了更为广阔的天地。他带领创新团队把甘露溪公园的惠风溪智慧能源小镇作为智慧电网创新的"大本营"，将绿色能源与智慧能源小镇公共建筑进行了深度融合，创新绿色能源与公共建筑应用场景，深化小镇公建新能源使用体验，展示了可再生能源清洁低碳用能新模式。小镇用户类型齐全，既涵盖工业、服务业用户，也涵盖政府和居民用户；融入基础设施广泛，全面融入供电、供水、供气、供热、交通、通信、绿化、文化和体育等城市基础设施；应用场景丰富，是涵盖电气冷热多能源、源网荷储多环节、生产生活多场景智慧能源应用和服务的城镇能源互联网示范工程。

张黎明及其创新团队把智慧能源小镇创新成果复制、推广到天津滨海能源互联网综合示范区建设过程中，研发建设"生态宜居智慧能源服务、智慧港口绿色能源供应、园区高可靠能源保障、多产业高效能源利用"四大典型能源发展业态，形成整体示范效应，引领天津能源互联网建设。

从滨海能源互联网综合示范区到电力"双碳"先行示范区，从全国首个零能耗智慧建筑到全国首个政府授权的电力"双碳"中心，处处留下了张黎明的创新足迹，也带动了国网天津电力培育出一批"创新大军"。

在电力行业的作业一线，"张黎明们"兢兢业业，坚守在各自的岗位上，用来自一线生产实践的经验和智慧，与电力系统上下共同织牢了电力供应的安全网。这种高度负责的工作态度和对专业技能的不断创新钻研，正是电力行业稳步运作发展的基石。

# 八、电力创客"年代秀"

"创客"本指勇于创新，努力将自己的创意变为现实的人。"电力创客"顾名思义，是电力行业内围绕专业技术工作进行头脑风暴、创新挑战的人。在大唐东营发电有限公司（简称大唐东营公司），有这样一群"70后""80后""90后"电力创客，年份的数字并不仅仅是他们年龄的标签，虽然他们完成的创造性作业、技术革新等呈现出截然不同的特点，但他们坚持不懈和奋斗不息的创新精神，又惊人的一致。

## "70后"：创新开拓　助推火电技术升级

"大唐东营项目将优化设计和科技创新贯穿于设计和建设全过程，以优化工艺系统和设备配置、提高机组技术性能指标为重点，每项或微小或重大的改变都是大唐东营公司对创新发展的不懈追求。"发电部副主任兼党支部书记李春雨在新入职职工培训会上介绍起大唐东营公司的建设历程。

这是李春雨在大唐东营公司工作的第10个年头。"70后"的他参与了机组从电厂选址、设备选型、工艺优化、施工安装、投产运行的全过程发展，其中世界首台"六缸六排汽"的设计之路，是他十年来最难忘的一段故事……

项目建设之初，李春雨作为汽轮机攻关小组成员，深知汽轮机作为火电厂核心装备，汽轮机性能的优越性直接影响发电效率。面对横在眼前的一个个"拦路虎"，李春雨所在的攻关小组大胆直面，全力推进大唐东营项目科技创新进程。

研究过程中，汽轮机攻关小组发现充分利用当地优良的水温条件深入挖掘机组发电效率，可能成为大唐东营项目的"破题之策"，于是大胆提出打破"五缸四排汽"传统思路，采用"汽轮机大冷端优化

世界首台"六缸六排汽"汽轮发电机组

设计，将低压缸排汽面积配置纳入冷端优化过程，降低终端参数实现节能"的设计理念和方案。一年时间里，汽轮机攻关组所有人员与科研工作者们探索前进。最终，研发出"单轴六缸六排汽"，在传统"五缸四排汽"结构基础上增加了一个低压缸，成功将凝汽器背压降至2.9千帕，仅为常规机组设计值的59%，为同类型机组世界最低。

"六缸六排汽"汽轮机创新之路的硝烟刚刚散尽，超长轴系稳定性的"战斗烽烟"又起。

面对"六缸六排汽"59.672米超长轴系稳定性问题，攻关小组再次吹响冲锋号，立即投入论证。团队基于转子动力学理论及有限元分析法，采用火电机组最长 N+1 单轴系高压缸前置的非常规布置技术路线，实现了国际火电机组最长 N+1 单轴系稳定运行的首次成功应用，那一刻，攻关团队所有成员都吃下了定心丸。

转入生产运营后，大唐东营公司两台机组汽轮机热耗、锅炉效率、发电厂用电率投产性能验收值均优于设计值。目前，累计向社会供电210亿千瓦·时，与全国百万火电机组平均煤耗水平相比，节约标煤约26万吨，减少二氧化碳排放约70万吨，已成为火电减碳创新版图上的一面旗帜。

### "80后"：技改实干　突破关键技术瓶颈

2022年11月，大唐东营公司2号机组首次B级检修后开机投运。

"机组目前处于40%负荷，给水流量稳定无波动！改造圆满成功！"维护部主任厉召迎激动地说道。

2022年，刚刚调入大唐东营公司的厉召迎是一名"80后"，来到公司第一件事就是从头梳理机组系统流程，熟悉设备运行状态。一路与设备维修打交道的他，发现机组采用的单台100%容量汽动给水泵存在75%负荷以下运行时给水流量波动大，需开启给水再循环调节，导致再循环调节门冲刷严重，严重影响机组安全性、经济性和灵活性调峰性能。

厉召迎第一时间梳理摸排国内同类电厂，组织生产厂家会诊，发现国内同类电厂和设备厂家的1000兆瓦单给水泵配置机组普遍存在同样问题。

"如果厂家没有更好的解决方案，我们自己研究优化改造，要下定'不解决问题不撒手、不取得成效不罢休'的决心，让机组调峰水平更加灵活，不能让问题难住。"倔强的厉召迎没有放弃。

技术改造，如何"改"出高效益、"改"出新动能？

厉召迎组织设备维护部技术人员成立课题攻关组，深入调研、收集国内外资料，多次组织集团科研院、设备厂家等召开专题研讨会和开展试验论证，经过反复探索实验，设计出经济合理、安全可靠的给水泵叶型优化改造方案。2022 年 10 月，给水泵改造施工与机组 B 级检修同步安排、同步进行。厉召迎坚持机组检修和技术改造两手抓，现场开启"白 + 黑"连轴转模式，动态调整施工组织，大家齐心合力高效优质地完成了该项技术改造。

机组运行期间，给水泵组各轴承振动、运行温度优良，各项指标参数正常，顺利实现了机组 40%～100% 负荷运行期间给水流量稳定无波动的预期目标，并优于原设计值 50% 负荷无波动值，降低机组煤耗约 2 克每千瓦·时，超出预期效果。

## "90 后"：青年行动派　赋能数字智慧化转型

"大唐集团首个实现全过程智能启动至带负荷的百万机组！'智能启停'技术充分运用信息化手段，是将成熟'状态操作'经验转变成智能启停的'专家系统'，降低了交变热应力对机组的损害，延长了机组使用寿命，真正实现了从数字化到智慧化的跨越、从经验控制到标准状态控制的转变。"谈起大唐东营公司"智能启停"，吴超瞬间打开话匣子。作为公司热工专工兼网络信息安全专工，思维活跃、执行力强的吴超是公司的"90 后"代言人。

当公司提出"攻克 APS 一键启停技术"想法时，吴超既忐忑又兴奋，这是他负责网络信息安全以来第一个独立牵头的任务，也是他最感兴趣的课题研究。

"加快建设网络强国、数字中国，为我们的奋斗明确了方向。随着工业信息化、数字化、智能化技术的快速发展，传统火电行业只有在智慧化转型大潮中不断蜕变，才能立于不败之地。大唐东营项目作为世界首台六缸六排汽百万机组，更应该走在前，做火电迭代升级的领头羊。"控制理论与控制工程专业出身的他，对打造"数字智慧化"电厂有着自己的见解。

他秉持"力行求是"的工作态度和"融智创新"的原则，第一时间与大唐东北电力试验研究院协调沟通，"强强联手"成立智能启停系统课题攻关小组，秉持大运行理念，推行多线并行设计思路，通过仿真机模拟试验进行逻辑测试，对运行机组数据曲线进行实时分析，结合机组运行方式讨论制定出调试方案，仅用28天时间，逐步完成了启停系统逻辑、画面组态、系统联调及热态试验工作。

大唐东营公司一键启停过程中机组平稳运行

2022 年 11 月 14 日，当运行人员在集控室用鼠标轻轻点下 2 号机组启动按钮时，吴超屏住呼吸，紧紧盯住电脑屏幕，系统按预设程序依次启动机组内各种设备。14 时 47 分，2 号机组智能启动项目湿态转干态功能组启动完成！15 时 07 分，2 号机组自动升负荷至 420 兆瓦投入协调模式！

看着电脑屏幕，吴超深深舒了口气，脸上洋溢起笑容。机组"一键启动"的成功应用，是他在建设智慧化、数字化电厂路上获得的最好礼物。

"江山代有才人出，各领风骚数百年。"电力的"后浪"们并不是要将"前浪"们拍在沙滩上，而是要让电力创新传承在时代的变迁中历久弥新，"传帮带""老带新"，在不同时期、不同年龄段的电力人手中，让创新发挥出突破技术瓶颈、促进行业技术发展的最大力量。

## 九、打磨制造工业"皇冠上的明珠"

重型燃气轮机是能源和国防建设领域的战略性装备，被誉为工业"皇冠上的明珠"。由于燃气轮机高温部件长期运行在金属熔点以上，并承受极高的应力和腐蚀环境，设计制造难度极大。数十年来，我国燃气轮机高温部件的设计制造技术一直处于空白状态，极大地阻碍了我国自主燃气轮机产业体系的建立和发展。

"在我眼中没有什么工种划分，所有人在工作中的核心目标都是追求更高的制造效率、更好的加工质量和更低的制造成本。"东方电

文小山在测量零件

气集团东方汽轮机有限公司的文小山成为打磨这颗"明珠"的人。

他带领团队完成了我国首台 F 型 50 兆瓦重型燃气轮机燃烧器的制造，实现了从无到有，制造出大国重器，将梦想变成了现实。2022 年，文小山被全国总工会授予全国五一劳动奖章，这位沉默寡言的技能大师成为公众关注的焦点。

## 十年一剑铸就大国重器

重型燃气轮机和航空发动机号称"世界上最难制造的机械设备"。长期以来，西方对我国实施严格的技术封锁，我国在重型燃气轮机领域一直处于无核心技术、无验证手段、无系统基础研究的状况。曾通过"市场换技术"与欧美、日本企业进行技术合作和交流，重型燃机国产化虽已接近80%，但剩余的20%，如高温部件等核心技术，仍依赖进口且被国外牢牢把控，特别是燃烧器、高温透平叶片的制造。

2009年，东方电气集团东方汽轮机有限公司率先在国内开展具有完全自主知识产权的F级50兆瓦重型燃气轮机研制，开启了"登峰挑战"，誓要摘取这颗"皇冠上的明珠"。当时东方汽轮机有限公司刚刚经历"5·12"大地震，完成灾后重建，文小山团队临危受命，承担了最为关键的首台套燃烧器制造技术攻关任务。

"当时真的是一张白纸，没有任何制造经验可以参考，心里记着的只有'东汽精神'里说的'不怕牺牲，敢于胜利'，就是反反复复

文小山带领团队检查燃机轮盘加工质量

地干，一路摸黑往前走。"文小山在几年后谈起这段经历依然记忆犹新。当时整个团队刚上来就被高温合金材料加工这个问题给打蒙了，文小山在试验模拟件上反复测试，对刀具方案、试验参数、加工方法不断进行调整，摸索加工过程中的规律，针对高温合金的加工制造形成了一系列切削技术方案，迈出了燃烧器制造的重要一步。但是之后，机械加工过程中最复杂的"变形"问题接踵而至。

由于重型燃气轮机的燃烧器采用的是典型的薄壁筒体设计，主体壁厚只有 2 毫米，在初期的试验模拟件上加工变形达到了十几毫米，而且变形周期覆盖了整个加工过程和加工后。"变形"的阴云笼罩了整个技术团队。针对变形问题，文小山提出了防变形的第一步是先预测变形，然后再制定对应的防变形策略，制定了一系列的创新方案，包括采用浮动装夹方案、真空吸附方案等，通过一系列的制造工艺方案优化，形成了一套燃烧器薄壁零件的变形预测与控制技术。

## 自主创新掌握核心利器

2018 年，由文小山领衔的"文小山技能大师工作室"被评为了国家级技能大师工作室，文小山也被评为了"全国技术能手"，但是在首台 50 兆瓦重型燃气轮机透平转子制造过程中，遇到轮槽拉削的难题让整个团队举步维艰。

重型燃气轮机的透平转子是燃气轮机的主要做功部件，在首台 50 兆瓦重型燃气轮机转子轮槽拉削中，文小山团队又遇到了与燃烧器制造相同的挑战。但是这次留给他们选择的余地非常小，因为全球能够制造这种高精度复杂型线拉刀的制造商屈指可数。在困境中，他们请教欧美的拉刀制造商，对方回复除非采购他们的拉刀，否则这个问题不会得到解决。

"关键核心技术是要不来，买不来，讨不来的。"谈起当年的困境，文小山说出了他们对掌握核心制造能力重要性的切身感触。

2019年，首台50兆瓦重型燃气轮机原型机点火试验成功后，文小山和团队就开始思考燃气轮机转子高效拉削的问题。通过前期的方案探索，他们提出了自行设计机夹硬质合金拉削刀具的技术路线。但是由于该方案在国内外都没有成功应用案例，所以在方案可行性评价阶段技术专家纷纷提出了质疑，特别是对拉削过程中的安全性问题。因为单个转子轮盘的毛坯价格就达到了100万元以上，而且由于极高的技术要求，如果在拉削过程中出现问题造成轮盘损伤必须做报废处理，文小山将这种挑战形象地形容为"刀尖上舔血"。

"创新从来都是九死一生，但我们必须有'亦余心之所善兮，虽九死其犹未悔'的豪情。"在所有的质疑声中，文小山带领团队自行设计制造了第一节试验拉刀，在试验件上进行了拉削试验，通过试验，初步验证了方案的可行性。然后他们快马加鞭，第一时间完成了首级轮槽拉刀的方案设计及制造，进行了试验验证，通过试验将拉削的速度由原来的0.6米每分提升至了12米每分，文小山团队形象地将这种拉削速度的改变形容为"扔掉自行车，开上小汽车"。

后续文小山和团队针对应用过程中防崩刃等关键技术问题继续优化，掌握了重型燃气轮机轮槽机夹式硬质合金拉刀设计、制造与应用的核心技术，形成了系列化、标准化的解决方案，为国产化重型燃气轮机进一步走向市场提供了坚实的基础。

文小山说:"我们必须依靠自力更生,自主创新,将大国重器牢牢掌握在自己手上,这其中不但包括了核心的设计、试验验证技术,也包括了制造技术和关键零部件制造的核心工艺装备。"

## 凝心聚力攻坚克难

2023年在公司推进"质量二次革命"的浪潮中,文小山带领团队迅速响应,在重型二分厂和三轴钻操作人员的鼎力支持下,历经一年的深入研究与技术突破,通过刀具的再次优化,他们成功采用自主设计的导向硬质合金铰刀进行转子叉形销孔的加工。此举显著改善了孔径后端变大变椭的问题,经检测,加工出的孔径完全符合标准,彻底解决了长期困扰汽轮机制造行业的质量难题。目前,这款硬质合金扩铰一体刀具已在重型二分厂投入批量使用。它不仅大幅提升了销孔的加工合格率,使其从80%跃升至98%以上,还使铰刀的寿命增加了6倍,销孔加工效率提高了30%。

多年来,围绕关键零部件制造、新技术新工艺的研究应用、高效复杂刀具研发,文小山团队承担了工信部重大科技专项四项,省市级科技攻关项目五项,获得专利数十项,发表论文二十余篇,获得行业、省、市级的科技创新成果10余项。文小山团队对于技术创新的初心未曾改变,但对于创新,他们有了自己的认识,创新从来都不是天马行空,也不是灵光乍现,而是数十年对于基础技术的坚守,不放过每一次出现问题、解决问题的过程。

## 勇攀高峰彰显工匠初心

1988 年出生的文小山略显单薄，但是他十九岁就已经是车工高级技师，"成名"虽早，文小山却没有在荣誉前故步自封。虽然岗位是数控车工，但是对于制造技术涉及的一切他都有着强烈的兴趣，高速五轴数控机床、车铣复合加工中心和更为先进的自动化编程、加工过程虚拟仿真技术，这一切都让他着迷。

"在我眼中没有什么工种划分，我们在工作中的核心目标就是追求更好的加工质量、更高的制造效率和更低的制造成本。"在谈到对工作岗位认识的时候文小山这么说。

文小山的业余时间基本都献给了他所热爱的工作，为了将自己对制造技术的领悟传播给更多人，2021 年他利用业余时间带领团队花了半年时间编写了 28 万字的《金属切削技术手册》，将自己对切削技术的理解和现场问题处理的心得整理成册，并且到公司每个车间对涉及的关键知识进行专题讲座，仅 2021 年就举办了 30 多场，培训了近 700 多人。

他致力于技能传承，以传道授业为己任，为东汽高技能的人才培养倾注了心血，为行业注入了新生力量。他的教学独具匠心，精心培育的十余名弟子如今都已成为公司的中流砥柱，其中六人取得高级技师资格，六人获得技师资格。作为公司数控车工的技术领航者，他连续多年引领着团队在各类大赛中摘金夺银，在 2023 年带领职工取得了第十七届"振兴杯"全国青年职业技能大赛车工铜奖和优秀奖。在他的悉心指导下，培养的职工屡创佳绩，仅获得四川省五一劳动奖章的就有 3 人。他培育的一大批技术精湛的高技能人才，为公司的高质量发展奠定了坚实的基础。

评价起他来，团队成员言必称大师，但文小山对此淡然一笑，说道："我和所有在一线技术岗位工作的人一样，只是在一个平凡的岗位上从事一份平凡的工作，我们敢于做梦，敢于追梦，自主创新让我们的梦想有了翅膀。"

核心技术的突破，不只是个人的努力，更重要的是团队坚韧不拔的毅力和勇攀高峰的信念。从初出茅庐的车工学徒，到技艺精湛的工匠大师，文小山以车刀做笔，用实干书写梦想的篇章。勇于攀登高峰，敢闯敢拼敢干，从起步追赶，到自主创新，他壮志不已，攻坚克难，用匠心不息，铸就东汽智造。他秉承大国重器要掌握在自己手里的理念，择一事，终一生，勤奋不辍，摘下了重型燃机这颗制造工业"皇冠上的明珠"，点亮了万户千家。

第三节
用追求卓越塑造新时代的
电力民族品牌

电力行业始终心系"国之大者"、矢志"国之重器",一代代电力人接续奋斗,坚守使命,以坚持不懈的努力和精工细作的匠心,铸造了一座座惊艳世界的大国重器,建设了一批批世人瞩目的超级工程,塑造了一个个打下新时代烙印的电力民族品牌,撑起了我国能源高质量发展的坚强脊梁。在这一过程中,广大电力企业大力弘扬爱岗敬业、争创一流的劳模精神,崇尚劳动、热爱劳动的劳动精神及精益求精、追求卓越的工匠精神,以高站位、高标准、高要求推动各项工作,培养了一大批高技能人才和大国工匠。

## 一、点亮世界屋脊的"电力天路"

"电力天路哎阳光的路,一路盛开格桑花。我要为你跳起热情的锅庄,我要为你敬上飘香的油茶。"在平均海拔超过 4500 米的"天上阿里",一首歌曲口口相传。

2020 年 12 月 4 日,阿里与藏中电网联网工程投运。从日喀则市到阿里地区,1689 千米长的输电线路 3 次跨越雅鲁藏布江,翻越5300 米以上的孔唐拉姆山、马攸木拉山,将阿里地区纳入互联互通的大电网怀抱。至此,西藏形成了主电网覆盖 74 个县（区）的统一电网,仲巴、萨嘎、吉隆、聂拉木、普兰、改则、措勤等 7 个县接通了大网电,工程沿线 16 个县 38 万农牧民用上了稳定可靠的电……

阿里联网工程贯通仪式

大国重器筑基，光明天路飞跃，雪域高原上各族人民的幸福生活开启了新征程。

## 阿里群众盼望用上大网电

阿里地区处于中国极西地带，位于西藏西部、青藏高原西南部，被称作"世界屋脊的屋脊""高原上的高原"。

"这里的土地如此荒芜，通往它的门径如此之高，只有最亲密的朋友和最深刻的敌人，才会前来探望我们……"当地民谚道出了这里生存环境的艰难恶劣。受自然环境影响，阿里地区基础设施建设落后，生活条件极为艰苦，34.5万千米$^2$的土地上的居住者不到13万人。

20世纪80年代，阿里地区第一座发电厂建成投运，2台装机容量1000千瓦的蒸汽发电机组解决了当时噶尔县城区的供电问题。此后，阿里火电厂、狮泉河水电站等陆续投运。

2019年年底，西藏主电网延伸到66个县（区），主电网人口覆盖近 290 万人，此时阿里人均发电装机约 0.48 千瓦，不到全国平均水平的一半。阿里电网长期孤网运行，安全水平低、供电质量不高，居民用电主要靠小水电站支撑，冬季只有一半时间能供电。

于是，阿里各族群众天天盼电来，只有架设起电力线路、接入大电网，才能用上充足的电。

近年来，国家持续加大西藏电网投入和帮扶力度。阿里与藏中电网联网工程是我国继青藏联网工程、川藏联网工程和藏中联网工程之后，建设的第四个突破生命禁区、挑战生存极限的高海拔电网工程。

阿里联网工程起于西藏日喀则市桑珠孜区多林 220 千伏变电站，止于阿里地区噶尔县 220 千伏巴尔变电站，跨越西藏 2 个地市 10 个区县，总投资 74 亿元，输电线路长度 1689 千米。

2019 年 9 月工程开工，电力建设者在每年有效施工期仅 6 个月的生命禁区硬生生地辟出这条"光明天路"，为的就是将阿里电网这块薄弱的"局域网"接入坚强智能的大电网，打通大网电进阿里的通道。

此前，经历了"户户通电"、三县一镇联网和新一轮农网改造升级的阿里电网，供电能力不断提升，改变了当地社会的面貌，而阿里联网工程的建设更是让当地群众充满期待。

## 在生命禁区攻坚克难解难题

阿里联网工程是世界海拔最高、运距最远的超高压输变电工程——平均塔位 4572 米，最高海拔 5357 米，最长运距超过 5400 千米。这也意味着，工程建设面临前所未有的施工难度。

阿里联网工程 3 次跨越雅鲁藏布江，翻越 5000 米以上的孔唐拉姆山、马攸木拉山，所经之地有大片的永久冻土区和无人、少人区，人迹罕至；沿线气候条件恶劣，含氧量仅为内地50%~60%，平均气温0~5摄氏度，最低气温达零下45摄氏度，昼夜温差达25摄氏度以上，连机械都因"高原反应"失效……不仅电力建设者在挑战生命极限，电网建设技术及工艺也在持续创新突破。

2020年5月2日，在海拔5357米的日喀则拉孜县与定日县交界处的嘉措拉山，阿里联网工程4R053号500千伏输电铁塔成功组立，刷新了世界超高压电网建设领域的海拔纪录。

2020年11月16日，位于海拔4688米处的萨嘎变电站启动带电成功，刷新了220千伏变电站建设海拔纪录。

阿里联网工程建设中，科技创新贯穿始终，早在规划设计阶段，就确定了15项科研创新项目，并在各环节建设管理中尝试运用了多

施工人员在高海拔地区艰难行进

种前沿建设理念和技术手段。

坚持科技创新，让工程在设计、管理、科技方面创造了多个国内首次——首次开展了基于运行经验的超高海拔架空输电线路外绝缘配置值研究；首次运用铅炭电化学储能系统作为变电站应急电源，解决了柴油发电机因高原低温缺氧而难以启动的难题，实现了变电站、充放电（储能）站、数据中心站"三站合一"的建设与运营，将传统变电站转变为能量双向流动的能源信息枢纽；首次系统性提出开展富氧综合环境设计研究，确定了 3000 米以上不同海拔建设相应富氧系统的行业标准……

阿里联网工程在建设管理中全面采用三维数字施工图设计，研发应用了现场安全生产管控、物资供应管控、医疗后勤保障 3 个 App 和指挥中心全过程信息化管理系统，并依托国家电网物资智慧供应链体系，提前 2 个月完成了全部的物资供应，确保了工程顺利推进。

创新在更多维度展开。阿里联网工程穿越高寒荒漠、高原草甸，途经多个自然保护区。为了有效保护高海拔地区脆弱的生态环境，在沼泽地施工过程中，工程创新开展了高海拔沼泽地螺旋锚基础关键技术攻关并成功应用，形成了覆盖地质评价、基础选型、设计和施工应用全过程的成套技术。这是我国在西藏电网建设中首次采用螺旋锚基础进行施工，为今后我国高海拔地区沼泽地条件下的电力基础工程建设和技术创新作出了积极有益的探索实践。

工程还将当地自然风物、藏族文化元素等巧妙融入设计，玛旁雍错以北，冈仁波齐之南，百余基日土白绒山羊头塔与 219 国道并行延伸；日喀则市吉隆县，有 35 基"岗巴羊头"造型的景观铁塔，这是国内首次大规模应用美学景观塔设计理念。

## 为雪域高原注入发展活力

从西藏和平解放时发电"零装机"起步，到各地市小区域电网逐渐形成，再到青藏、川藏、藏中电力联网工程三条"电力天路"接连贯通。几十年间，西藏电力事业蓬勃发展，给当地经济社会的跨越式发展插上了腾飞的翅膀。

2011年12月9日，第一条"电力天路"青藏联网工程提前一年投运，横跨青藏高原，结束了西藏电网长期孤网运行的历史。围绕拉萨市的藏中电网率先与国家电网互联，"日光城"成了"不夜城"，还辐射带动着周边的山南、日喀则等地的经济发展。

2014年11月，川藏联网工程投运，给西藏自治区东部和川西甘孜州南部的近50万康巴藏族同胞送去了光明与温暖。昌都，这颗深藏在横断山脉和金沙江、澜沧江、怒江流域的"藏东明珠"，自此发出更夺目的光彩。2015年，昌都全社会用电量超过3.3亿千瓦·时，同比增长50.38%；经济总量突破136亿元，同比增长16.1%。

2018年，藏中电力联网工程又将青藏、川藏联网工程连接起来，西藏统一电网建设再次迈出重要一步。

110千伏、220千伏、±400千伏、500千伏，西藏主干电网电压等级上台阶，电网"骨架"强了起来。2019年，西藏全社会用电量77.6亿千瓦·时，比2010年增长了247.1%。西藏及涉藏州县丰富的水能等清洁能源还沿着"电力天路"迢迢外送，累计送出电量超过1100亿千瓦·时，带动经济效益超过600亿元。

从主电网的"大江大河"分支向下，连接西藏千家万户的供电"毛细血管"也日渐丰盈。2010年9月，国网西藏电力供区实现"户户通电"。2017 年以来，我国积极推进边防部队通大网电和"抵边村寨"电网工程建设。手机满格信号、随时可以提供热水的电热水器、夜晚明亮的篮球场……这让"白天兵看兵、晚上数星星"的日子成了历史。

2020 年 7 月 26 日，在海拔 4100 米的青藏高原上，随着吉隆 500 千伏变电站最后一根导线展放完成，阿里联网工程全线贯通。

对阿里地区而言，工程投运后将推动西藏统一电网建设，还可从根本上满足阿里地区负荷快速发展的需要，摆脱已有电源保障能力较低、规划电源建设不确定、新增电源投资巨大等诸多问题，全面提升电网的供电质量和可靠性水平。

从更大范围看，阿里联网工程让沿线人民实现了从"用上电"到"用好电"的跨越，解决了西藏 97% 人口的用电问题，也形成了面向南亚开放的电力大通道，促进西藏清洁能源开发外送。当地群众纷纷表示："就盼着能赶紧用上大网电，我们干活更有底气！"

工程建设还给当地群众带来了诸多"红利"，有效拉动了就业和经济发展。据统计，工程建设期间共吸纳当地农牧民就业 2678 人，零星用工 10246 人次，采购当地砂石料等共计价值 8400 多万元。

电相通、情相牵、意相融。从羌塘草原到林芝河谷，从"藏东明珠"到"天上阿里"，银线与铁塔连接成雪域高原的新脉络。沿着这一条条脉络，我们看到坚守初心使命、一路攻坚克难的电力人追求光明梦想的脚印，他们既是西藏电网的建设者，也是西藏电网实现跨越式发展的参与者、见证者。在一代代电力人的坚持与付出下，迈向高质量发展西藏电网正为社会主义现代化新西藏建设注入源源不断的强劲动能。

## 二、白鹤滩上的水电"珠峰"

平静温柔的金沙江像一条宽阔的绿色丝绸，铺展在绵延不绝的高山之间。只见一座双曲拱坝插入江水两侧陡峭的崖壁中，牢牢聚起奔涌而下的江水，壮阔如画的"高峡出平湖"在干热河谷呈现。这里是世界第二大水电站、实施"西电东送"的国家重大工程——白鹤滩水电站。

长江干流上的乌东德、溪洛渡、向家坝、三峡、葛洲坝水电站，连同白鹤滩水电站，连珠成串，共同构成了一条跨越1800千米的世界最大清洁能源走廊。6座巨型电站在其中联合调度、协同运行，有效缓解了我国华中、华东地区及四川、云南、广东等省份的用电紧张局面，有力保障"西电东送"和电网安全稳定运行。

2021年6月28日，白鹤滩水电站首批机组准时、安全地投产发电。习近平总书记发来贺信，表示热烈的祝贺。

习近平总书记在贺信中指出，白鹤滩水电站是实施"西电东送"的国家重大工程，是当今世界在建规模最大、技术难度最高的水电工程。全球单机容量最大功率百万千瓦水轮发电机组，实现了我国高端装备制造的重大突破。全体建设者和各方面发扬精益求精、勇攀高峰、无私奉献的精神，团结协作、攻坚克难，为国家重大工程建设作出了贡献。这充分说明，社会主义是干出来的，新时代是奋斗出来的。

白鹤滩水电站全景

## 10 年攻坚　创造 6 项世界第一

　　白鹤滩水电站不仅是当代水利枢纽工程的集大成者，更是技术上的创新者、引领者。

　　白鹤滩水电站位于长江上游金沙江河段，总装机容量世界第二，电站装机容量 1600 万千瓦，多年平均发电量 624.43 亿千瓦·时，源源不断地将清洁电能输送到江苏、浙江等沿海经济发达地区。等量换算的话，其一年的发电量可满足 6500 万人全年生活用电需求。

　　建设这样一座超级水电站，需要几代人共同努力。20 世纪 50 年代，国家组织相关水电勘测设计单位和中国科学研究院对金沙江开发开展了大量普查、勘察、规划等一系列筹备工作。

　　党的十八大之后，白鹤滩水电站正式开工建设，吹响了中国攀登世界水电"珠峰"的号角。

7000多个日夜、40多项世界难题、建设高峰期约30家参建单位、3万余名建设者，10多年来，建设者们攻克了一系列世界级技术难题，先后创造了水电机组单机容量世界第一、地下电站洞室群规模世界第一、无压泄洪洞群规模世界第一等6项世界纪录，将白鹤滩水电站打造成名副其实的超级工程。

1991年，白鹤滩水电站项目前期团队正式组建，启动白鹤滩水电站前期规划研究。当时的白鹤滩，山高水急、交通不畅、尚未通水通电。项目前期团队成员住山洞、饮江水、啃干粮，攀行不足半米宽的山崖小路，穿越风中摇摆的跨江溜索。就这样，几代人前赴后继，足迹踏遍60多千米河段，修建公路、便道、气象站和过江缆索等设施，开展了包括岩壁探洞、江心钻孔等在内的高难度工程地质勘查工作。他们用自己的汗水、心血甚至生命，推动电站前期工作稳步前行。

白鹤滩水电站地下工程勘探量雄居世界第一。通过前期深入勘察，项目前期团队全面揭示了水电站极端复杂的工程地质环境，探明了岩石力学性能和断层、裂缝、错动带等岩体薄弱环节的位置，为这座超级电站设计方案论证奠定了坚实基础。

项目前期，团队通过百余项大型模型试验和数字计算验证，绘图20余万张、编制专题报告数千项，驯服了罕见的不利地质条件，攻克了超高烈度区特高拱坝抗震设计技术、巨型地下洞室群围岩变形控制技术、特大体积混凝土温控防裂技术等16项世界级核心科技难关，形成127项关键技术突破，实现我国巨型水电工程建设从"中国制造"到"中国创造"的历史性跨越。

## 硬核科技　引领水电百万千瓦时代

在白鹤滩水电站高大壮观的"身躯"中，运转着强大的"心脏"——全球首批单机容量百万千瓦的水轮发电机组。

白鹤滩水电站大坝左、右岸各安装 8 台百万千瓦水轮发电机组，全部由我国自主研发制造，技术难度系数均为行业之最。单台机组高度 50 米，重达 8000 多吨，重量与法国巴黎的埃菲尔铁塔相当。机组最优效率达到 96.7%，发电机额定效率超过 99%，是世界上效率指标最高的水轮发电机组。每台机组若按额定功率发电，可以给 6 台"辽宁舰"提供动力，运转一个小时能发电 100 万千瓦·时，可满足400 个普通家庭约 1 年的用电。

白鹤滩百万千瓦 16 号机组转子吊装

这样强大的机组，运转起来却极其平稳——机组每秒可转 111 圈，而其三部导轴承摆度不超过 0.1 毫米，整体摆动幅度甚至小于一根头发丝的直径。

白鹤滩水电站大坝是 300 米级特高混凝土双曲拱坝，坝顶高程 834 米，最大坝高 289 米，坝顶弧长 709 米。坝身布置有 6 个导流底孔、7 个泄洪深孔和 6 个泄洪表孔。

由于大坝混凝土刚浇筑时温度会上升，后期又逐渐冷却。热胀冷缩使得混凝土结构内部应力积累，容易造成温度裂缝的产生。因此，"无坝不裂"一直是建设者们心头的一道"魔咒"。

为有效降低混凝土温度，减少大坝因热胀冷缩而出现裂缝的风险，白鹤滩水电站在 300 米级高拱坝中全坝使用低热水泥混凝土，这在全球尚属首次。大坝主体的混凝土浇筑总量超过 800 万米$^3$，相当于 24 个迪拜塔的混凝土使用量。

大坝旁竖立着的一根高如旗杆、粗若碗口的芯样引人注目——它被称为"中国芯"，长达 36.74 米，是迄今全球最长的水电大坝芯样。

为检查坝体的整体性以及混凝土的密实性，全坝共钻孔 848 米，发现大坝压水率、透水率均为 0。这根"中国芯"于 2023 年 4 月在大坝坝顶取出，直径 245 毫米，穿过 70 个 50 厘米层厚的浇筑坯层，芯样完整、光滑、密实、骨料分布均匀，层间结合良好。这充分证明，白鹤滩水电站大坝是一座名副其实的无缝精品大坝，打破了"无坝不裂"的魔咒。

不仅如此，白鹤滩水电站大坝还是世界上"最聪明"的大坝。大坝建设过程中，上万支被埋设在混凝土里的精密传感器构成大坝的

"神经网络"。它们可以感知、收集与大坝状态息息相关的数据，并及时反馈给白鹤滩水电站智能建造信息管理平台。运用智能控制、全生命周期仿真等技术，结合收集到的信息自动采取应对措施。

## 造福民生　金沙江库区迎来巨变

这座被誉为水电行业"珠峰"的水电站，在引领世界水电进入百万千瓦时代的同时，更让金沙江库区焕然一新。

白鹤滩水电站施工前，金沙江的干热河谷是中度、重度水土流失区，每公顷每年的水土流失量为 2000～3000 吨；水电站建成后，周边小环境的改变有力提升了当地的生态环境，经过治理，水电站枢纽区每公顷每年的水土流失量 500 吨以下。如今的白鹤滩水电站，上游是高峡平湖，两岸已绿草茵茵。

同时，白鹤滩水电站也带来了巨大的减排效益。水电站多年平均发电量约 624 亿千瓦·时，相当于每年可节约标准煤 1968 万吨，减少二氧化碳排放 5160 万吨、二氧化硫排放 17 万吨。

"金沙千古不通舟，水急天高一望愁。"千百年来，交通闭塞，是金沙江沿岸地区经济发展迟滞的原因之一。水利设施的修建，让当地人的出行条件得以改变。

白鹤滩水电站建成后，金沙江下游 4 个梯级水库常年回水区河段累计长约 612 千米，可有效改善库区航运条件，实施翻坝转运设施后，通过水陆联运，可实现"攀枝花—水富"全河段上下游水运通道联通，为建设综合立体交通走廊创造了条件。

与此同时，在枯水期，这一世界最大清洁能源走廊已累计向下游补水超 340 亿米³，增加中下游航运水深 0.9 米，改善了长江干流"黄金水道"的通航条件，有效保障了下游春耕以及生产生活用水需求。

白鹤滩水电站不仅改善了周边地区交通、通信等基础设施条件，工程建设高峰期还为当地增加就业约 8 万人。

白鹤滩水库涉及四川、云南两省六县，移民工程的空间和时间与脱贫攻坚深度融合。2020 年年底，10 万移民陆续喜迁新居，从原来的土墙茅屋搬进了电梯高层或者小别墅，环境统一美化、绿化、亮化，通电、通网、自来水全覆盖，乡间小路变成了省道和高速公路，学校和卫生院也陆续投入运行，人民群众的生活质量得到大幅提高。

进驻金沙江河谷以来，白鹤滩水电站建设者积极履行社会责任，开展了捐资助学、"暖冬关爱"等活动，与当地贫困儿童"结对子"，鼓励他们努力学习、成长成才、回报社会。2014 年 8 月，毗邻工程区的云南省鲁甸县、巧家县发生 6.5 级地震，数十万群众受灾、几万间房屋倒塌。项目团队第一时间组织力量捐款捐物送入灾区，并派出一支专业团队承担了部分灾后重建任务，展现出央企的责任与担当。

高峡出平湖，白鹤舞金沙；大坝江中起，绿电进万家。

三十年风雨兼程，白鹤滩水电站建设者一代接着一代干，久久为功、砥砺奋斗，克服重重困难，直抵世界水电"无人区"，用智慧和担当打造"大国重器"，向党和人民交上了一份亮丽的答卷。面向未来，他们仍将继续团结协作、攻坚克难，坚持自力更生、自主创新，为促进经济社会发展和能源绿色转型作出新的更大贡献！

## 三、华龙一号书写"硬核"答卷

　　东海之滨，福建福清核电基地内，6座穹顶建筑一字排开，与蓝天碧海遥相呼应。矗立其间的中国自主三代核电"华龙一号"示范工程——福建福清核电站5号机组。历时近69个月建设后，于2021年1月30日投入商运。中国成为继美国、法国、俄罗斯等国家之后真正掌握自主三代核电技术的国家。

　　2022年3月25日，福清核电站6号机组具备商运条件，至此，"华龙一号"示范工程全面建成。这是新时代我国核电发展取得的重大成就，标志着我国核电技术水平和综合实力跻身世界第一方阵，有力支撑了我国由核电大国向核电强国的跨越。

福清核电站全景

## 坚守初心使命

6万多台（套）设备、165千米管道、2200千米电缆，上千人的研发设计团队、5300多家设备供货厂家、近20万人先后参与项目建设……"华龙一号"示范工程是我国核电技术实现由二代向三代历史性跨越的标志性工程，更是我国在战略高技术领域取得新跨越的代表性工程。

福清核电站一次规划、分期连续建设6台百万千瓦级核电机组。其中，1~4号机组为108.9万千瓦压水堆核电机组，采用法国M310二代改进型工程技术方案；5、6号机组皆为116万千瓦压水堆核电机组，采用"华龙一号"技术方案。

作为"华龙一号"全球首堆，福清核电站对工程建设的进度把控和质量要求都非常高。工程设计团队坦言，在建设过程中，他们遇到了很多困难，经历了很多挑战，但从没有动摇过，而是坚持突破一个个技术瓶颈，不断优化改进设计，始终坚守对自主创新核电技术的初心。

"全新的堆机匹配，需要反复迭代运算，从而确定最终的主机方案，以确保首堆的安全性和经济性。"中国电力工程顾问集团华东电力设计院有限公司福清核电站5、6号机组总设计师黄家运说。

工程设计团队针对"华龙一号"常规岛主动进行适应于三代核电技术的科技创新和攻关，如对常规岛主蒸汽管道进行地震应力分析，对汽轮发电机厂房进行防倒塌设计，进一步提高机组安全性。

"我们还创新采用汽轮发动机厂房半地下式布置方案，大大提高了机组运行的经济性。"黄家运介绍,"设备采用 1828 毫米末级半转速叶片,低压缸焊接转子,可靠性更高;对传热管和相关结构的改进,一定程度上避免了凝汽器冷却管碰磨出现……各种主设备选型的优化,使'华龙一号'的经济性、安全性显著增强。"

## 完成自我突破

从最初设计到确定堆型,"华龙一号"经历了 20 年的成长历程,中国电力工程顾问集团华东电力设计院有限公司副总工程师李儒鹏作为常规岛设计负责人全程参与其中。

超级工程"华龙一号"涵盖上千个系统,极其复杂,光是设计图纸就超十万张,每更改一个数据,就意味着需要重新进行一轮分析计算。也正因如此,国际上大部分三代核电机组的首堆建设都曾陷入拖期泥潭。

然而,"华龙一号"5 号机组却创造了建设工期最短、单位容量造价最低的纪录——总工期 68.7 个月、工程单位造价 1.63 万元 / 千瓦。

在 20 多年的研发工作中,"华龙一号"研发团队共开展了 54 项科研攻关项目,其自主知识产权覆盖了设计、燃料、设备、建造、运行、维护等领域,在反应堆堆芯设计、能动和非能动安全技术、燃料技术、计算分析软件等方面,真正掌握了核心技术。

此外,"华龙一号"涉及 5300 多家设备供货厂家,各项组件共计 6 万多台套设备,分布全国各地,且所有核心设备均实现国产。

常规岛是"华龙一号"的重要组成部分,在建造过程中涉及大量新设计、新工艺、新设备，研发团队只能"摸着石头过河"。经过几十年如一日的长期积累和不断创新，研发团队产生了30多个新课题。如工程首次应用自主总结提炼的逻辑模块，通过多种工艺对象，形成6套逻辑模块，相当于建立了一个标准模块库，大大提高了图纸准确率和设计效率，为常规岛控制系统顺利实施夯实基础。

从过去建设核电站用的地板砖、水泥都要从国外进口，到现在的三代核电"中国芯""能动＋非能动相结合"安全技术、综合性热工水力试验平台……只为核心关键设备不受制于人，"华龙一号"研发团队不断追求卓越、完成自我突破，形成了716件国内专利、80件国外专利，覆盖设计、制造、建设、调试等全部领域。

## 坚持安全发展

核能作为清洁、低碳、可靠、高效能源，在保障能源安全和社会民生等方面发挥着重要作用，已成为推动实现"碳达峰碳中和"目标的重要能源选项。

福清核电站5、6号机组在建设过程中积极践行高质量精细化工程管理模式，项目安全、质量、进度、投资全面受控，在工期和投资方面创造了全球三代核电首堆最佳业绩。自投运以来，福清核电5、6号机组完整经历了首个燃料循环的考验，充分证明了"华龙一号"技术的安全性、先进性、成熟性，为日后的批量化建设和走向世界奠定了坚实基础，对优化我国能源结构、推动绿色低碳发展，助力实现"碳达峰碳中和"目标具有重要意义。

"华龙一号"每台机组装机容量 116.1 万千瓦，每年发电近 100 亿千瓦·时，能够满足中等发达国家 100 万人口的年度生产和生活用电需求，相当于每年减少标准煤消耗 312 万吨、减少二氧化碳排放 816 万吨，植树造林 7000 多万棵。2023 年年底，福清核电 5、6 号机组荣获 2022—2023 年度国家优质工程金奖。

安全性是核电建设的重中之重。自设计之初，"华龙一号"就采用国际最高安全标准，采用多样化安全手段，强化核电厂纵深防御。同时，基于成熟的工程实践与装备制造业体系，在采用经工程验证的成熟技术基础上，"华龙一号"独创性地采用"177 堆芯布置"和"能动与非能动相结合"的安全设计理念，首堆设备国产化率达 88%，还创新运用了单堆布置、双层安全壳等先进设计理念，具备完善的严重事故预防与缓解措施、强化的外部事件防护能力和改进的应急响应能力等先进特征，经过充分分析试验和工程验证，安全指标和技术性能达到国际三代核电技术的先进水平。"华龙一号"真正成为中国核电"走出去"的"国家名片"。

经过数十年发展，我国核电发展从无到有、从小到大、从弱到强，形成了 10 万、30 万、60 万到百万千瓦级压水堆核电厂的自主设计、批量建设、工程总承包和自主运营能力。如今，我国自主三代核电"华龙一号"核电机组批量化建设稳步推进。截至 2024 年 4 月，国内外共有 5 台"华龙一号"机组正在源源不断地提供着绿色电力，13 台机组正在加紧建设，预计到"十四五"末，我国投运的"华龙一号"核电机组总数将超过 10 台。"华龙一号"已经成为全球在运、在建机组总数最多的三代核电技术。

"华龙一号"防城港核电示范项目全景

　　在"华龙一号"示范工程现场，有这样一幅群像——每张面孔都清晰可见，每一个身影都坚定执着地陪伴着"华龙一号"机组从出生到长大、从负挖到带核试运转，默默地履行着岗位职责。在2000多个日夜的坚守和付出下，近万名建设者始终拧成一股绳，在接续奋斗和一往无前中，奋力奔跑、不断超越，为探索我国三代核电自主发展之路，积蓄华龙一号批量化建设和"走出去"建设经验、擦亮"国家名片"无悔付出，从一张蓝图绘出了今天"华龙一号"欣欣向荣的模样！

## 四、海上风起绿电来

　　一台16兆瓦的海上风电机组，能发多少电？满发风速下，每年可输出超过6600万千瓦时的清洁电能，能够满足3.6万户家庭一年的生活用电。

全球首台 16 兆瓦海上风电机组吊装现场

海上风电凭借资源丰富、发电利用小时高、不占用土地和适宜大规模开发的特点，具有陆上风电不可比拟的优势与高速发展的潜力。

2023 年 7 月 19 日，全球首台 16 兆瓦海上风电机组在福建北部海域顺利完成并网发电，成为全球范围内单机容量最大、叶轮直径最大、单位兆瓦重量最轻的风电机组，使中国的海上风电装备成为全球行业发展的新标杆。

### 百米高空"穿针引线"

从福州长乐松下港乘船出发，经过两个多小时航行，宽阔蔚蓝的海面上，阵阵海风劲掠而过，可以看到一台白色巨型风车正在展翼"捕风"。

16兆瓦风电机组轮毂中心高度152米，约相当于一座52层大楼的高度；机舱、发电机组合体重达385吨，相当于190台越野车的重量；单只叶片重54吨，叶轮扫风面积约5万米$^2$。这样的庞然大物，是如何稳稳地立在海上的？

"这里常年风高浪急、海况恶劣，施工作业本就困难重重。再加之海上大兆瓦风机的尺寸和重量，都远高于陆上风机，更为装机带来挑战。"负责现场施工的中铁大桥局平潭外海海上风电场项目经理程细平谈到，"在吊装时需要将每支叶片的直径为42毫米的176颗螺栓同时插入直径为45毫米的螺栓孔里面，实现叶片与轮毂精准对接，这堪称百米高空中的"穿针引线"。

稳是在百米高空进行吊装作业的关键，任何一丝晃动对于吊装作业来说都有可能产生严重的影响。

为确保风机安装任务顺利完成，施工方从广东沿海调来由中国长江三峡集团有限公司（简称三峡集团）投资建造的全球首艘2000吨级海上风电安装平台——"白鹤滩"号，可将120米高的桩腿插入海底，牢牢站立在海上作业点，通过电动机将平台升至海面上方，在施工时稳如磐石，从而完成毫米级高精度吊装。

为了抢抓施工窗口期，吊装工作必须争分夺秒。从6月23日开始，"白鹤滩"号海上风电安装平台上的100多位工作人员就日夜奋战，采用分体式吊装的办法，分别安装风电机的塔筒、机舱、发电机、轮毂和叶片。

6月28日14时30分，经过30多个小时不间断的叶片安装，16兆瓦海上风电机组成功吊装。

# 关键核心部件全面国产化

长期以来，我国海上风电装备国产化水平较低，尤其是核心部件主轴承、超长叶片长期对外依赖。这台由三峡集团与金风科技股份有限公司（简称金风科技）联合研发的 16 兆瓦海上风电机组在风机主轴承、叶片和传动链等方面取得重大突破，实现了全面国产化，标志着中国海上风电在高端装备制造能力、深远海海上风电施工能力上实现重要突破，达到国际领先水平。

主轴轴承是风电机组核心部件，素有风电机组心脏之称。一直以来由于主轴轴承技术壁垒高，风机主轴轴承主要依赖进口。此次金风科技联合洛阳轴承协同创新，历时 9 个多月，外径可达 3.2 米的主轴轴承顺利下线交付，实现了国产替代。

为保证轴承符合工艺要求，研发团队冒着高温全程跟踪轴承的热处理过程，顺利实现轴承装配一次成功，轴承尺寸精度和旋转精度达到 P5 级较高精度，为主轴轴承的国产化积累了宝贵经验。

叶片研发、生产，也是一个重要的突破点。牵头叶片研发的金风科技研发中心工程师袁渊说，对于 123 米长的这样一个"巨无霸"，既能抗弯，还要足够轻质、可靠性好，这对叶片的材料、设计和加工工艺等提出了更高要求。

在叶片加长的基础上，如何减重？袁渊介绍说，超长的叶片使得以往的玻纤和树脂材料无法满足需求，经过多次试验后，叶片的内部主梁结构首次采用碳纤维材料，重量减轻了 20%。

一次次试验、一项项对比……历时一年多技术攻关，16 兆瓦海上风机叶片终于成形，通过测试。

不仅如此，此次 16 兆瓦风电机组全面实现了数字化和智能化，遍布整机的数百个传感器和机舱上的激光雷达可以感知温度、湿度、风速等信息，数字化跟踪机组的运行状态，在恶劣气象条件下，还能通过机组自身的智慧"大脑"，进行风机角度、功率的调节。

海上风电是典型的链条式产业。机组拥有上万个零部件，这离不开上下游产业链的支撑，这充分展现了中国风电产业在技术创新、供应链协同、工程能力、实验测试等方面的综合实力，为全球海上风电发展树立了全新的标杆。

## 海上风电挺进大兆瓦时代

在"双碳"目标指引下，使得风机大兆瓦化浪潮有了特殊的时代背景，加快推动海上风电发展已成为我国推进能源转型的重要抓手。

回顾国内风机发展历程。大兆瓦化自 2019 年起加速发展。2019 年，东方电气与三峡集团联合研制出中国首台 10 兆瓦海上风机，将中国风电带入"两位数"时代；2022 年 2 月，东方电气研制出中国首台 13 兆瓦海上风机；2022 年 11 月，金风科技与三峡集团联合研制出全球首台 16 兆瓦海上风机；2022 年 12 月，中船海装研制出全球首台 18 兆瓦海上风机；2023 年 11 月，东方电气与中国华能联合研制出全球首台 18 兆瓦直驱海上风机。

风电机组单机容量越大，功率就越大，每个机位的效益就会越高，能够有效节省海域资源，降低海上支撑结构、电缆、施工等方面的分摊成本，减少海上风电项目度电成本，进一步为新技术、新产品预留成本空间。

2024 年 6 月 27 日，全国首个超大单机容量的海上风电机组项目——三峡漳浦二期海上风电项目实现全容量并网发电。总装机容量达到 400 兆瓦，是我国首个全部采用 13 兆瓦及以上超大单机容量风机的海上风电场，其中，批量化应用了 6 台 16 兆瓦海上风电机组。项目投产后，预计每年可生产 16 亿度清洁电能，在满足 68 万户家庭年用电量的情况下，减排二氧化碳约 136 万吨。

风从海上来，潮起正扬帆。今天，中国的海上风机在更广阔的海域安家落户，继续着变海风为能源的努力。

## 五、闪亮的"钉钉子"精神

"人可以没有文凭，但不能没有知识、不能没有技能、不能没有理想和追求。"2016 年 4 月 26 日，许启金作为当时唯一一名劳模代表，参加了全国知识分子、劳动模范和青年代表座谈会，向习近平总书记汇报了创新工作成效，他 30 多年坚守一线的"钉钉子精神"得到总书记的肯定。

许启金像钉子一样，常年坚守在高压输电线路一线，把线路作为自己的人生舞台和精神寄托，用一颗匠心播撒爱心，在守护光明的事业上演绎着属于自己的人生故事。

## "铁人"当榜样　点亮光明初心

1982 年，19 岁的许启金进入供电行业，成为线路工区带电作业班的一名普通员工。他在小时候切身感受到了"无电可用"的不便，参加工作后便立下了"当一名名副其实的好电工，让乡亲们用上光明电、过上好日子"的志向。后来，许启金在书店看到了一本书《工人阶级的光辉形象——王铁人》，想到学过的小学课文《铁人王进喜》，于是他毫不犹豫地把书买了回来。在看完王进喜的事迹后，他在心底默默地立下了誓言，"要成为王进喜那样的人"。

1991 年元旦，一场突如其来的暴雪导致一条 35 千伏线路跳闸。当时还是一名班员的许启金跟着师傅们冒着风雪巡查故障点，他多次掉进雪窟窿里又爬上来，就这样坚持了七八个小时，终于查找到故障点，在寒冷的北风中成功处理了故障，恢复了线路送电。

1994 年，宿州地区有 5 条老旧线路需要改造，时间紧任务重。刚刚成长为班组骨干的许启金义无反顾地报名参与工程建设，起早贪黑、风餐露宿。他和同事们连续奋战，提前两个月完成了改造任务。

1995 年 12 月，由于许启金在急难险重中的突出表现，组织上批准了他的入党请求。在成为一名光荣的共产党员后，许启金更加努力地将"为人民服务"践行在岗位履责中，只要有需要，他总是第一时间冲上去。

2009 年 12 月，220 千伏双庆变电站施工，宿州市中东部仅靠一条 220 千伏南沱线单电源供电，如果发生故障将直接影响 400 万居民用电，甚至会造成两个大煤矿和京沪铁路牵引站停电。许启金

许启金在 220kV 高压线上带电检修

带领员工日夜蹲守在线路下方，吃住在帐篷里，直到圆满完成保电任务。

2018 年 8 月中旬，台风"温比亚"肆虐，宿州地区遭遇百年不遇特大暴雨，输电线路不同程度受灾。许启金和同事们向全市百姓作出"电未至、我不眠"的承诺，雨刚停就夜里出巡，蹚过齐腰深的积水，钻进果园施工，连续奋战，直到将故障线路抢修完毕恢复送电。

2021 年，根据国网安徽省电力有限公司超特高压输电线路属地化业务调整工作安排，国网宿州供电公司接收了 4 条 500 千伏超高压线路和 1 条 ±800 千伏直流特高压线路。面对电压等级的提升，许启金和徒弟廖志斌开启了新的探索之路。在对宿州地区 296.64 千米的超特高压输电线路建立详细档案后，他们建立了"三位一体"全方位巡检模式，将无人机巡视、线路在线监测、可视化巡检与人工巡检方式相结合，通过应用新技术、新方法和新工具，牢牢守住了电力"大动脉"，保障线路安全稳定运行。

70多米铁塔、1000多项高压带电作业任务、40多年安全无事故……坚守在高压输电线路一线的许启金，深深地扎根在电网基层，践行初心，书写辉煌。

## 难题变课题　勇攀创新高峰

"你们可以发挥青年优势，围绕无人机巡检、智能化巡视等方向开展创新研究。"2023年10月，虽然"启金工作室"负责人的重任已经交给了徒弟廖志斌，但许启金依然习惯每天到工作室看看，指导年轻员工进行发明创造。

说起许启金的创新故事，还要追溯到他刚上班的时候。那时，由于没有系统地学习过电力专业知识，一开始许启金连金具都不认识，于是他白天跟着师傅们练爬杆塔基本功，晚上回去"啃"书本学习专业知识，到了周末便骑着自行车来到郊外，对照书本学习观察线路金具的名称、用途。

他喜欢把每天要熟悉的内容抄写在小纸条上，一有空就掏出来看看，就这样坚持了将近20年，写有上万张小纸条。正是这上万张小纸条，垒起了许启金电力专业知识的高度，也夯实了他钻研创新的基础。

2002年，39岁的许启金开始学电脑，2007年开始学Visio绘图软件，2013年开始学3DS MAX，从"一指禅"到画杆塔图、电气图，他把检修操作过程图示化，将高大、粗壮的铁塔、线路统统"装"进电脑，以便更好地分析、维护。

2002年秋天，110千伏六里变电站扩建改造。更调母线、调爬绝缘子时，他发现使用传统工具拆装挂点螺栓的劳动强度大、安全没有保障。于是他开始琢磨，把家里的阳台当作工作间，天天锯锉打磨，终于研制出了输电线路吊点卡具。

2010年，国网宿州供电公司以许启金的名字命名成立了"启金工作室"。从家里的"阳台工作室"出发，走到了500米$^2$的劳模创新工作室，许启金的干劲更足了。

一次带电作业，他的徒弟从软梯上下来后说："师傅，上下软梯连个保护都没有，万一掉下来怎么办？"他将这句话记在了心上。钻书店、画图纸，为了一个弹簧，他跑遍了宿州市五金店，尝试了20多种弹簧，最终制成了"防高坠自锁装置"，填补了国内软梯作业安全防护的空白。

就这样，许启金慢慢地走上了一条技术工人的创新之路，人送外号"金牌老许"。他和团队研制出的"输电线路角钢吊点卡具""软梯作业防高坠自锁器""混凝土杆避雷线提升支架"等8项技术成果。这些技术成果，既解决了技术难题，提高了工作效率，又提升了员工技能。这正应了那句话："咱们工人不但有力量，而且还有智慧。"

### 徒弟成劳模　培育金牌团队

随着技术的精进，企业将培养年轻人的重担交给了许启金。望着一张张年轻的面孔，许启金感受到了沉甸甸的压力。在琢磨了大半年之后，他结合自己的成长经历和创新经验，总结出"知会熟精"青年人才培养方法，创建了国网宿州供电公司第一个专业化人才培养体系。

廖志斌是许启金最得意的徒弟之一。在他的带领指导下，廖志斌从一名电力"门外汉"迅速成长为输电行业的专家里手，2020年荣获全国劳动模范、2022年当选党的二十大代表、2023年当选中国工会十八大代表。许启金、廖志斌成就了"师徒党代表 一门双劳模"，成为供电行业师徒传承的典范。他带的40多名徒弟中，有7人成为全国技术能手、全国电力行业技术能手、国家电网公司生产技能专家、国家电网公司劳动模范、中央企业知识型先进职工、科技标兵等，实现了工作室"启迪智慧、点石成金"的目标。

"我最大的人生收获，就是培养了一批徒弟、带出了一支技术过硬的电网运行检修队伍。"谈及自己的履职经历时，许启金满怀深情地说。作为第十三届全国政协委员，许启金一直在为高技能人才培养和产业工人队伍壮大"鼓与呼"，"我的提案内容是建议培养出更多的高技能人才，实现强国梦"。

如今，"启金工作室"已成为创新实践、师徒传承、汇聚能量的"三大高地"，真正成为员工创新创效的舞台、展示才华的平台，2013年被授予"国家电网公司劳模创新工作室示范点"称号，2014年被授予"全国示范性劳模创新工作室"称号，2015年被确定为"国家级技能大师工作室"，2017年、2019年两次获得安徽省技能大师工作室人才培养成果奖，2019年荣获"中国长三角地区劳模工匠创新工作室"称号。

工作之余，许启金还是"光明驿站"的形象代言人。多年来，他和同事们坚持在宿州市埇桥区桃园镇邱寨希望小学等"光明驿站"站

许启金（中）正在给徒弟们讲解电子化杆塔体系

点，以"兼职辅导员"的身份，为留守儿童提供"电力家教"，给孩子们送去关怀与温暖，同时也将劳模精神传递给了孩子们。

"我要当一名好电工，让百姓用上'放心电''满意电'。"40 多年来，许启金始终在作业一线默默耕耘着、奋斗着，用创新与奉献为万家灯火增添了一道亮丽风景。

## 六、电力"愚公"的工匠本色

白双全是南方电网云南电网公司昆明供电局变电修试所的一名设备检测工人，也是云南省"云领首席技师"、云南省"万人计划"领

军人、南方电网技术能手、南方电网先进（生产）工作者。从一名学徒成长为电力系统内首屈一指的开关检修专家，白双全用咬定目标不放松的愚公移山精神写就了电力工匠的精彩人生。

## 咬定目标不放松

1982 年，白双全来到昆明供电局变电修试所。"半路出家"的他对变电检修一窍不通。但这个"门外汉"并没有气馁，"仅仅看书还不够，要想学到本领，还得自己去实际摸索"。于是，他利用休息时间把拆下来的控制阀带回宿舍自己研究。

努力没有白费。在一次次设备缺陷抢修、故障、异常处理中，白双全积累了丰富的实践经验，练就了一身绝活，"移走"了困扰开关检修专业的一座座"大山"。

ABB BLK 系列断路器频繁发生故障，众专家和厂家对此束手无策。白双全在全国首创使用"高速影像捕捉机构运动轨迹"的方法，运用 4 个机位，观察十几个部件，从超过 2 个小时、近 8000 万帧的录像中查找不足 10 毫秒、100 帧的"蛛丝马迹"，从中判断出弹簧、挚子等部件配合不良的隐蔽故障，连厂家都称赞不已。该方法已普遍运用于网内断路器机构故障分析，填补了机构故障无法准确定位的技术空白，攻破了运用传统试验仪器无法实现的难关。

草铺变电站是我国第一座高原 500 千伏变电站，其所在的漫昆线是国家第八个五年计划重点工程。因设备生产厂家倒闭，检修技术失传，该工程气体绝缘开关设备投运 28 年来从未大修，近年故障频发，而国内外一些维修厂家认为检修风险极高，开出了天价维修费用。在此情况下，白双全整合碎片化资料，绘制结构图，制作专用工具，顺利完成诊断性大修，消除了隐患。

一次解决不了的问题他就尝试 100 次，一天解决不了的困难他就日复一日地钻研。多年来，他咬定目标不放松，形成了"不达目的誓不罢休"的鲜明风格。

## 苦干实干不言弃

在白双全的徒弟眼里，自己的师傅平时话不多，从来都是恪尽职守、埋头苦干，永远冲在急难险重的第一线。

缺陷就是命令，处理缺陷就是职责。一次接到紧急工作任务时白双全正在输液，他拔了针就赶赴工地。一个个挑灯夜战的日子、一处处紧张忙碌的工作现场，总能看到他的身影，他用实际行动无声地影响着身边的同事。

2013 年，500 千伏厂口变电站刀闸更换，白双全与同事们在变电站一住就是 1 个多月。每天在开关场的烈日暴晒让同事们叫苦不迭，但他并没有因此降低工作标准，在工艺和流程上哪怕有一丁点儿不规范不到位，他依然要求重新来过，晚上八九点收工已是司空见惯。

面对繁重的工作压力，白双全毫不抱怨。供电所几次想换他回来休息都被他拒绝了。他觉得自己熟悉现场设备和人员，怕换人影响工期进度。在厂口变电站技改工作中，他用精益求精的态度和吃苦耐劳的精神，扎扎实实地给身边的同事们上了一课。

## 锲而不舍精于勤

"一严、二先、三细"是白双全始终坚持的工作原则。正是这种一丝不苟、精益求精的态度，让他在平凡的岗位上做出了不平凡的业绩。

变电检修专业负责主网的核心设备，直接关系着电网的安全稳定，而这些设备往往结构复杂、工艺烦琐、缺陷处理难度较大，需要检修人员锲而不舍、潜心钻研。

在 500 千伏草铺变电站石油间隔设备接入中，施工方要求两段母线停电，而停电损失每天高达 3000 万元。为了把损失降到最低，白双全针对问题反复查找图纸、开展现场勘查，创新采用解脱连接线的方式，将停电接入部分和送电部分隔离，大幅缩小停电范围，最大限度地保证母线正常供电，每天可减少损失 2800 多万元。

500 千伏厂口变电站西高 LW13-550 罐式断路器在 4 年内连续发生两次本体击穿，造成 500 千伏主变压器故障跳闸。面对这样的产品重大隐患，白双全临危受命，悉心翻阅档案资料，经过反复研究，终于发现故障是由于装配工艺不规范，造成触头产生 0.5 毫米的对中偏移，在分合过程中磨损产生大量金属粉末而引发击穿。针对诊断结果，他带领团队将灭弧室彻底解体，重新装配，在没有定位工具的情况下，仅凭眼和手消除了这个 0.5 毫米的偏移。

## 久久为功尽职责

工匠不是一朝一夕炼成的，需要的是干一行、爱一行、专一行、精一行的韧劲和定力。

经过多年的实践经验积累，白双全对各种型号的变电一次设备如数家珍，练就了排查故障缺陷的"火眼金睛"，成功解决数十起重大设备故障，参与了ABB、西门子、阿尔斯通等断路器厂家15本断路器检修维护手册的编写工作，成为首屈一指的开关检修专家。

作为检修专业的行家里手，白双全"桃李满天下"，用新时代的愚公精神和精湛的工匠技艺带动影响了一批批检修人才。几十年来教授、指导上千人次，累计培养技师12人、高级技师8人，有38人成长为各级技术技能专家。他带过的徒弟现在大多都已成长为师傅，还培养出了云南省变电检修技术状元。

白双全心中有火、眼里有光，40年来久久为功，一步一个脚印，

白双全与外籍厂家进行技术交流

一台又一台设备、一次又一次检修、一扳手又一扳手地精雕细琢，带领着检修人在保障电网安全的道路上凝聚成一股专注而强大的工匠力量。

有人说："修不好的开关，换掉不就行了。那些大山，绕过去不就行了，移山多难啊！"白双全笑着回应："绕得开眼前的大山，绕不开心中的疑惑；换得掉现场的开关，换不来技艺的成长。不怕移山难，只怕没有山。"

在电力行业，像白双全这样的劳动者还有很多，他们以精益求精专业专注的钻劲、敢为人先创新创造的闯劲、脚踏实地坚守奉献的干劲，为加快构建新型能源体系贡献着智慧和力量。

## 七、小线圈背后的大智慧

"西电东送"是世界上最大的电力输送工程，拥有全球最先进的特高压输变电技术，而特高压变压器正是这项技术的核心装备之一。

2018 年，作为国家"西电东送"战略重点工程，世界首条 $\pm 1100$ 千伏特高压直流输电工程——昌吉—古泉线开始加紧建设。然而，这项规模超前的超级工程却被困在了一个微观层面的问题上——变压器线圈绕制。

用人类的双手有可能手动实现一毫米的误差值，甚至更加精确吗？作为特变电工股份有限公司新疆变压器厂工艺技术员、特级技师，张国云做到了。他靠着一双手、一把量尺、一只皮锤、一个手电

大国工匠张国云

筒，仅用 8 年时间，就完成了同行技术人员花费 15 年才能够达到的
技能水平。

<h2 style="text-align:center">破解"电力珠峰"绕制难题</h2>

昌吉—吉泉 ±1100 千伏特高压直流输电工程是"疆电外送"工
程，途经新疆、甘肃、宁夏、陕西、河南、安徽 6 省区，总长 3293
千米，是世界上唯一的 ±1100 千伏特高压直流输电工程，被称为
"电力珠峰"，创造了电压等级最高、输送容量最大、输电距离最远、
技术水平最先进 4 个世界之最。

2018 年，在该工程加速建设阶段中，变压器线圈绕制环节迎来
了一个难题：由于 ±1100 千伏换流变压器结构复杂，需要将多种不
同类型导线的线圈焊接起来。在此之前，并没有使用这项技术的先

例，一时间，怎么焊得又快又好，难住了众人。

线圈被称为变压器"心脏"，是实现电压转换的关键部件，决定着整台变压器的质量、性能和使用寿命。由于大型变压器的种类、结构各不相同，线圈绕制必须由人工操作。

"大型变压器导线和线芯就像线圈的毛细血管，要把导线焊接起来，就像把毛细血管连接起来。"作为入行近三十年的"电力老兵"，张国云对线圈内部的构造熟稔于心，也明白这项任务的难点，特别是多种不同类型导线的焊接，光焊点就高达上千个，如果按照常规方法焊接，会导致导线频繁熔断。

面对上百种线芯，张国云——采样分析材质，进行焊接测试，最终决定采用高频焊接工艺，这能实现无接触作业，可避免对导线造成损伤。然而，这种方法要求焊接人员在高频电流熔接过程中，将线材温度控制在700摄氏度左右，焊枪距离焊件1~2毫米，每个焊点必须在几秒内一气呵成。

"温度过低、距离过远、时间过短会导致焊点不牢固，而温度过高、距离过近、时间过长又会导致导线熔蚀，影响质量。"张国云说。

最终，张国云顺利完成了导线焊接，使 ±1100 千伏换流变压器顺利投运。这项 ±1100 千伏直流输电成套设备研制及工程应用项目也荣获了中国机械工业科学技术奖、科技进步奖特等奖。

## 培养技术精湛的骨干队伍

线圈绕制工作看似简单，但要将6000多圈的导线经过层层叠加缠绕，其间导线位置、尺寸、紧度、间隙都有着严格的要求，工人每一次锤击的力度、每一个绝缘件的加放、每条绝缘纸的包裹都不能出现丝毫偏差。

"虽然是重复的动作，但只要用心，总会有新的发现。"张国云说，每次线圈绕制完成准备下线时，他都会拿出手机详细拍下线圈的结构、细节，以便于参考对照，找到不同之处。

20多年来，张国云保存了几十万张图片资料，他将相关的研究成果融汇成了一个小小的资料库供车间职工学习。"张师傅的资料库就是权威数据库。"同事孙银年说，"工作中遇到的困难，总能在资料库里找到解决思路。"

2015年，以张国云名字命名的"劳模和工匠人才创新工作室"成立后，他创新培训教材，把成熟绕线工的培养周期由两年缩短为半年；提出了"小革小新""质量金点子"等创新项目；累计培养职工2000多名，其中初级工近70人、技能工40多人、中级工以上30多人。

如今，在张国云的带领下，车间工艺经验逐渐转化为驱动数字化发展研究成果，特别是在大型电力变压器自动真空注油项目中，实现了关键工序工艺参数、质量管理100%全流程追溯。同时，车间的智能化环境在线监测系统也实现了车间生产环境数据全自动检测。

## 终一生，担一责，成一事

"我把这份工作当作一生的事业去追求，每当钻研获得成果，我总能收获精神上的富足。"20多年来，张国云参与绕制的线圈有上万个，绕制总长度有 4 万千米，能绕地球一整圈。

"变压器内部结构复杂，线圈绕制看似简单，实则需要不断地创新与攻关。"年复一年的劳作，让张国云练就了"精准控制"绕线本领：总长几万米的铜线，手工绕制成重达 20 吨至 30 吨的线圈，经过他的手，每个线圈公差能精准控制在正负 1 毫米以内，比行业标准提高了一倍。

创新和细节追求源于他对职业的敬畏。一台 800 千伏变压器，六万多米导线，绕缠六千多圈，幅向与轴向的误差值必须控制在 1 毫米之内。

张国云说："细节部位这么多，比如换位的绝缘纸包扎，如果少一层，就会造成这个部位的绝缘击穿。严重时造成电网系统的瘫痪。"

1999 年，张国云从克拉玛依职业技术学院毕业后工作至今，他坚持早上 9 点到车间，晚上 11 点左右下班。"今日事今日毕，把工作完成了心里才踏实。"张国云说。

2024 年 3 月 1 日，在 2023 年"大国工匠年度人物"发布会上，张国云穿着蓝色工装，意气风发。而常人很难想象，他曾是一名白血病患者。

"根本没有想过自己会得这种病，心里还有很多想干的事情。"回想起那段"至暗时刻"，张国云心中更多的是感恩，"因为那场病，我全身的血液相当于换了三四次，当时输血全靠工友们帮忙。"

经过 360 天，2 次手术、9 次化疗、10 次骨穿、6 次腰穿……2019 年，最后一次骨穿结果表明，他战胜了病魔！

"出院后第一件事，我就想回到工作岗位上，把没完成的事情做完。"痊愈后，张国云迫不及待申请回到了生产车间。

张国云劳模和工匠人才创新工作室

　　"他都快钻到变压器里了！"在爱人马文霞眼中，张国云就是一个"工作狂"。虽然嘴上吐槽，但马文霞心里却事事为他着想，为了让张国云没有后顾之忧，她担起了照顾老人和孩子的重任。

　　多年来，张国云因其精湛的技术水平、严谨的工作态度，先后获得"全国技术能手"、首批"新疆工匠"、新疆首批"特级技师"等荣誉称号。

　　线圈干燥优化、阻抗一致性控制……张国云与工友们一起攻克着一个又一个技术难题，为进一步巩固我国在特高压领域的优势地位作出了突出贡献。

　　择一事终一生，不为繁华易匠心。"张国云们"所从事的工作看似简单枯燥，却是电力系统安全稳步运行的一方方基石。正是在这些工作的基础之上，充沛的能源能够畅通无阻地抵达目的地，为"中国名片"——特高压技术打上独特的创新注脚，也为我国电力发展持续提供不竭动力。

## 八、匠心铸就的技能高手

从一名普通的一线工人成长为全国技术能手、陕西省劳动模范、中国机械工业百名工匠，来自中国电气装备集团所属中国西电西安西电变压器有限责任公司（简称"西电西变"）线圈车间的曾国荣，一路走来，一步一个脚印，兢兢业业，始终保持着对工作的高度负责与专注。

面对荣誉与成绩，他坦言："虽然干了这么多年，但我觉得自己没什么特别的贡献，就是努力、仔细、认真，带了几个徒弟，还有很多东西需要学习。"

曾国荣荣获陕西省劳动模范称号

**"只要肯钻研，就没有学不会的"**

1999年，19岁的曾国荣从西安技师学院毕业，进入西电西变线圈车间实习。

"刚进厂时，我对绕线工序一无所知，充满了好奇，畅想着能有一台产品出自自己的双手。"曾国荣回忆说，"但在学校里学习的图纸与在工厂里看到的图纸并不相同，厂子里的图纸大多是三维图纸，所以刚开始时，师傅说怎么干我就怎么干。"

年轻的曾国荣对绕线工作产生了极大的兴趣。他认真聆听师傅的讲解，用心做笔记，积极向师傅请教，反复练习操作。"虽然在学习过程中遇到了许多困难，但我一直在为自己加油鼓劲，只要肯钻研，就没有学不会的。"

实习期过后，曾国荣从二次线圈绕制干起，配合一次线圈绕制进行焊线、握 S 弯等操作。在实际操作中遇到任何不懂的问题，他都必须弄个明白，"因为只有不断提高技术水平，才能满足新产品的生产制造要求"。经过两三年的磨炼，他全面掌握了变压器线圈绕制操作技能和理论知识，成为车间的生产骨干。

怀着对新技术新知识的渴求，曾国荣被西电西变派往瑞典 ABB 公司学习特高电压换流变压器线圈制造技术。学习期间，他做了大量的学习笔记和研究记录。虽然与 ABB 公司的工作人员语言不通，但他全神贯注地观察和记录着图纸的每处细节、工人的每个动作，在翻译人员和技术人员的帮助下，很快掌握了先进技术。回国后，他将学习到的技术认真消化、吸收并学以致用，取得很好的实践效果。此后，他又参与了西电西变引进德国西门子特高压换流直流变压器线圈制造技术的国产化工作，扎实的理论功底和精湛的技艺得到国内外专家的肯定。

### "这是一名组长应尽的责任"

曾国荣视每一次重点工程产品的生产任务为宝贵的学习机会，在工作中逐渐积累了丰富的经验。由于技术过硬、经验丰富、责任心强，他很快便担任了西电西变线圈车间绕线二班班长。"当了班长，肩上的责任更重了。我要以更加严谨负责的工作态度，确保产品质量零缺陷，这是一名班长应尽的责任！"

随着国家特高压交直流工程的快速发展，特高压交直流变压器的生产制造呈现规模化和批量化的趋势，高端产品集中开工，线圈制造成为生产制造的瓶颈工序。

作为生产骨干，曾国荣承担着技术最复杂、难度最大、工作量最大的线圈绕制工作。对待任何产品，他都精工细作、严格把关，确保产品合格率达100%。为了抢抓生产进度，他和同伴们经常加班加点，连续倒大夜班，每天工作13个小时，先后完成了多个国家交直流输电工程产品制造任务。

变压器直接关系着人们的日常生活乃至国家安全，而线圈则是变压器的"心脏"，决定着整台变压器的质量、性能和使用寿命。

2020年，西电西变为国家阿里与藏中电网联网工程500千伏项目生产变压器。该工程是目前海拔最高、最具挑战性的输变电工程。

曾国荣正在进行产品质量检查

"公司接到40台变压器的生产任务，线圈制造工作非常繁重。"曾国荣说。为了确保产品准时交付，曾国荣与组员坚守生产一线，以厂为家，加班加点，保障线圈顺利生产。2020年12月，阿里与藏中电网联网工程正式投运。当地群众称，这是打通西藏电网统一"最后一公里"的关键性工程，是一条光明线、团结线、幸福线。

## "我很享受创新突破的乐趣"

"近年来，我们国家直流变压器的产品结构和设备工装都已经有了很大改变，立式绕线机替代了卧式绕线机，线圈形式升级为连续插入屏线圈。这一切表明，改革开放后，在变压器的科技攻关、技术引进、消化吸收、科技创新等方面，我们都取得了积极成效。"曾国荣说。站在时代的风口，他的肩膀上扛的是"产业报国"的衷心。

"产品不光有看得到的部分，还有看不到的部分。我们要永远用看不到的那部分要求自己。"曾国荣手里始终有一个厚厚的笔记本，写满了技术细节，"我们这一代绕线工接触的产品精度越来越高，生产要求也越来越高，我们更要注重对细节的把控。"正是靠着这种"细节控"，曾国荣参与研发的"提高换位导线翻饼工装的利用率""提高线圈 S 弯画线效率"技术改进成果获得西安市职工经济技术创新优秀成果。

"创新来自日常工作经验的积累，来自坚持不懈地钻研，我很享受创新突破的乐趣。"在企业 QC 活动、经济技术创新活动中，曾国荣先后完成了多项技术革新，有效提高了生产效率和产品质量，并在生产中得到推广应用。

线圈翻饼是变压器线圈绕制中不可缺少的步骤之一。随着产品容量的不断增加，线圈导线规格也逐渐变大，在用大规格的换位导线及多根导线的绕制中，采用传统翻饼方法费时费力，且容易对导线外包绝缘造成损伤。

2012 年，在西电西变重点项目溪洛渡直流输电工程的产品制造中，为了克服导线线规小、根数多、加工精度高的困难，曾国荣带领 QC 小组成员反复琢磨，不断探索实践，对传统的翻饼方法进行改进，最终采用将整组导线分组再整合，并辅以自制简易工装进行绕制的方案，解决了整组导线受力不均匀、着力面小、影响加工精度的难题，提高了工作效率，使得产品工期缩短 8 天，为工程节约成本约 400 万元。以曾国荣为主要成员的《关于单根或多根导线连续式翻饼方法改进》技术革新项目荣获全国机械工业优秀质量管理小组成果一等奖和西安市优秀质量管理成果一等奖。

### "我们既是师徒，更是好兄弟"

曾国荣是"80 后"，他的徒弟们大多也是"80 后""90 后"青年员工。曾国荣说："我们既是师徒，更是同甘共苦的好兄弟。无论是对徒弟还是对兄弟，我都要尽心尽力。"好师傅，传道、授业、解惑；好兄弟，齐心齐力、团结互助、攻坚克难。

作为"曾国荣劳模创新工作室"的带头人和西电西变第一批首席高级技师，曾国荣非常注重对青年员工的培养，通过举办形式多样的培训班，从技术、意识、制度、规划、行业发展状况等方面帮助青年员工快速成长。他尽心尽责地带教每一名徒弟，传授的不仅是操作技术，更有严谨、认真、负责的工作态度。

如今，"曾国荣劳模创新工作室"已经成为西电西变员工成长的

"大课堂"、技术创新的"孵化器"、成果转化的"中转站"。在曾国荣的带领下，该班组在生产、质量、文化建设等方面取得了优异成绩。他先后带教的 20 余名徒弟，现都已成为变压器线圈绕制工序的主力军。

同时，作为西安技师学院的技能导师，曾国荣长期利用业余时间深入校园进行工作技能传授和经验分享，帮助年轻学子建立良好的职业道德和价值观念。

在数十年如一日的身体力行中，曾国荣收获了成长的宝贵财富，但他并不满足，"我希望通过坚持不懈的努力，继续打造高品质产品，为我国电力事业作出自己的贡献。"他早已将自己与企业融为一体，他渴望掌握更先进的变压器绕线技术，传授给更多的青年员工，制造出更加先进高端的变压器精品，为推动西电西变高质量发展和实现智慧引领目标贡献力量。

## 九、从锅炉房走出的全国"状元"

从炉底出渣工到高技能人才，从普通员工到全国"状元"，从平凡的农村到走进北京人民大会堂接受表彰，来自浙江浙能嘉华发电有限公司的宋振明完成了人生的精彩蜕变，这是他二十多年来爱岗敬业、勇于创新、甘于奉献的最好呈现，更是对"英雄出于平凡、荣光来自奋斗"的深刻诠释。

## 学无止境 术有专攻

1998年，19岁的宋振明从杭州电力学校（现浙江电力职业技术学院）毕业后入职嘉兴发电厂，从一名炉底出渣工做起。

"出渣是个体力活，没有技术含量，专业所学的控制技术，在这个岗位上根本用不到。"宋振明说。然而，他并没有因岗位与专业不对口，放弃对专业的学习。他利用空余时间，提前对整个电厂热力系统进行熟悉和了解。

那时，只要忙完出渣的任务，或是设备运行比较平稳的时候，宋振明就到锅炉上、汽机房里，对着系统图一一排摸这些设备，自我加压提前学习，为自己日后从事专业仪控岗位打下了扎实基础。

2001年，在炉底出渣岗位干了两年多的宋振明，因机组改造提升被安排到仪控检修岗位。从那时开始，宋振明跟"仪控"结缘。

老师傅眼里的"小宋"是个"学习控"，看资料勤、跑系统勤、记笔记勤、问问题勤。他白天跟师傅们实践操作，空隙时间拿着图纸奔走现场，晚上默写系统图纸和整理控制逻辑，工作的前五年都住在厂区，只要生产有需要，无论深夜还是节假日，他都第一时间出现在现场。"凭他这个好学肯钻的劲头，技术想不突出也难。"同事们说。

凭着一钻到底的学习劲头，他的专业技能突飞猛进。进入检修班组短短两个月就能独立当班工作，三个月后便承担起给煤机控制装置的升级改造任务。他也从普通班员一路成长为技术员、班组长、热控点检主管。

"学无止境，选择了热工，也就选择了终身学习。"这些年，嘉兴发电厂从一期2台30万机组到二期4台60万、三期2台百万千瓦机组，产业规模日益升级，热控技术、设备也不断更新换代，宋振明的学习动力更足了，"工作中，总感觉新知识、新技术永远学不完。"2014年9月，当手握第九届全国电力行业热工程控保护工职业技能竞赛的"入场券"，宋振明再一次用非一般的学习劲头一往无前。

回忆当年备战全国大赛的经历，宋振明记忆犹新："当时为了工作、备赛两不误，我把能挤出的时间都用上了，吃饭、上下班路上、下班休息的时间全部用来抓紧学习，后来在封闭训练时书看累了就去实操练习，再累了就去操场跑上几圈出身汗，然后回来继续练习。"

功夫不负有心人，凭着深厚积累和学习实践，宋振明代表浙能集团与来自15个中央及地方发电集团、94名顶级选手的激烈角逐中，一举夺得个人第一名、团体第三名，成了名副其实的行业翘楚、全国"状元"。

"虽然备战过程比较艰辛，但真正努力过后，无论结果怎么样，我都无怨无悔。"宋振明说。2015年，宋振明荣获全国五一劳动奖章。

## 立足岗位　创新实践

宋振明喜欢对各类设备、器件进行研究。他利用自学的电子技术知识，查看仪控设备电路板上的芯片型号，通过查阅芯片功能说明书和针脚排列画出电路控制原理图，不断理解并掌握其工作方式，进而分析排查故障原因，找到故障点并尝试去修理。

他还尝试挑战维修进口的 CEMS 烟气分析仪，利用休息时间，研究化学分析仪表的测量原理和主要检测部件的调校方法，成功修复

宋振明检查嘉电2号机组给煤机控制柜

了多台连原厂家都无能为力的化学分析仪表，为公司节约备件费用百万余元。

在进行设备维修的同时，宋振明还不忘开展技术讲课和培训，利用设备解体或调试的机会，通过深层次地分析讲解，让班组成员更加全面地掌握设备、仪表的工作原理。就这样，他培养出一批年轻的技术人员，带领炉控班获得"全国质量信得过班组"荣誉称号，整体提高了公司热控人员的检修维护水平。

宋振明坚持以问题为导向，刻苦钻研，持续做好设备的优化和改进工作，提升设备可靠性，确保机组安全稳定运行。

针对以往火电厂风机动叶电动执行机构故障后需停风机，甚至开缸重新调整行程的问题，他总结经验，提出在机组检修时详细记录原电动执行机构相关参数，当运行出现异常或故障需要更换执行机构重新调整时，采用不停风机、线下用原始记录进行执行机构的全行程调整。通过反馈估算法恢复连接，误差控制在5%以内，可以使机组不降低负荷或减少降负荷，获得良好的经济效益和社会效益。

### 榜样带动　奉献社会

从公司技能明星到全国电力行业技术能手、"浙江工匠"、浙江省高技能领军人才……宋振明一步一个脚印，一路勇创佳绩，成为企业技能、技术队伍的一张"金名片"。但他并不满足于自我提升，而是热忱做好"传帮带"，倾力培育新人、致力团队建设，为企业人才集聚、创新驱动发挥带头作用。

宋振明在现场进行教学活动

2016年，"宋振明劳模创新工作室"成立。这个由宋振明领衔的团队，承担了包括国家级、省级在内的技术攻关、科技项目共80余项。团队成员专业互补、联合攻关，组成灵活多变、不拘形式的"尖刀连""特种兵"。

在公司的全力支持下，宋振明致力于把工作室打造成公司创新意识的传播地、劳模精神的传承地、员工成才的"孵化地"。"我们工作室共50多人，其中90%以上拥有本科以上学历，20人左右拥有高级工程师职称。"宋振明介绍说。

按照浙江省创新工作室平台要求，工作室秉持"求是、开放、创新"理念，围绕"成本领先行动"和"提质增效活动"，努力打造"产培研"三位一体化应用平台。以学习力、创新力、凝聚力作为发动引擎，凸显劳模创新工作室党员模范先锋带头作用，激发各专业成员敏锐地发掘企业转型发展需求，在岗位上奉献、在技术上钻研、在专业中带头，深入践行红船精神、工匠精神和劳模精神。

工作室成立至今，共获国家发明专利权4个、国家实用新型专利权15个、软件著作权2项，取得浙江电力科学技术奖17个。其中超低排放改造成果突出，被国家能源局授予"国家煤电节能减排示范电站";污泥处置改造项目被列为"生态浙江"建设示范工程;探索研究的《特大型火电厂科技创新管理探索》等项目获全国电力行业管理创新一等奖。2019 年,工作室获得"浙江省高技能人才(劳模)创新工作室"称号,2021 年被命名为第二届"长三角地区劳模工匠创新工作室"。

作为浙江省青联第十一届常委,宋振明常走进职业技术院校与师生交流座谈,让青年人崇尚技能,鼓励他们学好技能,在工作岗位上实现自身价值的同时,为社会经济发展作出贡献。他还参加了浙江省企事业工会的劳模工匠技术服务队,走进企业,对生产设备的安全性和可靠性提出改进建议,提升设备安全生产水平;走进社区,帮助住户修理燃气热水器等,为需要的企业、单位、社区提供技术支持,为疑难问题的分析与处理提供方案。

"我很庆幸自己赶上了一个好时代!正是国家、企业对高技能人才群体的关怀和重视,为我们搭建了展示自我的大平台,才让我们有机会发挥聪明才智,创新创效、挖掘潜能、贡献力量。"2020 年 11 月,宋振明荣获"全国劳动模范"荣誉称号。"我只是千千万万劳动者中的普通一员。劳模既是荣誉、更是一种精神,将激励我永远奋斗。"

电力事业是奉献光明的事业。长期以来，广大电力人始终坚持"人民电业为人民"的企业宗旨，不忘初心、牢记使命，用真情服务、倾情奉献，助推了地方经济发展。正如《光明之路》歌曲中"我们向光而行，我们为梦拼搏"，唱出了所有电力人对于光和热的执着追求与无私奉献。每一抹明亮，每一度电都凝聚着他们的辛勤劳动和点滴汗水。在抗灾抢险现场有他们奋不顾身爬杆接线的身影，在田间地头有他们帮助乡亲打井浇地的脚步，在贫困山村有他们脱贫攻坚、扶贫济困的场景。千千万万辛勤奉献的电力人，始终坚守在平凡岗位，默默奉献自己火热的青春年华，点亮着万家灯火。

## 一、百姓身边的"长明灯"

他，24 年结对困难老人 100 余户，提供电力维修志愿服务 2.5 万小时，惠及 1.3 万余人次，带动身边 1200 多人开展志愿服务，累计 21.3 万工时，发起"千户万灯""星星点灯"等公益项目……

他就是国网浙江慈溪市供电公司社区客户经理、国家电网浙江电力（慈溪）红船共产党员服务队队长——钱海军。

2022 年 5 月 6 日，中共中央宣传部授予他"时代楷模"称号。

他是"灯暖千万家、奋进共富路"的新时代劳模代表。

时代楷模钱海军

## 一条热线，24 年未变

"10 月 24 日 10 点左右，海军又来看我了，他叫我'母亲'……看到我家的水龙头坏了，他说他记在心里了。"

"10 月 28 日 10 点左右，他用自己的钱买来新的冷热开关龙头给我换上……"

这是浙江宁波慈溪市老人张翠花生前的记录。这位患有眼疾的老人曾经说："如果有一天我看不见了，听人读读这些，也会觉得温暖。"

老人存着一张名片，上面印着三行字：电力义工、钱海军和电话号码。

这个电话号码，是当地居民熟知的服务热线，24 年始终未变。

只要拨通电话，那位个头不高、面庞方正、鼻梁上架着一副旧眼镜的钱师傅总能"马上到、马上修、马上好"。

换灯泡、修电表、修电磁炉、修洗衣机、通马桶……钱海军的抽屉里装着几千张碎纸条，每张纸条上都记录着姓名、电话和地址，记录着 24 年来他完成的 2.5 万个小时的志愿服务。

有一年除夕，钱海军本打算带妻女回老家过年，可当晚求助电话响个不停，他接连跑了 4 户人家。半夜到家后，只得泡两包方便面，算是年夜饭。

"万能电工"的名号越传越广，志愿服务的范围也越来越大。钱海军开着自己的车，不管跑多远、有多累，坚持不喝群众一口水，不收群众一分钱。

干义工图个啥？钱海军忘不了多年前看到的一幕：一位退休的电气工程师因年老体弱，在家连换灯泡这么简单的事儿也完成不了。这情景，刺痛了钱海军的心。

"那时我就想，如果有一天我老了……"从此，钱海军在为居民提供用电服务的同时，主动承担起为孤寡老人修理电器甚至照顾起居的工作。

能做一点是一点，能帮一个是一个。钱海军自费印名片，每次上门服务送出一张。他的手机 24 小时开机，哪怕是凌晨打来的电话，他都耐心接听。

24 年间，钱海军结对帮扶的老人有 100 余户，年纪最大的 108 岁。平均每周，他要为孤寡老人上门服务 20 多次。

用掉多少电线、换过多少灯泡、倒贴了多少材料钱……这些年，钱师傅帮扶孤寡老人的开销算不清，他自己总是穿着那件破旧的工作服；以忘年交身份陪老人聊天，以"儿子"名义送老人就医……20多年如一日，钱海军换来了世间最难得的信任和亲情。

"有你这个'儿子'，我生活有了底气。"和钱海军结对的朱春芬老人说。

由于不断收到群众写来的表扬信，单位同事才知道，钱师傅总是扒上几口饭就走，原来是去做好事了。

"我只想踏踏实实地去帮助那些老人，看到他们的笑脸，我知足了。"钱海军说。

## 一颗热心，点亮千户万灯

位于长白山腹地的吉林省敦化市，天朗气清。明媚的阳光，洒落在顾成明家旱厕顶棚的太阳能板上。

3小时的光照可以带来6小时的照明。一根新安装的金属导线，让旱厕和家里的房间一样亮堂。

"以后晚上起夜再也不用担心摔倒了。"拄着拐杖的顾成明笑了。

这束光亮，来自2000多千米外。2019年2月底，钱海军带队从宁波来到敦化，开展"千户万灯项目延边行"活动。

项目缘起4年前。2015年，钱海军在走访排摸慈溪市生活较为困难的残疾人家庭的过程中，发现线路老化、线头裸露等用电安全隐患较为普遍。

一个个解难助困的"小目标"开始在钱海军心里"规划"：每年完成500户残障人士家庭用电线路改造；每年帮扶50名困难残疾人

创业；每年培养一批乡村电工，重点培养残困家庭孩子；打造"千户万灯"乡村电器赋能站，以贴心服务帮助更多人实现共同富裕……

在钱海军的建议下，从宁波铺开到省市县三级联动机制，再到覆盖浙江全域，国网慈溪市供电公司"千户万灯"残疾人贫困户室内照明线路改造公益项目正式启动。

2017 年，"千户万灯"项目走进西藏仁布，并在当地开设乡村电工培训班。钱海军带领着一支志愿者服务队，从东海之滨奔赴雪域高原。

头痛、失眠、疲倦、呼吸困难……严重的高原反应汹涌袭来，钱海军咬着牙关支撑，直到被紧急送进医院。

送去太阳能移动电源，装上多功能自发电灯，安上新的漏电保护器……藏族同胞紧紧握着钱海军和队员们的手，激动地说："扎西德勒！"

8 年间，钱海军带着志愿者们走出宁波、走出浙江，走向全国，行程超 22 万千米，铺设管线 96.75 万米，为西藏、吉林、贵州、四川、云南等地 6600 余户百姓送去光亮。迄今，"千户万灯"项目惠及6 万余人，钱海军和同事们被人们亲切地称为"来自宁波的点灯人"。

"服务没有海拔，爱心没有距离，应该毫无保留地把电和光送到祖国最需要的地方。"钱海军说。

## 一种精神，汇聚不灭心火

多年来，钱海军为无数人送去温暖，但他陪伴家人的时间却少之又少，即使偶尔回家吃饭，也会时不时接到求助电话。这么多年，他几乎没在家吃过一顿完整的年夜饭。

一次，很晚到家的钱海军接到求助电话，立马又要出门。妻子心疼他，实在忍不住了，一把抢过工具包扔了出去："你今天要是出去就不要再回来了。"

钱海军低着头，默默地拾起工具包，还是走了。

事后，他对妻子说："如果我们每个人都只想着自己的小家庭，这个社会就太冷漠了。"

听到他讲述孤寡老人生活困难时的哽咽，看到他分享助人为乐时的快乐，妻子渐渐理解了他，也带着女儿随他一起帮扶孤寡老人。在他的带动下，他的弟弟为社区居民提供维修服务，做社区医生的弟媳为老人开展义诊。

2012年起，钱海军所在单位先后成立了以他名字命名的共产党员服务队和志愿服务中心，1200多名志愿者组成25支志愿服务分队，辐射300多个社区，累计开展服务3万余次，服务时长超21.3万工时。

从风华正茂的"小钱同志"到头发花白的"老钱师傅"，钱海军始终牢记一位帮扶过的新四军老战士对他说的话："战争岁月，我扛着枪冲在保家卫国的第一线；和平年代，你拎着工具箱冲在为人民服务的第一线：我们都是真正的共产党员。"

从为老人提供电力维修到关

钱海军为社会孤寡老人提供志愿服务

爱空巢老人"暖心行动"，再到"星星点灯"未成年人社会体验、扶贫助学等多种公益活动，汇聚起的是一团不灭的心火。2015 年，在职校就读的曲朝阳暑假实践时跟随钱海军学习。他对钱海军说："师父请放心，我一定会努力，多行一步，多帮一点，在志愿服务的路上，您永远不是一个人。"越来越多的年轻人，正在成为"钱海军"。

奉献是不计报酬的给予，是"有一分热发一分光"。在慈溪，在宁波，"钱海军"已经成为一个符号、一种象征。在生活工作的时时处处，浸润"以人民为中心"的理念，给千家万户送去光明、送去温暖；用年深日久的实干，展示出打动人心的劳模精神、劳动精神、工匠精神。在一个优秀产业工人的情怀中，可以看到不忘初心、牢记使命的政治品格，看到扎根基层、埋头苦干的职业操守，看到无私奉献、为民服务的道德情操。

## 二、小爱无痕　大爱无疆

黄春强、黄春宁，是南方电网公司广西防城港十万山华侨林场供电营业站的职工。15 年来，兄弟俩风里来雨里去，足迹踏遍了十万山的每个村落，默默守护着大山里家家户户的光明。

### 再苦也要留在大山的"南网兄弟"

黄春宁、黄春强兄弟，一个 46 岁，一个 42 岁，父母是因当年越南排华而归国的华侨，兄弟俩一个 3 岁归国，一个在十万山里土生土长。从 1999 年起，兄弟俩作为南方电网广西电网公司防城港供电局十万山华侨林场营业点的农电工，开始承担华侨林场电力线路的维护、检修和抄表收费工作。这一干就是 15 年。

兄弟俩常说："十万山里居住的都是归国华侨、侨眷，在我们最需要的时候，祖国为我们安家落户，我们有义务为这片土地做些事情！"因为总穿着橘黄色的工作服，乡亲们都亲切地称呼他们为"南网兄弟"。

黄春宁、黄春强骑着摩托车沿山路寻找停电故障点

十万山林场属于"雷区中的雷区"，电力设施受影响大、抢修条件艰苦。每次遇到停电，他们都当天检查，当天抢修，当天复电。蹚水过河时，哥哥黄春强就背着弟弟黄春宁，为的是让他身体保持干燥，可以安全上杆作业。

山里的隘脚村，因山势险峻，路况又差，被称作"碍脚村"。每年七八月，暴涨的河水会把通往村里的唯一一条机耕路淹没。水太大太深蹚不过去，兄弟俩就用砍刀临时开路，从高处的山腰绕过去，要比平时多走出一倍的路程。

2011 年 9 月底，台风"纳沙""尼格"接踵而至，线路上的供电实施被雷击坏，造成隘脚村多处停电。因为不清楚故障点在哪里，兄弟俩只能骑上摩托车，走走停停，沿着山路去找。

"风吹得眼睛睁不开，骑在摩托车上，车上载着四五十斤重的工具，开在路上感觉都要飘起来了。"黄春宁说，"不时有大风吹断树枝，当时非常担心被刮倒的大树砸中。"

雨后山路泥泞，摩托车多次打滑侧翻，两人的膝盖、小腿多处被碰伤。平时只需走40多分钟的山路，这次兄弟俩走了两个多小时才找到故障点，在狂风暴雨中花了两个多小时抢修，晚上8点多终于把电送上了。兄弟俩离开村子时，感激不已的村民们打着电筒送了一程又一程。

十多年里，兄弟俩早上8时出门抄电表、收费，维护、检修线路，往往下午4时才有时间吃午饭。饿了，吃点饼干；渴了，喝点山泉水。

黄春宁、黄春强兄弟工作的营业点条件艰苦。在城市里2000多户的抄表工作，一个人大半天即可完成。但是在山里这个营业点，就得花六七天的时间。在兄弟俩之前，片区也有人做过电工，但没过多久就受不了走了。

"在这里工作那么辛苦，又那么危险，有没有想过离开？"面对这样的提问，兄弟俩回答："再苦，我们也要留在大山。我们总觉得自己有义务为这片土地做点事情。"

## 乡亲们的期待

"今天能通电吗？"黄春宁永远记得，15年前，自己刚入行时，一次到村民家中检查线路故障，背着孩子的家庭女主人对自己的问话。然而，他没有能力进行维修，只能上报等候处理。那期待的眼神以及自己的无奈让他终生难忘。从此，黄春宁下定决心："一定要练好本领，不辜负大家的期望。"

当时，各种原因导致的停电比较频繁，两兄弟培训机会也不多，为提高工作能力，他们想了很多办法。

一是"搞破坏"。他们拆开设备揣摩原理，第一次拆了一台户外漏电保护器，两兄弟发现这是一个"知其所以然"的好方法。从此，凡是能够拆卸的设备，他们都要拆开来仔细研究。他们拆的设备五花八门，掌握的技术也就多种多样，不仅抢修电力设备驾轻就熟，就是乡亲们的摩托车、电饭锅坏了，他们也能修理。

二是"做苦力"。2002年至2004年，十万山华侨林场农网改造时，两兄弟主动报名参加施工，"我们就是要弄懂这些东西是怎么装上去的，以后才会修。"一年后，他们成为施工队的骨干。施工结束时，他们对抢修早已驾轻就熟。时至今日，像他们这样具有完整农电施工经历的管片电工也非常少。

三是"当义工"。两兄弟负责的供电范围有上百平方千米，几乎所有抢修都由他们独立完成，并且还经常支援其他片区。据了解，两兄弟每年支援其他片区抢险有好几十次，"他们技术全面，有了紧急任务，经常需要抽调他们支援。"对此，两兄弟毫无怨言。他们说，这正是提高技术水平的大好机会。

两兄弟发现，要服务好乡亲，仅懂电力技术还远远不够。很多归侨和少数民族同胞普通话表达能力较差，于是，他们在工作中向乡亲们学习，数年后，原本只能"讲好客家话、憋出普通话"的他们，不但能够流畅地讲普通话，还学会了广东白话、壮族话和瑶族话。他们也和乡亲们格外熟络，片区内总共14000多人，交电费时，哪个户主属于哪个片区，他们一看便知。

两兄弟的高超技术引起了很多人的关注。近年来，"猎头"们多次向他们伸出橄榄枝，允诺的收入远超他们现在的工资，但他们从未心动，依然痴心守望一方乡土。

## 管不完的"闲事"

一条专用的电线，一间孤零的瓦房，86岁的退伍老兵黄朝修靠在门口。他知道，今天，侄子们会来看他。马上又是国庆节，他还想给侄子们讲讲那些峥嵘岁月、戎马情怀。果然，黄春强和黄春宁骑着摩托车过来了，车上照例带着老人爱吃的五花肉和柑橘。老人一生艰辛，唯一的亲人就是黄春强、黄春宁两兄弟，他称两兄弟为"大侄子"。

两兄弟和老人相识于1999年。那时，老人孤苦无依，屋内仅有一个5瓦的灯泡。黄春宁帮他接完电线后，告诉老人："以后有什么事，您就找我吧！"这一承诺，13年风雨无阻，日常照料事无巨细。老人的房子离村子较远，2009年，两兄弟通过努力，用5根电杆为老人架设了一条专用线，老人的屋内从此亮堂起来。今年，在两兄弟感召下，城区供电所的同事一起捐款，为老人购置了电视和接收设备，86岁的老兵第一次有了自己的电视机。

在上百平方千米供电范围内，像黄朝修这样的"亲戚"，两兄弟还有很多。对于供电范围内的"五保户"等特殊群体，每次巡线、检修，两兄弟都会开列单独的"方子"。从工作量上看，两兄弟的工作量远大于一般农电工，而且独立承担抢修，经常外出支援，已经忙得不可开交。而为"五保户"换保险丝、修电饭锅，甚至修手电筒这类工作，就占了他们近三分之一的时间。

"换保险丝、修电饭锅，对于我们来说是举手之劳，对于乡亲们来说，就是天大的事。"遇到抢险，两兄弟经常忙到天黑。乡亲们过意不去，他们却说："我们苦，只是两个人；如果电不通，苦的就是一村子的人了。"

真心付出，收获真心回报。在两兄弟负责的片区，走到哪里，乡亲们都热情地和他们打招呼，都要拉着他们到家里吃饭。这么多年来，2000多用户，从来人没有拖欠过一分钱电费，从来没有人阻拦线路清障。隘脚村的老支书说："在我们这里，就数他哥俩名气最大，他们管电管得最好，我们都喜欢他们。"

平凡中见伟大，朴实中显崇高，细微中有真情，这就是普通农电工坚定的理想信念、崇高的思想境界和高尚的道德情操。在我国电力行业，农电工遍布全国2400个县的乡镇农村，人数高达60万，是乡村电力供应的守护者，也是电力行业不容忽视的存在。他们奔波在条件艰苦的基层第一线，忘我工作、无怨无悔，以实际行动诠释着"辛苦我一人，点亮千万家"的奉献精神，在平凡的岗位上唱响青春赞歌。

## 三、让张思德精神薪火相传

1999年冬，陕西延安市"一区两县"农网建设和改造工程顺利完成。延安市枣园供电所员工克服重重困难，半年完成3年的改造任

国网陕西张思德（延安枣园）共产党员服务队队员

务，咬紧牙关解决了老百姓用电难的问题，更为延安人铺平了致富路。张思德的战友，老红军崔同胜动情地说："你们这些娃娃，就像当年的张思德！"不久，一支由枣园供电所员工自发组建的服务队——张思德电力便民服务队诞生了，随后在陕西10个地市推广建设。2018年，国网陕西省电力公司将服务队统一命名为国家电网陕西张思德共产党员服务队。

国网延安供电公司始终坚持弘扬延安精神，传承张思德精神，24年持续建设张思德共产党员服务队，而今已然成为国家电网公司服务革命圣地的金色名片。

## 全力以赴保供电

习近平总书记在陕西调研时指出，伟大的延安精神是党的性质和为人民服务宗旨的集中体现，是党的优良传统和作风的集中体现。

电网连接千家万户，关系国计民生。张思德共产党员服务队始终把"人民"二字放在心上，实实在在解决百姓急难愁盼问题，千方百计做实惠民生、暖民心、顺民意的工作。

百花始芳的四月，一场自北向南、来势汹汹的谷雨湿雪袭击延安。2023年4月21日，30年一遇的强湿雪导致延安电网频频告急，延长、宝塔区、子长、延川等地多条线路受损，共计96条10千伏线路、2183 台配电变压器台区故障，41984 户居民用电受到影响。张思德共产党员服务队迅速行动，一场与时间赛跑、与雨雪比拼的保电战就此打响。4 月 21 日晚，面对泥泞的山路、凛冽的寒风，服务队全员出动，连夜巡线、查找故障点。队员们的鞋子被泥浆灌满、胳膊被树枝划破、衣服被汗水浸湿……他们依旧奋战在抢险一线，尽快完成抢修、恢复居民供电是他们在黑夜里前行的动力。4 月 26 日，该公司完成全部线路抢修，受损线路全部恢复供电。

## 用心用情惠民生

在国家电网陕西电力张思德（延安宜川）共产党员服务队（简称宜川服务队）的墙壁上，一张"党员服务队服务作战图"映入眼帘，服务对象、服务类型、服务责任人、服务措施等一目了然。

习近平总书记指出，要坚持以人民为中心的发展思想，扎实做好保障和改善民生工作，实实在在帮助群众解决实际困难，兜住民生底线。宜川服务队把群众眼中的"小事"当成服务的"大事"，将志愿服务延伸到群众最需要的地方，为群众排忧解难。

"我们在服务中发现一些独居老人家中的家用电器经常会出现故障，他们年纪大，

国网陕西张思德（延安枣园）共产党员服务队准备出发执行抢修任务

也不知道找谁处理。于是我们就自学了一些家用电器的维修方法，并随身携带维修工具，力所能及地帮助群众多解决一些问题。"宜川服务队队长李超说道。

宜川服务队不断拓展服务范围，进社区街道、入村入户，与供区内村社党组织结对共建，划分党员服务队包片责任区，为独居老人、孤寡老人和残障人士等设置电话一键拨号，提供足不出户的"一键式"供电服务，并定期上门检查用电设备隐患、宣传安全用电知识。同时，队员们还利用微信群开展"微服务"，为供区内客户提供用电咨询，了解客户需求，根据客户实际情况无偿提供电力故障检查和用电设备维修服务。

宜川服务队将服务覆盖民生发展的各个领域、各个环节，一件件实事做到群众心坎上，一项项措施助力为企业纾困解难，推动延安经济社会高质量发展。

## 千方百计助发展

"10 支服务队成功实现'八零'。"

"宝塔、子长、吴起、延川、富县、洛川、黄陵 14 次入选同期线损百强供电所。"

"宝塔、洛川、延川供电所获评国网陕西省电力公司示范型数字化供电所。"

2023 年 4 月 23 日，在国网延安供电公司一季度党员服务队建设推进会上，喜报频传。自服务队实现全覆盖以来，张思德共产党员服务队在推动公司发展大局中压舱顶梁、冲锋在前，展现出非凡担当。

2023 年以来，该公司党委把服务队建设写入公司工作报告、纳入重点工作，定期召开推进会、开展调研，建立双周报制度，服务队标准化建设水平不断提升；通过学习党中央的大政方针、该公司的发展战略，召开座谈会、专题学习会，开设"红色党课"、深化"红色体验"、倾听"红色故事"，队员们的政治素养不断提高；通过开展专业专题培训、现场观摩、同业对标交流学习，队员们的业务能力和专业素养不断增强。一项项措施出台、一个个举措落地，服务队始终是该公司化解风险、攻克难关的最强优势，队员们始终是专业领域的行家里手。

同时该公司坚持"党员带队员、队员带全员"，围绕"五项服务"深化"五心"特色，党员服务队在重大任务、重大项目走在前、作表率。该公司将服务队建设和生产经营深度融合。2023 年 10 月，该公司在 14 支共产党员服务队开展"八零两争创"活动，工作范围从供电所业务延伸到重点工程建设、客户增值服务、爱心志愿服务等方面，队员们在工作中亮身份、亮承诺、亮行动。自"八零两争创"活动开展以来，月度"八零"单位由 3 家增长至 7 家，均保持零舆情、零投诉、零外破和零低电压，违章率和跳闸率明显降低，低电压率降为零；累计开展政治服务 22 次、抢修服务 144 次、营销服务 80 次、志愿服务 45 次、增值服务 12 次，直接服务群众 2.7 万余人。

张思德共产党员服务队勇挑大梁、迎难而上，结合单位实际，成立安全生产、电网建设、创新攻关、数据治理等攻坚小组，在配网建设攻坚、数字化建设中发挥先锋作用，与各专业协调配合，攻难点、克难关。安塞服务队 10 天架设 3.35 千米输电线路，为张思德牺牲纪念地顺利接电；文安驿服务队完成 10 千伏、0.4 千伏线路 GIS 线下采录，建成智能化安全工器具室；洛川服务队完成 70 个小区用电检查，编制"一小区一策"保电方案。

以热血赴使命，以行动践诺言。不仅是国网延安供电公司张思德共产党员服务队，在电力行业，大力弘扬奉献精神，将其持续转化为鼓舞和激励党员服务队不断攻坚克难、为人民服务的党员服务队还有很多。心中有人民，肩上有担当。立足本职岗位，心系万家灯火，将"小我"融入服务民生福祉的"大我"，电力行业每一个共产党员、每一位劳动者都是促进共同富裕、人和社会全面发展道路上的"点灯人"。

## 四、雪域高原的"捕风者"

2023 年 12 月 18 日，西藏那曲色尼区欧玛亭嘎 100 兆瓦风电项目成功并网发电。连绵起伏的山丘上，一排排白色风机巍然耸立，巨大的桨状叶片缓缓旋转，将凛冽狂风转化成为清洁的动力，为高原深处的人们送来光明和温暖。

"以后那曲人民再也不会受冻啦！"国家能源集团西藏那曲分公司副总经理胡建生感慨地说道。

### 勇闯"生命禁区"破局

西藏电源结构差不多是水电一半、新能源一半，冬季枯水期电力

胡建生在那曲风电项目前留影

供应缺口明显。那曲平均海拔 4500 米、长冬无夏，对很多那曲人来说，冬季用电取暖还是很奢侈的事情。

那曲风电项目是西藏自治区 2023 年保供项目，必须在年内建成投产，解决那曲人民冬季用电的问题。国家能源集团西藏公司党委经过研究，主动接下了这个重任。这是全球超高海拔地区首个 100 兆瓦级风电项目，也是该公司首个风电项目，经过复杂的论证过程，2023 年 1 月，项目进入核准的最后关头，公司开始组建工程建设管理团队，时间紧、任务重、难度大、环境苦，这个负责项目现场管理的副总经理十分关键。

经过公司党委反复酝酿，大家一致认为尼洋河公司副总经理胡建生最合适，在水电站干了二十多年生产的他，不仅生产业务熟悉、管理经验丰富，而且特别能学习、特别能吃苦，在多布水电站发电筹备期间，经常加班到天亮，为电站长期安全高效运行打下了坚实基础。

胡建生二话不说，主动接下了这块"硬骨头"。虽说都是高原，但是海拔3000米的雪域江南林芝和4650米的"生命禁区"藏北草原，那是完全两重天。一到那曲他就出现了严重的高原反应，整夜失眠、头痛欲裂，他强忍着痛苦坚持跑现场，一天下来脸就晒脱了一层皮。

从0到1，项目开工前还有大量工作要做。胡建生一面开展项目施工调查，理清项目管理流程，编制施工手册，提前预防和排除各类风险因素，一面有序安排进驻流程，详细了解当地气候、政府政策、员工日常生活需求、卫生医疗条件等，为员工入驻尽可能做好充足准备。

从水电到风电，专业上还是有一定跨度，还有很多新知识需要学习。白天忙碌了一天，吃过晚饭他就坐在办公室学习，在严重缺氧的环境里脑袋长期昏昏沉沉，他也经常学习到十二点、一点。"反正缺氧睡不着，干脆看看书，看累了就想睡了"，他自嘲道。风力发电相关书籍和图纸摆满了他的办公桌。

2月27日，项目获备案核准，开工前还有一个重大问题必须解决，那就是临时用地批复。胡建生和同事们一起前往村民家中，本着"先交朋友，再谈工作"的原则，克服语言不通等困难，一家一户走访村民、村干部，做工作。为了赶时间，他们外出都吃盒饭，回来加班到凌晨。到那曲三个月，胡建生瘦了10斤，凭着牦牛般的韧劲，克服重重困难，顺利取得项目临时用地批文。

## 坚守藏北草原捕风

项目一开工，胡建生变得更加忙碌了。

由于那曲海拔高、气候恶劣，施工过程中面临许多挑战。5 月的那曲还是冰天雪地，这种温度下浇筑混凝土难度极大，稍有不慎就会出现断层、冷缝等质量事故。

针对昼夜温差大、振捣难度大、混凝土运输距离远等困难，胡建生带领团队深入开展研究，开展混凝土浇筑试验。他们每天坚守现场观察，并和施工方讨论解决方案，不放过任何一个细节、不放松任何一点要求，发现问题马上安排重做试验。通过反复试验，他终于掌握了混凝土的合理配合比和合理浇筑时间，并提出了覆盖塑料薄膜和棉被等方法，保证了混凝土浇筑质量。5 月 24 日，首台风机基础浇筑完成。9 月 5 日，25 台风机基础浇筑全部完成。

该项目从开工到投产，只有不到 8 个月时间。为保证项目建设进度，胡建生提早谋划、统筹部署，组织制定《风机吊装管控要点》《集电线路架设及布线管控要点》等一系列风险防范措施。抓住无风和微风时段开展吊装作业，吊装完成立即开展静态调试；升压站施工过程中，同步组织监控厂家完成后台流程和设备调试，减少并网联调时间。见缝插针，变"串行"为"并行"，一系列方法为项目建设装上了加速器，而胡建生也像一个高速旋转的陀螺，在严重缺氧中和时间赛跑。

不知疲倦连续奋战的他防住了工程建设的风险，却没有防住身体健康的风险。7 月的一天，胡建生忽感腰部剧痛，医生检查后说："你的肾结石已经很大了，需要赶紧住院手术。"当时工程建设正处在

胡建生（左二）正和设备厂家、建设单位研究风机安装技术问题

关键时期，每一个点他都害怕出现疏忽，在纠结许久后，他休了8天假回成都做手术，还没完全康复就匆匆赶回项目现场。"只有盯在现场我心里才踏实。"胡建生说。

7月6日，首台风机吊装完成。10月15日，升压站工程顺利完工。10月28日，全部风机吊装完成。12月18日，首台风机并网发电。一个个完工的节点，一次次刷新的进度条，不变的是他日复一日的风雪无阻，每天在现场至少10个小时，开工以来巡视现场里程超3000千米。

## 甘为职工群众引路

胡建生自 2014 年来到西藏工作，和西藏电力生产一线的同事们一起摸爬滚打了 9 年，最了解西藏一线电力工人的苦闷、担忧和心思。

平常的日子里，胡建生不仅要带头做好工作、当好表率，还要给大家当"知心大哥"，答疑解惑、疏导情绪，让大家安心在西藏工作生活。有一次，一位入职没几年的青年员工要辞职："那曲工作太苦了，我表姐在家直播带货一天轻松挣上万，我想辞职去搞直播。"胡建生没有立即答应，而是说："眼见为实，你先休一个星期假，回去学习做主播试试，如果觉得干得好就辞职，如果干不好就回来。"三天后，这位青年员工就回来了，再也没提过辞职的事。他感激地说："以前只看到主播在屏幕前几小时的风光，不了解屏幕后的辛酸，感谢胡总给我机会试错，要是真辞职了，后悔就来不及了。"

"我并不是非要把他留下，只是怕他一时冲动走错路。"在西藏工作的青年员工思想容易浮动，胡建生见得太多了，他尊重他们，总是耐心地引导他们，也因此赢得了信任和尊重。既要有厚爱，也要有严管。胡建生说，想要青年员工快速成长，就必须对他们严格要求。他带头学习风电项目管理知识，经常组织全员学习培训，不定期检查考问，让大家对工程安全、质量、进度、环保、造价控制等方面越来越熟悉，并灵活运用到实际工作中去。有一次风机基础浇筑时，工人振捣不到位，一名青年员工底气不足，没有及时纠正。胡建生发现后严肃地说道："工程安全质量问题容不得半点马虎，管工程一定要敢抓敢管、铁石心肠。"后来，胡建生经常带着这名青年跑现场，手把手教、面对面讲，毫无保留地传授经验。而这名青年也迅速成长，几个月下来就能够独当一面了。

那曲的日子非常苦，但那曲分公司同事们的脸上却总是充满阳光，不管在现场怎样顶风冒雪挨冻，回到公司和大家坐在一起，谈笑间就能感受到无限温暖。这一年，公司没有一人辞职，也没有一人向组织提出要调离那曲。

路虽远，行则将至；事虽难，做则必成。那曲色尼区欧玛亭嘎100兆瓦风电项目的开发建设，为后续超高海拔地区风电大规模开发探索了经验道路，也让那曲人民告别了只能靠牛粪取暖的缺电时代。而以胡建生为代表的电力人，还将继续奋战在建设国家清洁能源基地的宏伟征程上。

## 五、华灯永远璀璨

夜幕降临，首都北京的长安街上，华灯璀璨。253基华灯庄严矗立，见证了新中国成立以来中华民族从站起来、富起来到强起来的伟大历程。在璀璨的华灯背后，有一群默默坚守的身影，他们就是为共和国掌灯的国家电网北京市城市照明管理中心华灯班。

### 铸就华灯品质

56摄氏度！这是长安街华灯作业车内的温度。7月的北京热浪

华灯班检修长安街沿街彩灯

袭人，下午两点，天安门广场东侧华灯下，华灯班第五任班长陈春光正在和队员们进行当天第 10 基华灯的清洗工作。

酷暑时节，是华灯班最忙碌的日子。由于检修期间必须错开上下班高峰期，清洗华灯的工作只能在每天上午 10 点到下午 4 点进行。烈日当头，员工们穿着长袖工作服，戴着两层手套，捂得严严实实，不一会儿，全身就湿透了。

清洗华灯看似简单，实则需要严之又严、细之又细的操作规范。6 个步骤、37 个环节——操作手册将规程固化，成为共同遵守的规范。"比如灯球紧固螺钉，要将螺钉拧紧后，反向退回三分之一圈，这样既能有效固定又不会因螺钉过紧，时间一长造成玻璃材质的灯球开裂……"

升降车抬起，卸下灯球、高压气枪清除污物、检查线路和器件、清洗灯球、安装灯泡……华灯班队员们动作娴熟、配合默契，俨然一条空中的流动生产线。

天安门广场矗立的9球莲花灯，共有110基。长安街上的13球棉桃灯，共有143基。莲花灯的灯台上雕刻着不同的图案，象征着国家富强、百花齐放，棉桃灯则是8灯球托举4灯球并拱卫1个顶灯，象征着全国五湖四海拥护中国共产党。

与酷热相比，蚊虫更加难以忍受。打开灯罩，里面积满了蚊虫的尸体。"最多的时候一个灯罩里有半斤，臭气熏得人难以呼吸。"即将退休的华灯班第四任班长孟庆水说，蚊虫往嘴、鼻子、耳朵眼里钻，下来后就要连忙抖衣服、抠耳朵。

除夕夜，在华灯班工作了10多年的韩国强又一次放弃了与家人的团聚，挨个巡视了一遍长安街上的所有华灯。他说："也算是和这些'老朋友'拜个年，只有这样我心里才踏实。"

国庆35周年、国庆50周年、国庆60周年、"9·3阅兵"……几十年来，天安门广场上每一次重大活动都有华灯班队员们默默坚守的身影。他们与仰视可见的华灯一起，见证了中华民族伟大复兴征程中的重要历史时刻。

## 见证时代发展

夜幕下，行驶在长安街上，华灯散发出的光芒柔和而明亮，照亮无数车辆行人前行的道路。但是，很多人并不知道，几十年前的华灯灯光却有些昏暗。

当初，华灯的灯泡是白炽灯，亮度低，使用寿命只有几百个小时。"每年都要更换数次灯泡。换灯球时，要小心再小心，因为不知道哪个有裂纹，拿不好就碎了。"王铁龙说。

王庆余是第一代华灯人。时光荏苒，当年 22 岁的小伙子如今已是 82 岁的老人。"那时没有专业化设备，靠手拉肩扛完成了华灯建设施工任务。"王庆余回忆道。从 1960 年开始，由北京供电局负责华灯的清洗检修工作，他正式进入华灯班。

回忆起第一次清洗华灯，老人记忆犹新：那时没有专门的车辆，只好借用其他单位的杉篙木架子，10 米多高，上面铺上木板。站上去晃晃悠悠，心里直打鼓。清洗一基华灯，需要挪动三四次架子，每挪动一次就得先下来、再爬上去。"第一天清洗，一个上午一基华灯都没做完。"王庆余回忆道，当时把胳膊全伸进去也够不着灯球的底部。

高温时节，户外作业最怕的就是中暑。如今，洗完一基华灯后，员工们在车上就能喝到冰镇矿泉水、吃到防暑降温药。"相比过去自备干粮背水壶，现在的条件好太多了！"孟庆水感慨道。

1984 年，新中国成立 35 周年，华灯光源经历了第一次更新，球体内的白炽灯升级为 450 瓦自镇流高压汞灯，并在球灯下加装了投光灯，更好地为车辆、行人照明。2006 年至 2008 年，华灯灯具、光源更换为 85 瓦电磁无极感应灯，八角亭内的 500 瓦白炽灯更换为 100 瓦无极灯。"高光效、低能耗的光源大大降低了华灯出现故障的概率，大部分光源都可以运行几万小时以上。"孟庆水说。

在北京城市照明管理中心监控指挥中心，华灯分布图在大屏幕上清晰显示，每盏灯、每个灯泡的工作情况都实时反馈到后台智能监控系统。哪一个灯泡出现故障都能发出提示，进而第一时间前往维修。

"华灯流光溢彩，以前我们内行人转上一圈才能知道哪些灯泡不亮，上级部门对我们的要求是 98% 的亮灯率。有了智能监控系统，现在我们可以拍着胸脯说亮灯率达到 100%。"陈春光骄傲地说。

60 多年来，华灯的外观从未改变，但里面的灯具、灯杆、管线等早已发生天翻地覆的变化。"这变与不变，正是科技创新水平日益提升、祖国日益强大的体现。"宋晓龙说。

"我们真是享受了祖国发展的红利，不仅工作条件越来越好，也让我们跳出车上的工作平台，有更大的平台施展技能。作为新时代的华灯人，我感到很幸运。"陈春光说。

每个清晨，万众瞩目之下，"国旗班"升起鲜艳的五星红旗；每个夜晚，万家灯火时，华灯班默默坚守华灯闪耀。作为"战友"，华灯班与"国旗班"在共同履行着神圣光荣的使命，一次次擦肩而过，缔结了深厚的情谊。历代华灯人都将"国旗班"战士作为学习榜样，学习他们忠于职守的精神和意志。

已近午夜，华灯班的队员们还在街头，对华灯进行着每日例行的巡检。璀璨的灯光，将他们的身影渐渐拉长，延伸到宽阔静谧的长安街上。这看似平凡的夜晚、平凡的街道、平凡的身影，却有着极不平凡的意义和价值。正因为华灯班队员们胸怀祖国、服务大局的意识和他们的执着坚守，一排排华灯才更加璀璨，更加光彩照人。

## 六、三代传承的水电情缘

从长江到金沙江，从三峡工程到溪洛渡、向家坝、乌东德、白鹤

乌东德水电站全景

滩水电站工程，一颗颗"水电明珠"被镶嵌在深山峡谷之中。在夜以继日为之奋斗的职工群体中，有着一群荣誉相同的人——老、中、青三代劳动模范。

## "60后"，我用此生建大坝

2019年6月，在川滇两省交界的金沙江河道上，乌东德水电站的施工现场如火如荼。这座千万千瓦级巨型水电站，正处于紧张的施工高峰期。

"我干水电工程快一辈子了，希望能干好乌东德工程，为职业生涯画上一个圆满的句号。"他叫张耀华，年近花甲，是中国能建葛洲坝三峡建设公司乌东德施工局总工程师、省级劳模。

每天，从乌东德新村营地生活区到金坪子金属结构加工厂，再到施工一线，"三点一线"的生活早已成为张耀华的日常。

在金结施工和设备管理领域，张耀华确实是位权威人士。

乌东德水电站是一个极为复杂的系统工程，机电金结工作是重要的环节之一。其中，金结施工共分大坝、地厂、泄洪3个标段，生产任务重，劳动强度大。为克服技术难关，保证现场大型施工设备和永久设备的按时启用，张耀华带着施工局的小伙子们制订施工方案、研究机械图纸，一次又一次完成了预定的工期目标。

为提升机电金结加工水平和现场的施工效率，张耀华与同事们创新引用组圆台车进行压力钢管"立式组圆"，使传统的压力钢管制作与安装发生了颠覆性的改变。其占用的施工场地大大缩小，洞室开挖量和混凝土回填量也减少了，保证了项目的顺利履约。

最让他自豪的是，在参建各方的共同努力下，乌东德工程克服了高强度钢材的焊接技术等难题，大规模使用80千克级高强钢进行压力钢管的蜗壳制造，这在世界尚属首次。

"人生在世，风里来雨里去，但和别人相比，我觉得我只是多了一份坚持，把该做的事儿都坚持了下来。"20世纪60年代出生的张耀华，从葛洲坝水利枢纽、三峡工程到向家坝水电站，再到乌东德工程，他为水电事业奋斗了一生。

## "70后"，做大胆实践的追梦人

赵贤安，这位全国五一劳动奖章获得者，是个醉心于大坝混凝土浇筑的"土专家"。

赵贤安劳模工作室成立于 2016 年 10 月，截至 2018 年 12 月，在工作室的引领带动下，葛洲坝集团乌东德施工局共获得国家授权专利 85 项、工法 31 项、科技进步奖 58 项、其他科技成果 4 项。

作为工作室的带头人，赵贤安在 20 多年水电生涯里，先后参与三峡、向家坝、乌东德等水电工程，这位"70 后"对待工作精益求精的态度始终如一。

与大坝工程的一次次"亲密接触"，让他掌握了出类拔萃的"坝工"技术，从最初的浇筑工成长为混凝土高级技师。赵贤安带领团队创造了浇筑 110 万米$^3$混凝土未发生一条裂缝的奇迹；在向家坝工地，创造了左岸大坝浇筑年最大上升 108 米的施工纪录，取出了 18.57 米的世界级长度碾压混凝土完整优质岩芯。

浇筑工是一个又苦又累又不被看好的工种。当年 21 岁的赵贤安为学好技术，搞好浇筑质量，总是用心观察师傅工作时的一招一式，仔细揣摩其中的奥秘。他 1.8 米的大个儿，在施工现场一泡就是一整天，常常一身泥，一身水。几十千克的振捣棒，一握就是半天不松手。

"既然选择了这行，再苦再难都一定要干好。"仅仅 3 个月，赵贤安便掌握了混凝土振捣操作技术，工作效率和浇筑质量令师傅们刮目相看。

为确保混凝土内部密实，解决表面汽水泡、收仓面不平等质量问题，他总结出"五控制、五及时"操作法；对于收仓面质量控制，总结出"32 字要诀"等一系列创造混凝土质量精品的操作方式方法，成为大家公认的混凝土施工质量管理专家。

"混凝土浇筑如同雕花，工作过程中，努力把每一方混凝土都当作艺术珍品来精心浇筑，就会得到令人欣喜的结果。"从最初的基层混凝土工到如今的基层管理骨干，赵贤安身上的工匠精神从未改变。

## "80后"，砥砺奋进的实干家

1980年出生的付强，2013年被授予全国五一劳动奖章，成为"80后"中的佼佼者。

20年前，付强加入葛洲坝集团。三峡二期工程，付强担任冲洗班班长。在承担三峡泄18～23坝段10多个门槽缝面处理过程中，他发挥个儿小优势，带头钻入狭小的空间凿毛、冲洗，一干就是几个小时，每次总能一次性顺利通过验收。三峡三期RCC围堰，他担任浇筑班班长，取得了日浇筑3500多米$^3$的好成绩。

"混凝土就像婴儿，要小心呵护，不能有片刻放松。"他就像一位父亲，将混凝土这个"孩子"照料得无微不至。每逢大雨，他总是守在现场，督促落实防雨措施，及时组织排水、过水仓面处理；40多摄氏度的高温下，他来回穿梭于大坝浇筑仓号，组织着资源开仓和接转。

2015年5月，正值乌东德工程由开挖向混凝土浇筑转序，付强接受组织安排，转战乌东德工程，承担混凝土浇筑现场施工组织协调工作。工程进入混凝土浇筑高峰后，他根据混凝土施工特点，精心组织，严格管理，成功应对乌东德水电站混凝土浇筑高峰，工程建设整体质量获水电工程质量监督总站专家组一致好评。

"用心工作，主动工作，多干事，少出错，以实绩获得认可，在平凡中体现自己的价值。"这是付强一直秉持的工作态度。

建电站，终其一生。以三代劳模为代表的葛洲坝人诠释了艰苦创业、开拓进取、甘于奉献的精神文化，一代代建设者们传承着这种精神，谱写出时代华章。无论风华正茂，还是头发花白，为民服务的精神不老、情怀常新。在奋进新征程的伟大时代，电力人无论身处何地，都会发光发热，都有成才、出彩的舞台。"幸福源自奋斗、成功在于奉献、平凡造就伟大"的价值理念，正在中国大地得到源源不断的生动注解，将被来自火热生活的无数鲜活故事接续谱写。

# 七、用奉献诠释志愿之美

郭锐现任内蒙古电力集团锡林郭勒超高压供电公司物资供应处主任，也是该公司"超希望"志愿服务队和锡林郭勒盟公益环保志愿者协会的一员。十几年来，他坚守着一颗真诚善良、扶危济困之心，把"奉献、友爱、互助、进步"的志愿精神传递给身边的人，并在践行公益的道路上，让"我"变成了更多的"我们"。

## 爱心敲门  老人过年有保障

2016年1月，郭锐在微信上看到困难老人的求助信息：老两口都七十多岁，老爷爷原本在街边卖瓜子、大豆维持生计，突发脑出血，为了照顾老伴，老奶奶只能靠拾荒生活。家中的大儿子是伤残军人，平日里仅靠卖水果维持生计；二儿子由于心梗，早早就失去了劳动的能力。经实地了解后，他与社会爱心人士共同组成了爱心帮扶小组，组织大家分头行动，将任务分配到个人，把过冬衣物、食物等爱心物资交到老人手中，活动结束后，他还悄悄地将老人家的电表表号抄上，定期为老人缴纳电费。此后，由他组织的爱心小组定期上门看望老人，为老人家中带来源源不断的爱与关怀。

## 担当奉献　争做新时代环保卫士

郭锐不仅积极参与社会捐资助学，还十分热衷环保公益事业。2014 年，他申请加入了内蒙古锡林郭勒盟锕锷铱（AEI）公益环保志愿者协会 AEI 环保团队。在协会中，他身体力行，积极参加"清扫一条街　共创文明城""关爱母亲河"拾捡白色垃圾行动；和小伙伴一起走进锡林浩特市蒙古族小学、锡林郭勒盟蒙古族中学，为学生们宣讲生态教育课。

2016 年的国庆节假期，他和 AEI 环保公益团队驱车从锡林浩特前往阿拉善盟的额济纳旗，单程 1800 余千米，将公益环保的事业做到了千里之外的胡杨林景区。他和小伙伴们在胡杨林中穿梭着拾起地上的垃圾，热情地向过往的游客发放环保宣传手册和环保垃圾袋，号召游客们文明出行、文明旅游，爱护人类纯洁的圣地，保护身边的环境。

他坚信"星星之火可以燎原"，正如 AEI 公益环保歌曲中所唱："同一个梦想在呼唤，同一片蓝天下结缘，伸出你的双手让我们心手相牵，美丽的大自然是我们共同的家园"。

郭锐参加公益活动

## "爱心包裹" 承载责任与希望

　　还在大学时代的郭锐，看到身边同学由于家境困难无奈辍学的时候，深深体会到贫困家庭孩子对读书的渴望，从他的心底也更加坚定贡献一份微薄之力的信念。他最常关注的就是联合国儿童基金会、淘宝公益、腾讯公益、众筹等爱心平台，每当看到照片中孩子渴望清澈的眼神，心总会有种被揪着的感觉。于是，他每个月通过联合国儿童基金会资助偏远地区的困境儿童，平时通过当地邮局、网络平台购买了一个又一个的"上学包"和"生活用品包"，让爱搭着天使的翅膀，把温暖与关怀送到孩子身边。而他也收到了来自联合国儿童基金会、各类扶贫组织和社会工作服务中心的感谢信、明信片和证书等。郭锐还主动与江西赣州九保中心小学的留守儿童结对帮扶，为留守儿童买学习用品，并经常写信和孩子谈心，给予他家庭的关爱。在郭锐的影响带动下，他的妻子也慢慢开始关注并且参与到"做公益、献爱心"活动中。郭锐夫妇更是将两枚联合国儿童基金会的爱心纪念戒指看得如同结婚戒指一样重要，这是他们夫妇同心协力完成一件事的见证。同时，他们也想给自己的孩子树立榜样，希望通过言传身教影响孩子，希望孩子将来也能成为一个善良、有爱心、对社会和祖国有贡献的人。

### 爱心传承　弘扬志愿服务精神

张华和女儿住在锡林浩特市的一个 30 米$^2$ 的公租房内，女儿患有先天性眼疾，张华因为两次车祸做了三次手术，后续还查出了尿毒症，一家人基本没有经济收入来源。郭锐通过内蒙古电力集团锡林郭勒超高压供电公司"超希望"志愿服务队了解到了张华一家人的情况后，和他的志愿服务队队员们经常问候、看望张华一家，并送去米面粮油等生活必需品。后来，张华的女儿以优异的成绩考上了大学，毕业后还回到了家乡工作。在志愿服务队的影响下，张华的女儿也经常参加志愿服务活动。在收到她反馈的那一刻，郭锐和他的队友们更有信心和动力了，他们更加相信志愿精神是可以传承的，爱心与善举会形成一种强大的力量，它能够激发更多人的正能量，树立更多的榜样。

### 拨云见日　指明前行的方向

其实，在"超希望"志愿服务队创建初期，郭锐和"超希望"志愿服务队也遇到过很多困难与挑战。有一次，志愿者们去特殊学校帮助自闭症儿童，虽然提前做了一些准备，可由于专业人才、专业知识的空白，导致一开始的效果不尽人意，这对志愿者们来说是个不小的打击。也正是因为这件事，让他和志愿服务队的队员们意识到，一支年轻的志愿服务队伍，需要吸纳更多的专业人才，学习多元化的知识，只有努力提升自己，才能够帮助更多的人。这支服务队已经从当初的四五个人发展到现在的 200 余人，"路虽远，行则将至"，如今的收获已经远远超出他们当年的预期，他们也将一如既往的投身于"蒙电爱心光明行"活动中。

40 岁的郭锐参加工作已有 16 年，作为一名"蒙电人"，他在践行社会主义核心价值观的同时，怀着一颗感恩的心，用自己的言行来回报家庭、企业、社会以及深爱的祖国，不断践行自己乐于助人的良好品格，将友爱播种在草原，将爱心传递到四方，将"蒙电爱心光明行"传递到了祖国的大江南北。

## 八、扎根深山的"铁腿"电工

秦岭深处的陕西省山阳县宽坪镇裙子沟村地处大山之中，沟沟岔岔纵横交错，就像妇人裙子的褶子一样。进一次山，把每一户群众家走完，通常需要六七天时间。这是宁启水服务的地方。以前，抄表、收费、维护线路，常年要在山里行走，他练就了一双"铁腿"。因而，群众称他为"铁腿"电工、"背篓"电工。

## "有电就有希望!"

宁启水——背篓电工

壮实的身躯，宽阔的肩膀，黝黑的面庞，质朴的微笑，宁启水和山区的普通群众看不出区别。

2023年春节前夕，宁启水在崎岖的山路上走了一个多小时，来到配电室例行巡查。以配电室为中心，多条高低压线路在林海中穿行，辐射到远处几个山头，连接起星星点点的用户。

"这是商洛山中海拔最高的一座配电室，每个月我都要来这里看看。不随时检查和清理树枝很容易出现安全问题，影响群众用电。"宁启水一边说，一边开始用镰刀清理线路通道的树障。

当年，为了让大伙早日用上电，宁启水带领群众修建了这座配电室，每一块砖、每一粒沙、每一台设备，都是靠肩扛手抬上来的。在山下建这样的配电室，用一个礼拜时间就差不多，而在大山里，用时超过一个月。这样的配电室在他服务的4个村里，一共有6座，都凝结着他和当地群众的心血。"所以，我必须保证它们发挥作用，让群众用上电、用好电。"

住在万佛寺悬崖边上的盛庆全老人记得，2010年3月，一场罕见的雪灾，使全村80%以上的电杆被雪压断。没了电，生活一下子陷入了困境。宁启水知道情况后，自己背着抢修材料，天黑前赶到这里，组织群众连夜开展抢修。在此后 10 多天的时间里，他带领群众更换木杆 80 余根，及时恢复了全村供电。这期间，他踏着一尺余厚的积雪多次下山，背送所需要的抢修材料。

在户户通电的时候，为了能让王尊德老人用上电，宁启水冒着高温酷暑，背着 30 多公斤材料，整整走了 6 个多小时。在路过门前山坡树林时，被大马蜂蜇了，一时浑身红肿，疼痛难忍，他把材料藏在路边的草窝里，找了一个人连夜送他到山下的板崖卫生院治疗。待病痛减轻后他立即返回山上，整整干了两天，电终于接通了。王尊德老人逢人便说："我的电是宁启水给背上来的！"

二十多年来，宁启水曾被路边的马蜂蜇过，被深山的野猪、毒蛇惊吓过，被猎人的兽夹夹伤过，但他一直坚守了下来。他说："有了电就有了光明，群众脱贫致富就有了希望。所以，我没有理由不为他们做好供电服务！"

## "把群众当亲人！"

每次上山，宁启水都要顺路为困难群众和孤寡老人捎带些油盐酱醋等生活必需品。这些东西连同电工工具包一起，装在背篓里。"背篓是山里人常用的工具，能装东西，走山路方便。"宁启水解释道。

由于山上群众居住分散，又没有商店，生产生活多有不便。一些孤寡老人常年下不了山，粮油和生活用品无从购买，生活非常贫困，几乎陷入困境。宁启水看在眼里，念在心上。他想，自己每个月至少要上山一次，帮他们带点东西，能帮一下是一下。这个朴素的想法从心里萌生后，一坚持就是十余年。

盛庆全老人的生活用品基本都是宁启水给背上来的。每月 10 日一过，他就往对门的山头望，看见那熟悉的身影，就提前到崖下的小路迎接，送上一杯提前晾好的开水。

年近花甲的段显银老人也深有感触地说："这些年多亏了他，地里栽的菜秧子、生活用的油盐酱醋，都是他免费给背上来的。他给我们这些山上的留守老人帮了大忙，山上的群众没有不念叨他好的，他就是我们生活的贴心人。"

有一年冬天，宁启水在途经万佛山村吕家坡时，看见张帮春老人的房门半掩着，门前积了厚厚一层雪，上面没有一个脚印。他心中顿时有种不祥的预感，推开门发现老人静静地躺在床上，嘴角干裂，说不出话来。原来张帮春病了几天，全身动弹不得，三四天都没进过食了，家里的水桶中一滴水也没有。看到此情景，宁启水立即提着木桶跑到半里路远的山沟里取水，然后开始洗锅烧火，给张帮春下了一碗面，并搀扶着老人慢慢吃下。待老人病情有好转后，他趁着天还未黑上到吕家坡下院子给张帮春老人的亲戚捎了口信，让亲戚前去照看。年后，宁启水再次上门时，老人激动地拉着宁启水的手说："要不是遇见了你，我这把老骨头早都没有了。"

## "群众满意就是最大安慰！"

"虽然自己很苦，每次下山到所上，都要睡上 1 天才能缓过来，但再苦也没有群众用电的事情大，群众满意就是我最大的安慰！"这是宁启水的心里话。

二十多年来，宁启水与山区群众建立起了血浓于水的情感。他见

行走在大山之间的"铁腿"电工

证了通电给这些处于高寒边远山区群众带来的好处与便利，始终忘记不了月月抄表收费时间一到群众那种期盼的眼神，忘记不了自然灾害过后群众积极参与抢修的感人场面。近年来，年轻人陆续外出打工，山里平时基本上都是留守老人和孩子，很多老人至今没见过汽车，也很想知道外面的信息。每次上山，虽然收回的电费不多，但留下的是外界的信息、更多温暖和无声的慰藉。

多年来，所长换了一茬又一茬，但宁启水从不言苦。虽然他也曾有过动摇，但依然坚持了下来。他说："这些群众谁家有几双筷子几只碗，我都非常清楚，换个人对用户情况不明，对山路不熟，甚至会迷路。再说了，所里人手不够，人均管理范围都很大，都有难处，谁来都得这样干。"

"现在情况有所好转，万佛山村修通了简易公路，虽然上山还靠步行，但路好走多了。政府号召移民搬迁，但在我退休前肯定搬不完，即便山上只剩下一户人家，我都要坚持。"他语气坚定。

宁启水的事迹先后引起地方和省级媒体的广泛关注，他们对宁启水服务群众的事迹进行了深度采访。"铁腿"电工、"背篓"电工的名声不胫而走。读者和网友赞其为"最美电工""新时期最可爱的人"。

恪尽职守、兢兢业业，几十年如一日地坚守在自己的岗位上，让原本平凡的岗位变得不再平凡——这是基层电力员工的真实写照。他们在岗位上无私奉献，如"孺子牛"般默默耕耘，为百姓守护"光明"。奉献精神，已深深地根植于广大电力人心中，并不断发扬光大，焕发出新的光彩。

## 九、情暖边疆的"石榴籽"

2021年6月21日，是新疆华电喀什热电有限责任公司艾尔肯·买买提终生难忘的日子。这天，他作为电力行业党员代表、驻村干部，和来自航天、铁路等行业的3位党员代表一起出席中共中央宣传部"央企楷模　责任担当"中央企业党员代表中外记者见面会，分享了在各条战线上拼搏进取、岗位建功的工作经历和体会。

艾尔肯这颗小小的"石榴籽"，一步一个脚印，用实干讲述自己的故事。他不仅是一名先进典型，作为少数民族党员，"访惠聚"驻村干部，他带领各族职工、村民像石榴籽那样紧紧抱在一起。

## 追求匠心的"领头雁"

宽厚的身板、黝黑的脸庞、自来卷的板寸头、浓眉大眼高鼻梁，看似粗犷的他，却执着于把每件事细致地做到最好。每天上班，艾尔肯都提前半小时来到厂房，对设备进行"问诊"。为守护喀什的光明，这个工作习惯，艾尔肯已坚持近 20 年。

走进华电喀什热电公司生产一线发电运行部——这个由汉族、维吾尔族、哈萨克族、柯尔克孜族、蒙古族、回族等各族员工组成的119 人"大家庭"里，你会不经意间被团队和谐融洽、亲如一家的氛围所感染，艾尔肯就是这个"家"的"领头雁"。

维吾尔族有句谚语："水珠投入海洋，生命就会无限。"艾尔肯认为，"进步不能靠一个人，也不能止于一个人，应该发挥自己的优势。"致力于为喀什地区提供绿色清洁的电热供应，他更加注重集体智慧迸发出的耀眼火花。

他带领团队通力合作，啃下一块又一块硬骨头。参与新疆首个获得核准的 35 万千瓦超临界机组设备调试和生产准备，机组一次性通过 168 小时试运行；机组投产后，以他名字命名的劳模创新工作室攻克多个难关，节约生产成本 2700 万元，5 号机组达到全国 35 万千瓦机组标杆水平，荣获全国火电竞赛同类机组一等奖；

艾尔肯带领徒弟在生产现场巡检设备

参与首次研发并应用的"超临界间冷机组高背压循环水供热技术"项目，填补了我国35万千瓦超临界间冷机组高背压循环水供热技术上的空白，获得国家专利；带出的16位不同民族的徒弟，都成长为技术骨干。

## 互帮互助亲如一家

10月，火红的石榴挂满枝头。石榴，有多子多福的含义。在喀什这片多民族聚居的地方，还有另外一个特殊的含义——团结。

受师父感染，艾尔肯深知"家"的温暖和力量。作为团队带头人，他一遍遍宣讲习近平总书记提出的"各民族要相互了解、相互尊重、相互包容、相互欣赏、相互学习、相互帮助，像石榴籽那样紧紧抱在一起"的重要讲话精神，带领大家互帮互助，亲如一家。

2009年9月，运行部员工王东彪的妻子患有孕妇脂肪肝，在生下双胞胎女儿后，由于病情突然急剧恶化，随时面临生命危险。王东彪为给妻子治病已花光了家里所有积蓄。艾尔肯得知这个事情之后，当即拿出500元钱。在他的努力下，部门员工纷纷伸出援手，短短几天时间捐款11450元，帮助这个濒临破碎的家庭渡过了难关。

2017年古尔邦节，发电运行部新进6位初到喀什的内地大学生。艾尔肯盛情邀请，"明天过节，下班后大家一起来我家过节。"他和家人精心准备特色拉面、烤肉，教大家跳新疆舞。离别时，他和家人与每个人拥抱，让远在异乡的新员工感受到了家的温暖。

艾尔肯把"家"文化融入团队的刚性管理中，以"家之责、家之序、家之教、家之誉"四个文化内核为纽带，始终将团队凝聚力视为

"家"文化的重要核心。组织开展"师徒结对"活动，促进各民族员工共同进步；组织"民族团结一家亲"老城徒步游活动，了解喀什风土人情；组织"你到我家吃馓子，我到你家吃月饼"融情活动，进一步加深部门各民族员工之间的感情。

艾尔肯驻村期间探望留守儿童

"一直都是你到我们家里来，今天第一次到华电来参观，亚克西！"2018年5月17日，喀什热电公司举办"相约喀电一家亲、同心共筑中国梦"主题活动，邀请结对帮扶、"民族团结一家亲"亲戚来电厂做客。艾尔肯的"亲戚"也来到企业，他热情介绍"中国华电、度度关爱"的理念，并结合自己从一名电力中专生一路成长的经历鼓励"亲戚"的孩子好好学习，以后也来华电工作。

他还多次组织部门团员青年来到"访惠聚"驻村工作队，帮助工作队开办"村民夜校"，强化爱国主义教育；组织"秋收志愿服务队"，帮助帮扶对象摘棉花、收玉米，身体力行告诉乡里乡亲"党员在身边"……在他的影响带动下，发电运行部人人都是宣讲员，各民族亲如一家的故事说也说不完。一颗颗心，在更深层次的贴近中擦出更灿烂的火花，思想达成共识，感情得到升华。

### 坚守初心的实干书记

"有困难找华电驻村队，找艾书记。"自从艾尔肯到喀什市英吾斯坦乡墩艾日克村担任"访惠聚"工作队队长、党总支书记之后，村民们只要有解决不了的困难和问题，第一时间就想到驻村工作队。

村民把艾尔肯当成亲人，他也把墩艾日克村当成他的第二个家。自 2022 年 1 月驻村以来，他怀着"给老百姓多干点实事"的初心，带领驻村各支力量，按照"四个不摘"要求，发挥专业优势，服务乡村振兴。工作队结合村的实际情况，实施"一二三产业融合"产业振兴战略。一产：红枣＋石榴＋蔬菜套种；二产：稳定就业＋卫星工厂创效；三产：鸽业＋合作社，增加村集体经济收入，全力巩固拓展脱贫攻坚成果。因地制宜孵化培育的种鸽养殖、果蔬套种、蟠桃嫁接、温室拱棚等特色产业蒸蒸日上；实施"宜居环境"生态振兴，采取宣讲、示范户带动、党员帮带、奖励扶持等措施，开展村容净化、家庭美化、四旁绿化、居室亮化、改炕改灶；集中安置小区安居房粉刷、美化，融入"华电"特色，增添文化元素；开办"惠民夜市""百姓大舞台"，在增加村民收入的同时丰富村民业余文化生活；打造"一架葡萄、一畦菜、一片果园"的特色农家小院。工作队先后获评新疆维吾尔自治区"脱贫攻坚先进集体"、喀什地区"民族团结先进集体"、喀什市"优秀工作队"、喀什市"民族团结示范村"等荣誉称号。

一枝一叶总关情。2021 年，在"学党史、办实事"活动中，艾尔肯带领工作队解决困难诉求 68 条，解决矛盾纠纷 254 条。村民努尔麦麦提·吾斯曼家一家 7 口，仅妻子麦尔耶姆·阿卜力孜一个在家务农的劳动力，收入微薄，5 个孩子均在义务教育阶段。努尔麦麦提身患肾衰竭，治疗开销巨大，属于典型的因病因学致贫型家庭。艾尔肯了解情况后，号召工作队和干部募捐，连夜将 2000 元送到努尔麦麦提手中，叮嘱他安心治疗。同时，安排村里低保专干申请临时救助，协调麦尔耶姆到卫星工厂上班，月收入 1500 元，帮助他们一家渡过难关。

走访入户宣讲党的政策是驻村干部的重要工作之一。让党的理论飞入寻常百姓家，愿意听是开始。庆祝中国共产党成立 100 周年大会直播当天，艾尔肯组织村民集中收看；随后结合自身学习、驻村感悟，为村党员、群众上了一堂生动的党课，并充分运用村民夜校、"宣讲＋培训""宣讲＋活动"、线上线下互动等村民喜闻乐见的形式，让宣讲热在基层，营造了学习贯彻总书记"七一"重要讲话的浓厚氛围。"我们能过上现在的好日子，多亏了党的好政策！希望我们的祖国越来越强盛，人民越来越幸福。"83 岁有着 50 年党龄的老党员玉苏甫·木沙感慨地说。

岗位在变，身份在变，职责在变。始终不变的，是艾尔肯的初心。哪里有险重任务，哪里就有党组织坚强有力的领导；哪里有挑战，哪里就有党员挺身而出、冲锋在前。立足岗位、履职尽责，时刻不忘服务社会与人民，这就是新时代电力企业党员发挥先锋模范作用和弘扬电力精神的具体表现。

# 后记

回顾百年电力发展历程，每一位电力人都倍感自豪。广大电力干部职工服从、服务于党和国家工作大局，始终坚持"人民电业为人民"的行业宗旨，爱岗敬业，开拓创新，热忱服务，勇于奉献，涌现出了一大批先进人物和集体，以及无数催人奋进、可歌可泣的感人事迹，为电力改革发展和确保经济社会发展作出了突出贡献。

大力弘扬和宣传"忠诚担当、求实创新、追求卓越、奉献光明"的电力精神是一代代电力人接续奋斗、勇毅前行的共同使命，也是新时代电力行业高质量发展的不竭动力。我们要守牢精神之"脉"，始终坚持党对思想文化工作的领导，牢牢把握传承弘扬电力精神的正确方向；我们要夯实精神之"基"，将传承弘扬电力精神作为一项长期性、系统性工程，健全宣传电力精神的工作基础；我们要塑造精神之"形"，把红色资源利用好，把红色基因发扬好，作为传承弘扬电力精神的鲜活教材；我们要树立精神之"标"，着力在实践中去感知电力精神、领悟电力精神，激励引导干部员工争做电力精神的传承者、弘扬者与实践者。

本书在编写过程中，得到了中国电力企业联合会理事长、各副理事长单位及有关会员单位的大力支持，同时得到了各级领导和专家的关心指导以及广大电力职工的广泛参与，谨此一并致谢。疏漏之处，敬请批评指正。结合本书的出版发行，我们也向全国电力企事业单位、广大电力职工发出如下倡议：

**铸牢忠诚担当的政治品格。** 始终坚持和加强党的全面领导，牢记电力行业是党的电力、国家的电力、人民的电力。以更高站位、更高标准，服务和融入国家发展大局，扛稳压实电力保供责任，牢牢守住民生用电底线，履行行业责任、彰显电力担当，以实际行动为经济社会发展提供坚强保障。

**践行求实创新的行为准则。** 完整、准确、全面贯彻新发展理念，把改革作为关键任务，将创新作为第一动力，引领电力行业高质量发展，激发电力发展新动能。深入推动电力改革，加速推进全国统一电力市场建设，加大原创性、引领性科技攻关，加快实现高水平科技自立自强，打好电力领域关键核心技术攻坚战。

**坚定追求卓越的信念愿景。** 大力弘扬工匠精神、劳模精神、劳动精神，奋发有为、精益求精，培养更多高技能人才和大国工匠。锚定发展新目标、奋进时代新征程，加快推进世界一流企业建设，抢抓机遇、奋勇争先，打造更多凝聚中国创造、体现中国质量、代表中国品牌的大国重器、大国工程。

**铭记奉献光明的使命价值。** 始终坚持以人民为中心的发展思想，践行"人民电业为人民"的行业宗旨，在发展中保障和改善民生，全力服务乡村振兴、持续优化营商环境、助力社会节能增效，不断满足经济社会发展和人民美好生活用电需要。

电力精神蕴含着百年电力的优良传统与深厚积淀，更代表了新时代电力行业的使命方向。我们倡议广大电力企事业单位及电力职工，更加紧密地团结在以习近平同志为核心的党中央周围，争做电力精神的传承者、倡导者和推动者，主动为电力精神"代言"，努力使电力精神绽放新的时代光芒，汇聚电力行业奋进新征程的磅礴力量，为中国式现代化建设作出新贡献！